绿魂·匠心　铸典范

——江西省广吉高速公路绿色公路建设技术与实践

江西省高速公路投资集团有限责任公司
中国公路学会　主编

人民交通出版社股份有限公司
China Communications Press Co.,Ltd.

图书在版编目(CIP)数据

绿魂·匠心 铸典范:江西省广吉高速公路绿色公路建设技术与实践/江西省高速公路投资集团有限责任公司,中国公路学会主编. —北京:人民交通出版社股份有限公司,2019.1

ISBN 978-7-114-15337-2

Ⅰ.①绿… Ⅱ.①江… ②中… Ⅲ.①高速公路—道路施工—工程技术—江西 Ⅳ.①U415.1

中国版本图书馆 CIP 数据核字(2019)第 008832 号

书　　名: 绿魂·匠心　铸典范——江西省广吉高速公路绿色公路建设技术与实践
著 作 者: 江西省高速公路投资集团有限责任公司　中国公路学会
责任编辑: 赵瑞琴
责任校对: 宿秀英
责任印制: 张　凯
出版发行: 人民交通出版社股份有限公司
地　　址: (100011)北京市朝阳区安定门外外馆斜街 3 号
网　　址: http://www.ccpress.com.cn
销售电话: (010)59757973
总 经 销: 人民交通出版社股份有限公司发行部
经　　销: 各地新华书店
印　　刷: 北京凯德印刷有限责任公司
开　　本: 720×960　1/16
印　　张: 16
字　　数: 279 千
版　　次: 2019 年 1 月　第 1 版
印　　次: 2019 年 1 月　第 1 次印刷
书　　号: ISBN 978-7-114-15337-2
定　　价: 88.00 元

编辑委员会

序言

PREFACE

纵览全国高速公路版图，广吉高速公路是普通的，它没有名山大川的险峻，也没有戈壁冻土的艰辛。但它又是极为特别的，它秉持绿色理念而生，是全国第一条建成通车的绿色公路。

党的十八以来，以习近平同志为核心的党中央，围绕实现“十三五”时期发展目标，破解发展难题，厚植发展优势，提出“必须牢固树立并切实贯彻创新、协调、绿色、开放、共享的发展理念”。交通运输部把绿色公路建设作为贯彻“五大发展理念”的生动实践和有力抓手，深入推进绿色公路典型示范工程建设。广吉高速公路建设项目被列为第一批绿色公路建设典型示范工程，也是江西唯一一个典型示范项目，肩负开路先锋之重任。

两年多来，项目建设者紧紧围绕“绿色公路建设典型示范工程”这个定位，积极发挥创造性，卓有成效地开展“四新”研究与应用，涌现了一大批前沿引领、实用性强，具有重要推广价值的科研成果。绿色海绵型服务区、双层排水沥青路面施工经验和技术创新，代表了高速公路建设行业的先进水平及发展方向。集成应用钢－混组合梁桥、泡沫轻质土，在全省高速公路建设中具有开创性意义。群策群力开展施工工艺和设备“微创新”，龙门吊滑触线、液压夹轨器、整体编束穿索和框格定型钢模等“微创新”成果层出不穷。

这部论文集全方位展示了广吉高速公路绿色公路建设和科技创新研究成果，对提升高速公路科研施工、管理水平，建设绿色公路、打造品质工程有很好的学习借鉴价值，对推动交通建设事业健康发展具有十分现实的意义。

目前，《江西高速公路网规划修编（2018—2035）》已经省政府同意，全省高速公路建设即将掀起新一轮高潮。高速公路建设既要注重量的积累,更要注重质量的提升和科技的引领。广大高速公路工作者务必坚持以习近平新时代中国特色社会主义思想为指导,全面落实“五大发展理念”,继续开拓创新、深入研究,取得更多优秀的科研及实践成果,推动全省交通建设事业高质量跨越式发展,为共绘新时代江西物华天宝人杰地灵新画卷作出更大的贡献。

江西省交通运输厅党委书记、厅长:王爱和

目录

第一篇 项目管理

广扩绿色 吉聚匠心 砥砺前行
——江西广吉高速公路绿色公路建设实践
…… 张龙生 李柏殿 李 刚(3)
江西省绿色公路建设理念与科技创新 …… 李 刚 钟 科(15)
融合绿色公路理念 设计广吉高速公路 …… 刘劲勇 张小明 熊 伟(21)
让绿色公路"更绿" …… 刁明星 韩根生 郑会康(27)
施工建设期绿色公路理念的实践应用 …… 王阅章 闫少泽(33)
绿色领航 引领未来
——广吉高速公路贯彻落实绿色理念纪实
…… 李千友 范 炜 严 飞 卢 刚(42)
广吉绿色公路廉政风险防控探索与实践 …… 李千友 严 飞 章 鹏(46)

第二篇 绿色公路

绿色公路建设的实践体会与再认识 …… 李 刚(53)
橡胶粉复合改性沥青在广吉高速公路中的应用
…… 李 刚 谢礼群 蔡小东(60)
旅游高速公路景观绿化建设理念与实践分析
…… 郭乔明 蒋王清 肖 政(67)
三联生态防护技术在高速公路上的应用 …… 王金山 王宏刚(79)
深孔水压爆破在路基石方开挖中的应用探讨
…… 甘四维 钟梓荣 申跃强(90)

SBS 改性沥青加工生产中的烟气排放分析及其环保控制措施
…………………………………………………… 侯　睿　钟　波(96)
绿水青山　造福于民
——广吉高速公路环境保护工作的做法和亮点
…………………………………………… 秦晓雷　王　农　李国辉(103)
绿色建筑在高速公路服务区的应用 …………………… 戴　芳　罗　文(109)
科技创新　节能高效
——广昌至吉安高速公路项目机电工程亮点
…………………………………… 谢雄伟　李振宇　张海泉　叶剑勇(116)
排水沥青路面在广吉高速公路的修筑技术研究
……………………… 曹宇鹏　高建平　李　刚　许　斌　白子玉(123)

第三篇　品质工程

激光—超声波双控桁架摊铺机在桥面铺装的应用 ……………… 闫少泽(133)
桥梁 BIM 协同管理系统研发与应用………… 朱海涛　陈　国　魏林金(142)
中小跨径钢—混组合箱梁应用浅析 ………………………………… 陶鹏鹏(147)
泡沫混凝土在加宽桥台背回填中的应用及施工工艺
…………………………………………………… 曹宇鹏　高建平(156)
深水浅覆盖层钢栈桥加固设计及验算
………………………………… 曹宇鹏　梁　华　魏金晶　李　刚(161)
高速公路抗滑桩施工技术研究 ……………………………………… 梁　华(171)
浅谈广吉高速公路高填路基边坡滑坡处置方案的选择
…………………………………………………… 刘大鹏　闫光福(178)

第四篇　创新驱动

BIM 项目管理系统与 BIM + 技术的应用研究
………………………………… 朱海涛　刘礼辉　许　兵　曹宇鹏(187)
海绵服务区关键技术应用研究
——以广吉高速公路绿色公路为例 ………………… 张　彤　赵晓琳(193)

智能连续压实技术在广吉高速公路路基碾压中的应用研究
…………………………………… 谢雄伟　刘令君　郝国昌　李振宇(202)
路面施工质量专家辅助决策系统设计
………………………… 谢雄伟　唐建亚　叶剑勇　刘令君　张海泉(205)
基于混凝土放热速度的大体积混凝土温度场模拟
…………………………………… 胡双达　李立辉　田　波　权　磊(213)
“微创新”在广吉高速公路品质工程建设中的实践
………………………………………… 钟昆志　吴　洋　刘礼辉(225)
广吉高速公路排水沥青路面配合比设计及性能研究
………………………… 曹宇鹏　梁　华　李　刚　杨志浩　王显赫(229)
桥头台背回填泡沫轻质土体积稳定性能的研究
…………………………………… 李立辉　田　波　韩根生　郭乔明(237)

第一篇

项 目 管 理

广扩绿色 吉聚匠心 砥砺前行

——江西广吉高速公路绿色公路建设实践

张龙生 李柏殿 李 刚

(江西省高速公路投资集团有限责任公司 江西 南昌 330002)

摘 要 广吉高速公路建设项目是交通运输部首批绿色公路建设典型示范工程,建设各方怀揣强烈的责任担当意识,传承"工匠精神"创造了"江西样板","中国绿色高速公路看江西"的声誉不胫而走。本文介绍了参建人员贯彻落实"绿色公路"理念的具体做法,践行美丽中国建设要求,为实现天蓝、地绿、水净而做出的艰辛努力。

关键词 绿色公路;工匠精神;江西样板

2016年5月,广吉高速公路建设项目被交通运输部列入首批绿色公路建设典型示范工程。自项目开工以来,围绕建成江西省"公路建设示范路、绿色公路示范路、品质工程示范路"的目标,广吉高速公路建设项目全体参建人员全面贯彻落实"绿色公路"理念,大力提倡工匠精神,积极鼓励大众创新,力争将广吉高速公路铸就为绿色公路和品质工程的"江西样板"。

一、项目概况

(一)项目简介

广吉高速公路是国家公路网沈海高速公路第七条联络线福建莆田至湖南炎陵(G1517)中的一段,也是江西高速公路网"四纵、六横、八射"主骨架中第三横的中段。项目途经抚州、赣州、吉安3个市的6个县区,路线总长189.276km,由广吉主线和吉安支线组成,项目概算126.24亿元。广吉高速公路全线路基土石方3981万m^3;设桥梁158座,总长35159延米,桥梁占18.7%;设枢纽互通4处、互通立交11处、服务区3个和停车区1个。

(二)技术标准

广吉高速公路全线按全封闭、全立交双向四车道高速公路设计,主线青原枢纽以西约19km路段设计速度为100km/h,路基宽度为26m;主线青原枢纽以东和吉安支线共170km路段设计速度为80km/h,路基宽度为24.5m;采用沥青混凝土路面,设计荷载:公路—Ⅰ级;设计洪水频率:特大桥为1/300,大、中、小桥,涵洞及路基为1/100。

(三)工程特点

广吉高速公路地处江南过湿区,地貌单元复杂,沿线有赣中红砂岩丘陵岗地地形、雩山山地地形、吉泰盆地地形,夏季高温多雨、冬季寒冷少雨,极易形成区域性气候,雨、雾天数量较多,跨水体较多较大。道路沿线红砂岩分布广泛,途经多处居民区和河流,空气、水、声环境敏感点多。

项目途经的区域自然环境优美、生态环境良好,赣江、梅江、盱江流经该区域,"绿色、红色、古色"旅游资源丰富。沿线有青原山、翠微峰、百里莲花带等风景名胜,有革命摇篮井冈山、"宁都起义"指挥部旧址等红色胜地,还有钓源古村、渼陂古村、梅冈古村、杨依古村、欧阳修纪念馆、宋代雁塔等人文古迹。井冈精神、苏区精神发源于此,庐陵文化、客家文化、茶文化在这里交相辉映。

二、建设背景

(一)脱贫攻坚振兴苏区的刚性需求

广吉高速公路横贯抚州、赣州、吉安3个设区市的6个县(区),这6个县(区)均为赣南原中央苏区县,其中的2个县还是国家级贫困县和罗霄山集中连片特困地区县。项目途经的区域是国家和江西省扶贫攻坚的主要阵地之一,是落实精准扶贫国家战略的主战场。建设广吉高速公路,将进一步拓展路网优势,发挥地域特色,发扬苏区精神,助力扶贫攻坚,加快实现全面建成小康社会的目标。

(二)公路建设转型发展的内在动力

"十二五"时期,江西省高速公路建设快马加鞭,成果辉煌,2014年在全国第三个实现了县县通高速公路,2016年高速公路建设基本完成6000km。为进一步提升高速公路建设水平,2017年江西省政府提出:"十三五"时期,江西高速公路建设必须发展升级,提质增效。省交通运输厅要求广吉高速公路项目要建设成"全国高速公路建设的示范路、品质工程建设的示范路、绿色公路建设的示范路"。这一切都表明,江西高速公路建设转型发展大幕已经开启。广吉高速公路作为"十三五"时期江西省线路最长、投资最多、开工最早的新建高速公路项目,落实转型发展势在必行，将为后续项目起到示范引领的巨大作用。

(三)绿色公路品质工程的时代要求

随着经济社会进一步发展，高速公路建设的标准进一步提高，建设绿色公路和品质工程成为大势所趋。交通运输部提出，在公路基本功能的基础上，以绿色目标为向导，以建立一个通达有序、安全舒适、环保节能的公路系统为目标，并将时代功能“和谐”渗透其中，改善社会交通需求的公平性，降低交通建设维护成本，提高公路运输服务安全性、舒适性与流畅性。广吉高速公路作为首批绿色公路建设典型示范工程，必须时刻践行绿色公路的理念，进一步优化资源配置，减少能源消耗，降低建设成本，实现转型升级，促进公路建设的可持续发展。

(四)生态文明试验区的重要举措

国务院有关部委于 2014 年 11 月批复了《江西省生态文明先行示范区建设实施方案》，中共中央办公厅、国务院办公厅于 2017 年 10 月印发了《国家生态文明试验区(江西)实施方案》，江西省生态文明试验区已经上升为国家战略，是江西第一个全境列入的国家战略。将广吉高速公路融入生态文明试验区建设，打造绿色生态公路，既要保护好绿水青山，又要促进绿水青山产生巨大的经济效益、社会效益、生态效益，探索中部地区绿色崛起的新路径；探索建设绿色生态公路，把经济发展、生态保护与脱贫攻坚有机结合起来，实现生态保护与脱贫攻坚双赢，推动生态文明共建共享，探索公路与自然和谐发展的新格局。

三、主要做法

绿色公路建设应该根据项目实际及地域、气候特点，有针对性采取方式和措施，因地制宜、量体裁衣，探索在江西如何实现“绿色公路”，全面提升建设水平。

(一)高起点的谋划总体布局

1. 明确定位

按照绿色公路建设的战略部署及生态文明试验区的总体要求，牢固树立五大发展理念，贯彻落实绿色公路目标，努力打造生态文明公路，争创国家公路交通优质工程，实现公路建设健康可持续发展。

项目愿景：广崇明德，吉铸典范。

建设理念：智慧创新，绿色品质，匠心独运，追求卓越。

建设目标：齐心琢精细，诚心育精英，恒心树精品。

2. 超前谋划

广吉高速公路立项设计之初就紧扣“绿色”“品质”的内涵,未雨绸缪,提前布局,做好顶层设计。一是多方调研绿色公路建设的成功经验,既学习江西省以往项目经验,也“走出去”学习兄弟省份好的做法;二是要求设计单位更新设计理念,贯彻落实“绿色公路”指导思想,在设计中综合考虑资源利用、生态环保、周期成本等因素,优化和完善设计;三是向科研机构进行专题咨询,精心编制《广吉高速公路项目绿色公路建设典型示范工程实施方案》并报省交通运输厅批准,全面指导本项目践行绿色公路建设理念。

3. 精细管理

项目办总结、借鉴省内外高速公路项目的先进经验,结合项目特点编制完成项目管理的纲领性文件——“一纲五册”,即:项目管理大纲、安全管理手册、质量管理手册、廉政工作手册、标准化管理实施手册和绿色公路建设实践手册,系统阐明项目的管理理念、体系、制度和流程,细化绿色公路、品质工程建设的管理细节,为实现绿色公路和品质工程奠定坚实的基础。

(二)高境界的理念优化设计

1. 路线及路基工程设计

一是科学选线和生态环保设计,避让农田,少占耕地,绕行风景区、湿地保护区和环境敏感点。二是运用零弃方构想,优化路线、线形和路基横断面设计,避免大填大挖。三是根据地形特点,最大化地利用沿线自然资源进行景观设计。通过初步设计、施工图设计这两个阶段的设计优化,项目永久用地减少了1600亩[1],其中耕地减少了264亩,未占用基本农田;土石方量减少了370万 m^3;全线绕避或基本绕避了铀矿、稀土矿等矿区或矿产地15处,宁都梅江国家湿地公园、青原山省级森林公园等生态敏感区4处,抚河源头水(盱江)保护区等水源保护区或取水口15处。

2. 路面工程设计

(1)橡胶粉复合改性沥青路面。K1 ~ K70段采用橡胶粉复合改性沥青路面,综合利用废旧轮胎等工业废料,在环保的同时降低路面全寿命周期成本。

(2)排水路面。K136 ~ K155、吉安支线(JK0 ~ JK33)段采用排水沥青路面,

---

[1] 注:1亩 = 666.6 m^2。

提高行车的安全性和舒适性。

3. 桥梁工程设计

(1)钢混组合结构梁桥。宁都北枢纽互通的3座跨线桥采用钢—混凝土组合梁,发挥钢结构在全寿命周期成本方面的比较优势。

(2)泡沫轻质土。尝试在桥台台背采用泡沫轻质土回填,减少桥台跳车的质量隐患,提高车辆通行的安全性。

(3)BIM(建筑信息模型)技术。赣江特大桥在设计阶段采用BIM技术进行优化和完善设计;在施工阶段结合挂篮施工和施工监控,运用BIM技术对施工进行指导。

4. 场站工程设计

(1)清洁能源和节能技术。在服务区和收费站推广光伏发电、太阳能车棚、充电桩、LED灯具、智能照明等清洁能源和节能技术。

(2)绿色服务区。按照"绿色建筑"、清洁能源及节能技术等行业技术标准,将泰和北服务区打造成"绿色服务区"。

5. 机电工程设计

全面贯彻"智慧交通"和"绿色公路"的设计理念,打造"智慧高速公路"。

(1)智能化的进口道。进口道采用车牌识别设备和自动发卡设备,做到无人值守,取消收费岗亭,实现进口道的自动化和智能化。

(2)智慧化的出口道。出口道采用多功能的"智慧岗亭",提高机电系统的集成度,提高设备运行的稳定性,减少运营期设备维护的工作量,提高工作效率。

(3)节能化的供电技术。一是远距离的外场监控设备供电方式采用光伏发电等清洁能源,同时减少供电损耗,节约能源;二是尝试"中压供电""直流供电"等节能技术,节约能耗。

(三)高品质的标准规范施工

1. 科学择优,夯实品质化建设基础

(1)创新"择优"选择承包人。广吉项目主体工程施工招标的报价得分只要求精确到小数点后2位,在报价得分相同的投标人中,根据投标人近3年的江西省信用评价得分由高到低进行第二次排名,信用评价高的企业中标概率大大增加。

(2)合理划分施工标段。一是通过合理划分并扩大标段规模,降低了施工企业管理成本,提高了中标单位的重视程度及资源投入;二是将房建工程纳入路面标段一并招标，克服了以往项目房建工程管理的弊端，充分利用场站永久用地，达到了节约土地资源的效果。

（3）实行机电工程设计、施工、维护总承包。一是保证了设计的合理性、可靠性及经济性；二是设计和施工直接结合，提高施工质量；三是减少日常运营维护工作量，保障机电系统长期、稳定运行，提高机电系统的运行效率。

2. 精雕细琢，建设品质化大临设施

（1）大临设施标准化建设。在大临设施建设上，严格遵循《项目管理大纲》的要求，把临时性工程作为永久性工程打造，并对大临设施进行检查评比工作，在减少自然破坏的同时，又保持实用、精致、美观。

（2）预制梁场精细化作业。在锚下预应力检测和压浆饱满度检测没有相关国家标准的情况下，通过邀请省外专家授课和切割实体梁段的方式，寻找总结预应力张拉和压浆的最优工艺。在梁场推行预制梁不锈钢模板和不锈钢底座，采用预应力索整体编束牵引工艺，参照广东标准测量和计算张拉预应力筋伸长量及回缩量，引进张拉力检测设备检测锚下张拉力，封锚采用立模浇筑混凝土等。

3. 过程为王，勾勒品质化实体工程

（1）以劳动竞赛为切入点，推动典型示范全面创优。一是落实管理目标风险金制度，根据监理和施工单位的综合考评成绩，兑现风险金。二是坚持开展劳动竞赛活动。通过开展观摩、检查评比、首件示范等多种竞赛形式，充分挖掘典型示范的作用，引导全线施工单位向品质工程迈进。2017 年 10 月，广吉项目开展了焊接技术比武竞赛和“最美班组”竞赛活动。焊接技术比武竞赛分别从焊接效率、焊接质量、安全生产、文明施工、焊材消耗 5 个方面进行评判打分；“最美班组”竞赛的评选内容包括班组人员精神状态、A 级率、最佳梁片、文明施工等。

（2）以首件示范制为关键点，全线推广标准工法。项目办出台首件制管理办法，所有分项工程按“以工程保分项、以分项保分部、以分部保单位、以单位保总体”的质量创优保障原则，施工方案经项目办、监理、施工单位共同评审选定最优方案，形成首件工程实施方案及总结；在全线实施该方案并及时总结，将达标的首件工程作为实体示范工程，选取最优质量管理手段、工艺工法，形成标准工法和总结，在全线分项工程中推广；在推广过程中加强后续工序控制，实现“超前控制，做好首件，典型示范，带动全面”的目标。

（3）以混凝土外观为突破点，精心打造品质工程。将品质工程理念贯彻到项目建设，集成以往项目成功做法，结合本项目特点，总结形成《混凝土外观创优实施细则》《边坡创优实施细则》等，从制度观念上带动全线开展质量创优工作。

4. 博采众长，提升品质化施工能力

（1）桥面铺装新设备。在桥面铺装施工中引进“悬挂式桁架分体辊轴激光摊铺机”设备，提高桥面铺装的施工效率和质量。

（2）预应力工程新方法。一是在桥梁预制中引进广东省的“桥梁后张预应力筋伸长量及回缩量量测方法”工艺，精准计算和有效控制张拉力；二是在预应力张拉检测中引进“张拉应力检测仪”设备及技术，完善检测内容，确保张拉质量；三是采用预应力索整体编束牵引工艺，防止预应力索缠绕。

（3）边坡防护新技术。应用三联边坡生态防护技术，替代了部分框格锚杆的防护设计，更好地实现环境保护和工程防护的协调统一。

（4）石方爆破新工艺。在石方爆破施工时采用“水压爆破”工艺，有效控制了石方爆破扬尘，达到“节能环保”目的。

（5）“微地形”营造新理念。在取、弃土侧及上边坡等营造微地形，达到了与自然和谐统一的效果。

5. 强化监管，打造品质化平安工地

（1）“规章”落实责任。以“规章”为基础，制定《项目安全管理手册》，编制项目应急救援预案、“平安工地”创建实施方案等规章制度，完成项目总体风险评估等规划性方案和桥梁施工、爆破作业、临时用电等管理办法。

（2）“人防”增强意识。以“人防”为中心，提高安全防范意识，加强安全技能培训。设置安全体验馆，让一线工人在“游乐式”的环境中体验安全防护用品使用及出现危险时瞬间的感受，使安全防范意识潜移默化地进入体验者的脑海。

（3）“物防”强化基础。以“物防”为根本，提高安全生产水平，打造标准化工地。做到投入到位、责任到位、整改到位的“三到位”。

（4）“技防”提升能力。以“技防”为重点，提高安全防范技术措施，健全应急救援体系。探索新的安全管理模式，改进安全管理办法，提高安全生产防护措施和标准。

6. 多措并举，助力品质化工程建设

（1）阳光监督。一是明确责任主体，构建预防腐败的工作体系；二是完善规章制度，建立不能腐的长效机制；三是开展廉政教育，营造不想腐的良好氛围；四是强化执纪问责，形成不敢腐的强大震慑。在集团纪委的协调和指导下，项目办纪委和宁都县纪委开展了共创“绿色公路、廉洁项目、和谐高速公路”活动。双方纪委重点围绕信息共享、定期会商、互相监督、联合查处四个方面形成联动机制,共同压实参建单位和沿线乡镇相关单位的主体责任,强化日常监管和责任追究,搭设廉政共建平台,着力防范廉政风险。

(2)绿色拆迁。一是"公开、公平、公正"争取群众支持。项目办和地方各级政府严格落实补偿政策,确保各项补偿及时足额兑现;将相关征地拆迁政策及补偿标准张贴到每个村小组,对各项补偿费用标准和征地面积、地上附着物数量进行公告,确保被征地农民有知情权、参与权和监督权;将有关征拆的政策法规上传到广吉高速公路网,接受大家的监督。二是"以人为本"解决百姓实际问题。在建设过程中,建设者们始终将修建高速公路与新农村建设有机结合,力所能及地把施工的短期行为变为脱贫致富的长期战略规划。B1 标在永丰县上固乡茂密的森林里打通 7 条共 2.5km 的施工便道,与当地百姓共同使用,车辆可以直接进入林区作业,为村民节约了数十万元的运输成本;吉水县文峰镇果园主刘传宝的 100 多亩井冈蜜橘园和泰和县澄江镇罗运民的 80 多亩杨梅园在施工红线范围内,施工单位调整了施工时间,允许摘完水果后清表,此举给果园主带来 26 万元的收入。

(3)文化引导。进一步加大绿色公路建设理念的宣传推广力度,发挥参建各方的主动性和积极性,使绿色公路和品质工程的理念深入人心。发挥理念、文化的感染力和引导力,实行学习教育积分制,采取讲座、互联网、手机 APP(应用软件)、微信等多种载体或渠道的方式开展宣传,已举办各类讲座和座谈会 10 余次,开展绿色公路建设摄影活动 2 期,征文活动 1 期,问卷调查 1 次,项目网站还开设了"绿色公路"及"微创新"专栏,让全体参建人员在"建设绿色路、品质路、示范路"的氛围中提高自身综合素质,增强创优的自觉性和自主性。

(四)高层次的生态环境保护

为做到高层次的生态环境保护,项目办将广吉项目的环境保护工作放眼全省、甚至全国范围,思考如何将高速公路环保更好地与江西省生态文明试验区相结合,让工作更上一层楼。

1. 更新观念,变被动为主动

(1)更新观念。将原来对环境保护和水土保持工作持有的满足于完成任务、保证项目竣工验收的被动应付观念,变成积极主动地邀请环境保护和水土保持行业的单位来共同参与"绿色公路"建设。

(2)跨行业引进技术。根据项目建设需要,有针对性地引进环境保护和水土保持行业的专业机构和先进技术,提升公路建设行业的环保和水保水平。

2. 明确方向，以目标促行动

广吉项目在水保工作方面确定了一个目标：争取水利部的“国家水土保持生态文明工程”荣誉称号。通过主动接受更高层次的监督和检验，促使参建单位重视环保工作、狠抓施工环保。

（1）委托专业机构进行监测和监理。通过招标选定江西省环境保护科学研究院进行环境保护监理工作；江西省交通运输科学研究院对施工期进行环境监测；江西省水土保持科学研究院对施工期和缺陷责任期进行水土保持监测。

（2）结合项目定期检查和考评落实工作要求。通过制订详细的实施方案，明确路线图、责任人和时间表，让参建单位了解和熟悉环保、水保工作要求；监理和监测单位每两个月提交一份监理和监测工作报告，指出存在问题，提出整改要求；项目办督促施工单位及时解决存在问题，在考评中检查施工单位环保、水保的执行情况并进行相应奖惩。

3. 永临结合，少破坏多保护

（1）永临结合减少占地。将服务区、收费站、互通区的永久用地提供给施工单位作为临时用地，这样既减少征用临时用地，又降低工程成本。全线 28 个预制梁场，有 26 个设置在主线范围内；C2 标的混凝土拌和站、钢筋加工车间、小构预制厂及项目经理部设在新圩养护工区和新圩互通内；C4 标在占地约 55 亩的原木材厂内，利用原有办公楼、钢筋棚及空地，进行项目经理部、混凝土拌和站、小构预制厂、钢筋加工场“四合一”建设。

（2）综合利用规划用地。BP1 标的 1 号黑白站的临时用地，按填挖平衡的原则填筑了约 50 万 m^3 的土石方，面积约 130 亩；B2 标的项目经理部及混凝土拌和站的临时用地约 21 亩，小构预制场及钢筋加工车间约 32 亩，使用主线路基约 6 万 m^3 的弃方填筑而成。这 3 处土地，原本是永丰县上固乡政府规划的学校、新农村建设和物流中心的建设用地，施工单位撤场后，场站的临时用地归还给上固乡政府，乡政府可以利用已经完成“三通一平”和边坡绿化的土地进行基础设施建设，节省地方政府建设资金超过 700 万元。此举既贯彻了“绿色公路”理念，节约了土地资源，又以实际行动造福了当地百姓，助力脱贫攻坚。

4. 基础做起，抓过程保效果

（1）施工过程措施到位。一是混凝土拌和站、水稳拌和站、沥青拌和站、路基土方施工工区配备全自动喷雾除尘机和洒水车，拌和场出入口设置洗车池，力争做到“无尘工地”。二是针对广吉高速公路多次跨越盱江、梅江、上固河、孤江、泷江、赣江的情况，跨河施工基本做到搭设钢便桥以减少河道淤塞，桩基施工的泥浆不准泄入河中，必须专车运走并专门处理；三是石方爆破方案专项审查，并尝试了“水压爆破”的绿色施工技术。本项目30多次跨越上固河，且有几个乡镇的饮用水取水口就处在上固河流域，项目在桩基施工期间开展上固河环境保护专项活动，避免了因施工而影响沿线百姓的正常生活。

(2)取(弃)土场重点管理。一是以施工单位为主、环保水保单位参与，对取(弃)土场的恢复进行专项设计，引导施工单位重视相关工作；二是在项目管理风险金中设立取(弃)土场恢复的专项保证金，督促施工单位保质保量完成取(弃)土场的恢复；三是取(弃)土场恢复按首件工程示范来确定恢复标准，然后全线标准化推广。

(3)路基边坡带绿施工。一是在路基标段划分时，明确路基上、下边坡的绿化工程由路基标段负责施工，要求路基土石方施工时同步完成边坡绿化，设置在主线的预制梁场应在梁场建设期就完成相应路段的绿化，保证全线做到“带绿施工”；二是坚持在边坡施工过程做到过渡圆顺与原有山体自然相接，尽量做到自然天成，减少凿作痕迹；三是将碎落台及路堤侧的单调设计运用更多样的植物群落，高低搭配，层次搭配，红绿搭配；五是挑选一部分边坡纳入景观绿化标作为重点特色边坡打造，并挑选杜鹃花、火棘作为替代产品代替常规的马尾松和木荷进行边坡绿化提升。

(4)沥青加工达标排放。一是橡胶沥青加工场站增加环保处理设备。针对橡胶沥青加工环节异味严重，硫化物气体排放严重超标等问题，在加工站增加沥青废气收集、VOCs技术治理、蓄热直燃焚烧及废热回收利用等环保处理措施，做到达标排放，提高能源利用效率。二是尝试采用环保型沥青混合料拌站借鉴市政工程建设的经验，引进环保型沥青搅拌设备，通过集料配供、干燥及引风设备的全封闭收集和集中处理，沥青、油烟气及粉尘的全收集，搅拌主楼、装料斗及溢料斗的全封闭等措施提高拌和站的环保水平。

(五)全方位的参与创新驱动

1.根据工程需求开展科技大创新

鉴于绿色公路建设的要求，并针对广吉项目设计的橡胶粉改性沥青路面、排水路面、钢－混组合梁桥、泡沫轻质土及绿色服务区等技术难题，项目开展了科技攻关与创新，为项目切实解决实际问题。

(1)绿色公路建设评价体系及适宜性技术研究。研究内容为绿色公路建设技术体系、技术指标标准和适宜性技术集成与示范应用。

(2)功能型橡胶沥青路面典型结构与材料技术研究。研究内容为橡胶沥青路面典型结构与材料技术指标研究、均匀性施工工艺及控制指标、长期使用性能等。

(3)大体积泡沫轻质土发泡机理及控温技术研究。研究内容为泡沫轻质土的流动性、稳定性与可施工性的关系研究、气泡结构演化和强度、体积稳定性和耐久性、超掺Ⅱ级粉煤灰、施工工艺等。

(4)悬浇混凝土梁桥BIM技术研究。研究内容为设计过程中BIM建模及方案优化,施工建模及利用BIM模型细化和完善施工方案,结合挂篮悬浇施工技术开展悬浇混凝土梁桥BIM技术研究及应用等。

(5)多雨地区高速公路双层排水沥青路面关键技术研究。研究内容为双层排水路面高黏沥青材料、结构设计与材料设计、空隙阻塞及结构耐久性、施工工艺、适用路段等。

(6)高速公路绿色服务区建设技术体系及标准研究。研究内容为高速公路服务区运营能耗与污染源强特性、绿色服务区评价指标体系、建设技术体系研究、江西省高速公路绿色服务区建设标准体系等。

(7)公路工程施工质量监管信息化技术规范研究。研究内容为路基、桥梁、路面的施工质量监管信息化技术标准,工地实验室信息管理技术标准,施工过程巡检监管信息系统等。

(8)钢—混组合结构在高速公路常规桥梁中的应用研究。研究内容为钢—混组合弯桥的空间力学行为分析、弯桥负弯矩区混凝土顶板抗裂技术、混凝土收缩徐变效应、装配式施工工艺等。

2. 发扬工匠精神,鼓励大众微创新

在大众创新的驱使下,项目办及各参建单位的各种微创新层出不穷。广吉项目全线各施工单位共收集48项“微创新”成果,这些“微创新”实践成果凝聚了广吉项目全体参建人员对品质工程孜孜不倦的追求。通过项目办和总监办组成的评委组评出了包括龙门吊滑触线、液压夹轨器、整体编束穿索、桥面封闭预留槽、安全体验馆、框格定型钢模等6项微创新为一、二、三等奖和8项微创新优秀奖。

3. 拓展“互联网+”功能强化管理

(1)项目管理信息化。运用“互联网+”信息化监管技术,加快信息沟通速度,提升项目管理水平,目前已上线移动考勤、工程进度监控、路基压实监控、视频监控等系统,充分发挥信息化管理的辅助作用。项目办、监理单位、施工单位均相互建立了微信群,方便及时沟通、及时反馈,保障了信息畅通,提高了工作效率。

(2)质量控制智能化。广吉项目已在全部路面标段实现了路面施工的运输、改性加工、配合比、摊铺、碾压等施工过程的实时监控;选取了3个标段探索对预制梁生产的混凝土配合比、预应力张拉和预应力管道压浆的实时监控;项目对路基压实度智能检测和实时监控技术开展应用性研究。上述路面、桥梁、路基的监控信息化技术已准备形成技术规范,并申报江西省地方标准。

(六)全面提升的典型示范应用

1. 形成可复制、可推广的建设标准

一是编制江西省绿色公路评价体系及建设指南;二是基于"绿色公路"和"品质工程"理念修订《江西省高速公路勘察设计指南》;三是编制橡胶粉改性沥青路面、排水路面、绿色服务区、泡沫轻质土等新技术的行业或地方标准。

2. 争取公路建设行业的最高荣誉

一是确保广吉高速公路项目通过交通运输部"绿色公路典型示范工程"的验收;二是争取国家公路交通优质工程奖(李春奖);三是科技项目争取中国公路学会科学技术奖最高奖项。

湖光山色相辉映,旖旎风光入画来。两年来,为达成"广崇明德,吉铸典范"的愿景,建成品质路、绿色路、示范路,我们通过立标准,树标杆,鼓励先进,鞭策后进,力求创新,广吉高速公路项目各层面工作齐头并进,一幅水墨画般的高速公路画卷正在徐徐展开。

江西省绿色公路建设理念与科技创新

李 刚[1] 钟 科[2]
(1. 江西省高速公路投资集团有限责任公司 江西 南昌 330002;
2. 交通运输部公路科学研究院 北京 100088)

摘 要 本文在了解当前我国绿色公路发展形势,总结绿色公路建设经验的基础上,分析、提炼绿色公路的内涵和概念,运用系统论方法和全寿命周期概念,阐述绿色公路的发展理念。针对绿色公路可持续发展的理念,分析科技创新在绿色公路发展中的作用和方向;结合江西地区特点,从材料、工艺和技术方面,列举了江西省在绿色公路建设中的科技创新案例。

关键词 绿色公路;建设理念;科技创新;推动作用

一、引言

实施绿色公路建设是公路行业落实创新、协调、绿色、开放、共享五大发展理念,推进“四个交通”发展的生动实践和有力抓手;是公路建设新理念的升级版,实现公路建设可持续科学发展的新跨越。2014 年,交通运输部提出的加快推进“综合交通、智慧交通、绿色交通、平安交通”发展的战略决策,为交通运输的科学发展指明了方向。绿色公路作为绿色交通的重要组成部分,在生态文明建设得到高度重视,资源节约、环境友好要求进一步提高的新形势下,以全面实施绿色公路建设作为推进绿色交通发展的切入点,进一步转变公路发展方式,推动公路建设持续健康发展,打造交通行业生态文明建设的亮丽名片。

绿色公路的提出源自于绿色建造,此概念是由可持续发展思想所衍生出来的。在公路规划、设计、施工和运营全生命期各个建设和管理环节都应用了绿色的理念,则该公路称为绿色公路。目前我国已经制定并出台了相应的环境保护政策法规来减少公路建设对环境的影响,但这些仅仅涵盖绿色公路建设与发展的很小部分,想要真正全面落实绿色公路建设,其理念的还需完善、系统化,同时也赋予了加强科技创新对推动绿色公路快速建设的重要性。

二、绿色公路的概念和内涵

目前绿色、低碳、节能、环保、循环等概念存在交叉重叠;具体的工程绿色技术往往繁杂、零散、系统性不强,制约了公路基础设施向着更加可持续的方向发展。通过“绿色公路”的概念，对公路基础设施领域的相关技术进行整合，加以引领和统筹，使之系统化、体系化，将对推动公路基础设施的可持续发展起到事半功倍的效果。

绿色公路应该具有全寿命、全要素、全方位的“三全”基本特征：

(1)全寿命周期：绿色公路应该是在其建设、运营、养护、重建等寿命周期各阶段都是环境友好的。

(2)全要素：绿色公路应涵盖可持续发展的社会、经济、环境三大方面要素，整合为8个方面的内涵：节能减排，资源节约，生态友好，景观优美，安全耐久，高效智慧，服务多元，协调发展。①节能减排、资源节约，就是要节能、减排、节材、节水、节地；②生态友好、景观优美，就是要关注大气污染、生物保护、水土保持、噪声控制，同注重公路景观，为用户提供舒适、优美、不易疲劳的行车环境；③安全耐久、高效智慧，就是要打造品质工程，提高公路基础设施安全型和耐久性，并使用现代智能信息技术，提供畅通、高效、便捷的行车条件；④服务多元、协调发展，指的是公路基础设施建设应满足公众日益增长的多元化需求，并带动沿线区域社会经济的发展。

(3)全方位：首先，绿色公路不仅自身的建设运营维护要绿色，它还能够为绿色运输、安全运营创造必要条件；其次，绿色公路不仅包括路面工程要绿色，也包括桥梁、隧道、交通工程设施等的绿色。

因此，绿色公路应在全寿命周期内，最大限度地节约资源、保护环境、减少污染，为人们提供畅通、高效、舒适的出行服务，与自然和谐共生的公路。

三、绿色公路的发展理念

基于对内涵特征的解析，新时期的绿色公路建设必须围绕两方面的关系进行重点考虑：一是公路建设与绿色发展理念之间的平衡关系；二是公路建设自身全生命周期各个阶段之间的协调关系。

一方面，绿色公路建设要坚持统筹公路资源利用、能源消耗、污染排放、生态影响、运行效率、功能服务之间的关系，寻求公路、环境、社会等方面的系统平衡与协调。“绿色”本身是一个相对抽象的概念，新时期的绿色公路内涵也十分丰富，涵盖资源、能源、生态、创新、品质、服务等多个方面，所以统筹公路建设与绿色发展理念的关系需要包含社会、经济和环境领域的各个要素。

另一方面，绿色公路要坚持统筹公路规划、设计、建设、运营、管理、服务全过程，以最少的资源占用、能源耗用、污染排放、环境影响，实现外部刚性约束与公路内在供给之间的均衡和协调。任何一个环节都不能出现有违绿色公路建设理念和要求的生态破坏、环境污染、资源能源浪费、工程品质落后、服务功能缺陷等问题。由于公路建设期和运营期两个阶段集中了公路系统绝大部分的能量和物质流动行为,因此成为绿色公路建设的关键控制阶段,也是绿色技术、绿色措施和评价考核的主要应用范围。要实践这两个阶段公路建设的绿色理念,就必须从规划、勘察、设计等前期阶段开始考虑,否则事倍功半甚至难以为继。因此绿色公路建设要重点统筹建设和运营,同时从其他各个阶段全面着手,实现公路建设项目的总体绿色。

上述的第一个"统筹"强调系统论的观点,统一了公路建设与绿色发展各个特征要素之间的关系;第二个"统筹"则体现出全寿命周期的思想,统一了公路建设与其自身各个周期阶段的关系。这"两个统筹"既是绿色公路的实现途径,也是绿色公路建设的思想精髓。两个"统筹"之间的关系如图1所示。

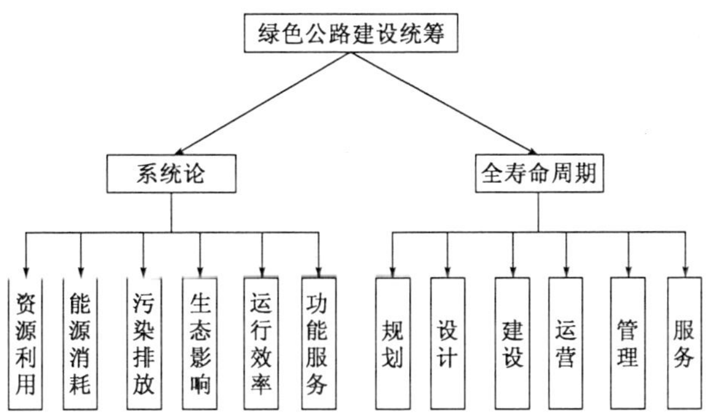

图1　绿色公路建设统筹

通过梳理新时期绿色公路的各个特征要素,将公路自身属性剥离开来,再对内涵特征进行表现化合并,提炼出"资源节约、生态环保、节能高效、服务提升"四个方面的重点要素。公路发展要实现向绿色公路的转变,并表现出有别于传统公路的新风貌,就必须重点把握以上四大要素,以控制资源占用、减少能源消耗、降低污染排放、保护生态环境、拓展公路功能、提升服务水平为具体抓手,全面提升公路工程建设水平。

四、科技创新引领绿色公路发展

绿色公路是一个动态而进步的概念,由自身提升和外部要求共同驱动,不断向着更好的方向发展。因此绿色公路建设要立足于行业前沿,成为未来公路建设发展的方向引领。这就需要科技创新能力作为支撑,并通过典型示范来推广成功经验,带动行业整体发展。

绿色发展作为一种科技含量高、资源消耗低、环境污染少的发展方式,无论是用生态绿色,还是建造绿色,或是用低耗环保运行出行模式,依靠传统的生产、技术都无法实现,只有通过科技创新才能真正实现。科技创新是绿色发展的必由之路。通过科技创新大幅提高能源与资源利用效率,减少单位产品的资源消耗,走集约节约式发展之路,才能实现可持续发展。

五、江西省绿色公路科技创新成果实例

江西省绿色公路建设过程充分考虑地区自然、交通、资源、生态和产业环境因素,以科技理论为基础,对公路建设过程中的材料、工艺、技术进行的科技创新和应用,保障了工程的耐久、安全、经济、环保;同时,提高能源与资源利用效率、工程管理效率和水平。

(一)材料创新

1. 橡胶沥青

提高路面结构材料耐久性,实现废旧轮胎再利用。技术创新主要体现在适用于中国国情的橡胶沥青及沥青混合料设计方法、原材料等技术标准制定上,并确定了橡胶粉的作用机理和橡胶沥青混合料的设计方法,明确橡胶沥青混合料的技术性能特点和要求,达到耐久、降噪的目的。

2. 粉煤灰泡沫轻质土

解决江西地区高填方的台背回填问题,且实现江西火力发电产生的大量低品质粉煤灰再利用。技术创新主要体现促进资源的再利用。由于泡沫轻质土的重度小,初凝前,具有很好的流动性,填充自密实;从抗渗性、抗冻性及干缩性方面进行评价,其耐久性较好。但由于水泥用量大,水化热偏高,内外温差使其产生裂缝,直接影响到轻质土成型体的整体质量和寿命。粉煤灰是火力电厂、高炉铁厂的废渣,存在大量玻化微珠,在碱性激发作用下可以发挥出活性;另外粉煤灰密度小,相同质量下,体积量大。因此粉煤灰替代部分水泥掺入泡沫轻质土中可以增加浆体量,降低成本、改善泡沫轻质土的和易性和施工性。

(二)工艺创新

1. 双层排水沥青路面

保障多雨环境下的行车安全性。技术创新主要体现在双层沥青排水路面能

克服单层沥青排水结构空隙易堵塞、路面耐久性低的问题。双层排水沥青路面结构由上部较细的排水结构组成、下部由较粗的排水结构组成。上层细级配多孔结构起到过滤作用,可有效防止大粒径细颗粒下漏、结构孔隙尺寸更小,耐久性和降噪能力更高。而下层粗级配多孔结构则可在水流及行车荷载作用下,借助动水压力将细颗粒及时排至边沟。

2. 温拌沥青路面

温拌沥青技术降低了能耗和空气污染。技术创新主要体现通过使用温拌剂或其他添加剂,降低沥青混合料的拌和温度,从而实现节能施工。温拌沥青路面是在不降低沥青路面性能的前提条件下,使用添加剂或者其他方法降低沥青混合料中的黏度,保证在低温条件下沥青混合料拌和、摊铺的和易性,显著降低施工温度。

(三)技术创新

1. BIM 管理与信息化

技术创新主要体现基于 BIM 的项目综合信息辅助管理系统,实现施工过程中施工技术方案精细化模拟及安全检查。在设计过程中研究建立 BIM 的设计工作模式,然后根据工程项目的实际需求和应用条件确定工作内容,开展 BIM 的项目设计与应用。

2. 隧道照明、通风智能控制

隧道设计以“安全第一”为设计思想,通过感知车速、车流、照度等环境信息进行自反馈控制,根据实际照明需求对隧道灯进行亮度调节。在沿线附属设施通过红外感应人体的存在,以 Zig-Bee 技术控制室内照明灯开关,并利用隧道各点布设的传感器实时检测各断面一氧化碳(CO)浓度和烟雾(VI)浓度,使风机在符合国家安全标准和隧道设计规范的前提下,按照 CO/VI 浓度变频运行,智能控制隧道风机启停及开启度。

六、结语

绿色公路是绿色交通体系的重要组成部分,推进绿色公路建设是公路行业响应国家生态文明建设和绿色发展战略要求、提升自身可持续发展水平、推动美丽中国建设的重要抓手,也是实现行业发展转型升级的重要机遇。公路行业要充分利用已有的政策基础和条件,大力推广绿色公路科技创新,并在实践中总结经验,使绿色公路的内涵不断发展、更加丰富,并形成可供借鉴、推广的典型示范。同时要结合地区实际和工程需求,通过科技创新更好地支持和推动公路建设的绿色发展。

参考文献

[1] 徐健.低碳生态型道路建设技术[M].北京:人民交通出版社,2012.
[2] 郝培文,蒋小茜,石载.绿色公路理念及评价体系[J].筑路机械与施工机械化,2011,28(5):30-34.
[3] 欧阳斌,李忠奎.绿色公路发展的战略思考[J].交通建设与管理,2014(11):128-132.

融合绿色公路理念 设计广吉高速公路

刘劲勇 张小明 熊 伟
(江西省交通设计研究院有限责任公司 江西 南昌 330002)

摘 要 本文从设计与绿色公路理念的结合入手,介绍广吉高速公路建设项目从初步设计到施工图设计阶段的全面优化完善设计,全面贯彻落实"绿色公路"理念,积极鼓励创新所取得的显著效果。

关键词 绿色公路;生态保护;周期成本

2016年5月,广吉高速公路建设项目被交通运输部列入首批绿色公路建设典型示范工程。江西省交通运输厅、项目办明确提出把广吉高速公路建公路成全国高速公路建设的示范路、品质工程建设的示范路、绿色公路建设的示范路,争创国家级交通优质工程。江西省交通设计研究院有限责任公司作为总体设计单位立即会同北京交科、中交一院召开绿色公路设计研讨会,围绕省厅、项目办提出的建设目标,从初步设计到施工图设计阶段全面优化完善设计,在设计阶段全面贯彻落实"绿色公路"理念,积极鼓励创新,力争将广吉高速公路设计铸就为绿色公路和品质工程设计的"江西样板"。

一、项目背景

(一)路网功能明确,具有一定社会影响力

广吉高速公路是《国家公路网规划(2013年—2030年)》中沈海高速公路第七条联络线福建莆田至湖南炎陵(G1517)中的一段,也是《江西省高速公路网规划(2013年—2030年)》"四纵、六横、八射、十七联络线"高速公路网中第三横的中段,是三省区域经济往来的高速公路运输大通道,对于改善沿线交通条件和发展环境,促进区域经济社会协调发展等具有重要的意义。

(二)工程规模大,沿线区域自然环境特点突出

广吉高速公路途经抚州、赣州、吉安等三市的六个县区,路线总长189.276km,由广吉主线和吉安支线组成,项目概算126.24亿元。广吉高速

公路全线路基土石方 3981 万 m^3;设桥梁 158 座,总长 35159 延米,桥梁占 18.7%;设枢纽互通 4 个、互通立交 11 个、服务区 3 个和停车区 1 个。其地处江南过湿区地貌单元复杂,沿线有赣中红砂岩丘陵岗地地形、雩山山地地形、吉泰盆地地形,夏季高温多雨、冬季寒冷少雨,极易形成区域性气候,跨水体较多较大。道路沿线红砂岩分布广泛,途经多处居民区和河流,空气、水、声环境敏感点多。

项目途经的区域自然环境优美、生态环境良好,赣江、梅江、盱江流经该区域,"绿色、红色、古色"旅游资源丰富。沿线有青原山、翠微峰、百里莲花带等风景名胜,有革命摇篮井冈山、"宁都起义"指挥部旧址等红色胜地,还有钓源古村、渼陂古村、梅冈古村、杨依古村、欧阳修纪念馆、宋代雁塔等人文古迹。井冈精神、苏区精神发源于此,庐陵文化、客家文化、茶文化在这里交相辉映。

(三)方向明确,定位高

广吉高速公路项目被交通运输部列为第一批绿色公路建设典型示范工程,省交通运输厅、项目办明确提出把广吉高速公路建成全国高速公路建设的示范路、品质工程建设的示范路、绿色公路建设的示范路,争创国家级交通优质工程。

二、绿色公路的概念解析

绿色公路是在满足公路基础设施本身固有功能的同时,实现公路与生态环境和谐共生,体现向大自然索取和回报之间的平衡,是推进交通行业生态文明建设的根本措施。

基于对绿色的解读和对绿色公路理论发展的分析,可将绿色公路理解为:以生态系统的良性循环为基本原则,在公路规划、设计、建设、运营和养护全寿命周期里,以最大限度地节约资源、提高能效、控制排放、保护环境为目标,以低消耗、低排放、低污染、高效能、高效率、高效益为主要特征,综合运用各种措施最大限度地为人们提供安全、健康、舒适和高效的出行服务,实现经济效益、社会效益和环境效益的有机统一,与自然和谐共生、可持续发展的公路工程。

因此,必须把"节能、高效、环保、健康"等绿色理念贯彻到公路设计、施工、运营全过程。

三、融合绿色公路理念 设计广吉高速公路

坚持满足功能需求和提升服务水平为政策导向，贯彻落实“绿色公路”指导思想，结合绿色公路建设的“五大任务”及“五个专项行动”，在广吉高速公路规划设计中全面落实资源利用、生态环保、周期成本等设计理念。

（一）资源利用

1. 集约利用通道资源

按照“统筹规划、合理布局、集约高效”原则，调整和优化线位布设，充分利用铁路、普通公路等通道资源。项目组在设计过程中采取了各种措施：通过不断优化平纵线形，利用 G206、S216、S208、S319 等普通公路，设置小港、头陂、东山坝、新圩等互通与地方连接；通过前期与昌吉赣铁路设计部门协调与沟通，由昌吉赣铁路预留出 70m 宽的通道予广吉高速公路下穿；通过左右线分幅设计，下穿京九铁路 12、13 号桥墩。

2. 严格保护土地资源

项目组通过初步设计、施工图设计这两个阶段的路线设计优化，因地制宜采用低路堤和浅路堑方案，项目永久用地减少了 1600 亩，其中耕地减少了 264 亩，未占用基本农田，土石方量减少了 370 万 m^3；积极推进取土、弃土与改地、造地、复垦综合措施，合理利用公路两侧山谷作为弃土填平区（图 1），在弃土场表面覆盖耕植土表层以改造成水田或景观林地，减少土地分割，高效利用沿线土地。

图 1 弃土填平区实景图

3. 大力推行废旧材料再生循环利用

为实现废旧轮胎资源在公路工程中的规模化应用以及提高沥青路面结构与材料的可靠性、路面使用性能的耐久性、驾乘人员舒适性，K1 ~ K70 段采用橡胶粉复合改性沥青路面，使废旧轮胎等工业废料得以再生和循环利用，在环保的同时降低路面全寿命周期成本。

4. 积极应用节能技术和清洁能源

积极响应交通运输部提出的“2020 年基本建成绿色循环低碳交通运输体系”的目标，广吉高速公路将太阳能直接照明技术、太阳能光伏发电技术、风光互补技术、LED 智能控制技术等关键技术进行系统集成，努力攻克高速公路新能源利用技术难关；根据高速公路服务区和沿线交通设施负载用能的需求规模与时段分布特点，设计太阳能光伏系统；合理利用服务区空间位置、4 个枢纽互通的位置和线路周边空旷用地，进行太阳能利用最大化的系统布置方式，提高运营期的低碳节能水平。

（二）生态保护

项目组为推行生态选线，依法避绕自然保护区、水源地保护区等生态环境敏感区；推行生态环保设计和生态防护技术，重点加强对自然地貌、原生植被、表土资源、湿地生态、野生动物等方面的保护；增强公路排水系统对路面和桥面径流的消纳与净化功能，采取以下措施。

（1）调整和优化公路选线布线，尽量避让风景区、环境敏感区及采矿区，尽最大可能减少环境破坏。

广吉高速公路路线走廊带经过广昌县的龙凤岩风景区、永丰县国家森林公园、青原区的白云山省级森林公园和青原山省级森林公园等环境敏感区，经过铀矿、稀土矿等矿区。路线设计过程中设置 29 处比较段进行充分论证，科学选线，绕行风景区、湿地保护区和环境敏感点，全线绕避或基本绕避了铀矿、稀土矿等矿区或矿产地 15 处，宁都梅江国家湿地公园、青原山省级森林公园等生态敏感区 4 处，抚河源头水（盱江）保护区等水源保护区或取水口 15 处。

（2）研究绿色服务区设计和建设技术，探索“海绵城市”在服务区的应用。

以“五化”（个性化、人性化、智能化、低碳化、海绵化）为基本特征，建设泰和北绿色服务区。高速公路服务区不仅是休息的驿站、服务的载体，更是旅游的名片，地域形象的展示窗口。建筑设计按照绿色公路要求，以可持续发展为理念，尽量节约资源，生态环保，达到住建厅二星级绿色建筑设计标准。在建筑的全寿命周期内打造绿色服务区，全面考虑人、自然、建筑之间的关系，综合应用多种技术减少对生态环境的破坏，集约节约利用土地、岸线、水等资源，节能减排降碳以及空气和水污染防治，打造绿色生态现代化的高速公路服务区。

(3)设计应用桥面径流收集处理方案，保护水环境。

结合国内外相关研究和应用情况，本项目的桥面径流污染和应急处理系统由储存调节系统和处理系统串联构成，桥面径流通过储存调节系统、生态水沟、处理系统得到层层净化的目的。其中，储存调节系统由进水系统、调节池和出水系统等组成；处理系统由进水系统、人工湿地和出水系统等组成，如图2所示。

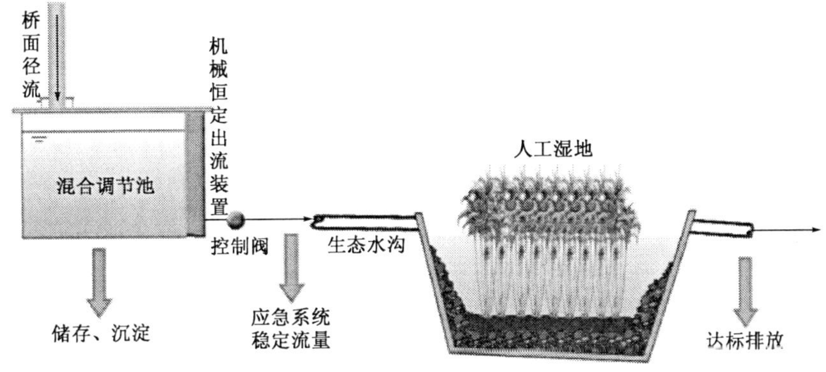

图2　生态式桥面径流处理系统工艺流程

针对抚河源头水保护区、赣江特大桥、梅江大桥等跨河、梅江国家湿地公园的桥梁的水环境风险防范需求，开展桥面径流收集处理系统新技术的推广应用具有环保意义、经济意义和广阔的应用前景。

(三)周期成本

(1)实施标准化设计，推广施工标准化体系。

为实现建立标准化施工长效机制，实现工地标准化、工艺标准化和管理标准化；鼓励工程构件生产工厂化与现场施工装配化，注重工程质量，提高工程耐久性，实现工程内外品质的全面提升。广吉高速公路设计中大量采用标准化设计：①桥梁、涵洞等结构形式全线采用统一通用图，尽量归并桥梁上下部结构形式，最大限度地提高标准化施工条件，为运营期的养护提供便利；②下边坡人字骨架(图3)、排水沟、土路肩混凝土板等设计为混凝土标准化构件，推行混凝土构件预制工厂化，现场拼装，总结提升施工标准化经验，确保工程质量及耐久性。

图3　人字骨架与边坡绿化实景

(2)采用钢—混组合梁桥设计,充分利用成熟的工业资源,提升公路桥梁建设水平。

为响应国家推广绿色建筑、化解过剩产能的产业政策,推进钢结构桥梁的应用,发挥其在全寿命周期成本方面的比较优势,广吉高速公路在宁都北枢纽1座主线跨线桥和2座匝道桥采用钢—混组合梁桥设计,为在江西省首次在中等跨径跨线桥上选用钢—混叠合梁桥,力争在江西省高速的建设中起到相应的典型示范作用。

(3)设计沥青混凝土排水降噪路面,提高公路运营的安全性和舒适性。

广吉高速公路主线K136+600~K155+560及吉安支线共计53km路段设置排水沥青路面,通过高抗飞散特性的排水沥青混合料设计、大面积汇流的排水路面排水系统、排水能力优化设计等方面的技术创新以提高路面抗滑性能、降低噪声、抑制水雾、防止水漂、减轻眩光,提升道路行车安全、舒适性,推进我国道路铺面表面特性在"环境友好"方面的技术革新。

四、结语

绿色公路不能仅停留于路界范围内的污染治理与绿化美化,而应把公路设计及建设的视野扩展到公路与资源、公路与环境、公路与人文社会构成的全方位、全寿命的生态大系统中,体现绿色之灵魂。在广吉高速公路设计中,融入资源利用、生态环保、周期成本等新理念进行设计并付诸实施;在建设过程中不断的优化、创新,取得了较好的效果,为绿色公路设计积累了经验,对后续绿色公路设计具有一定的示范作用。

让绿色公路“更绿”

习明星[1] 韩根生[2] 郑会康[1]

(1. 江西交通咨询有限公司 江西 南昌 330002;

2. 江西省高速公路投资集团有限责任公司 江西 南昌 330002)

摘 要 广昌至吉安高速公路(以下简称广吉高速公路)是江西首条也是交通运输部第一批绿色公路建设典型示范工程,怎么践行绿色品质工程,构筑路地和谐的生态环保路,是全体参建者的一致目标。广大监理人员除了履行传统监理的“三控、两管、一协调”基本职责,重点落实质量、安全监管责任外,就贯彻公路项目的绿色建设理念进行了科学实践,取得了一定的成果,使绿色公路建设更加科学环保、更加绿色。

关键词 公路建设;绿色公路;工程监理;要点经验

绿色公路是指通过技术创新和新材料、新设备、新工艺的利用,使公路在全寿命周期内建设与养护所消耗的资源、能源及排放显著降低的一种公路发展模式。其核心是控制资源占用和材料使用,减少能源消耗和优化能耗结构,提高使用效率,降低碳排放。广吉高速公路的工程监理作为交通运输部第一批绿色典型示范公路的参与者,积极响应业主提出的“方案带绿,建设扩绿,施工带绿”的建设理念,运用各种监理手段,让这种理念贯彻更到位,让绿色公路“更绿”。

一、绿色公路的监理新内涵

绿色公路更强调资源节约和环境保护,对其监理也就新增了使公路更“绿色”、更“环保”的目标。绿色公路是传统公路升级发展的新阶段,所以其监理也是传统公路监理内涵提升和外延拓展,是监理工程师如何通过有效的监控,加大对绿色施工的监督管理,使建设项目最大限度地节约资源,减少对环境负面影响,实现节地、节能、节水、节材及环境保护(四节一环保)目标,是在“四节一环保”理念下的“三控两管一协调”。

本文依托江西省首条也是交通运输部第一批绿色公路建设典型示范工程——广昌至吉安高速公路项目,对具体做法进行总结梳理,讨论在绿色公路建设典型示范工程中现场监理机构如何在工程监理的基础上,以绿色公路理念对项目监理工作进行创新和提升。

二、绿色公路建设理念灌输实之又实

(一)学习政策性文件

为提升全体监理人员对绿色品质工程的内涵及新特点、新理念、微创新的认知,总监办组织全体监理人员学习交通运输部印发的《关于实施绿色公路建设的指导意见》、省厅制定的《江西省创建公路水运品质工程实施方案》《公路水运工程安全生产监督管理办法》及绿色品质工程课件,要求全体监理人员思想和观念的转变是实施绿色监理的前提。尽管监理的监管对象是公路和施工活动,但绿色公路要求监理人员在关注工程实体质量的同时,还必须关注工程的环境影响和社会影响,建立可持续发展的思维理念,精准把握绿色公路建设理念的深层内涵。

(二)做好岗前培训

针对性地提高拓宽监理业务素质水平,对员工进行培训,对项目办全线印发的各项专项方案及工艺的统一标准、指导书进行岗前交底。将思想教育作为管理全体监理人员第一方法和手段,灌输"绿色公路""品质工程""平安工地"的理念,树立"绿色、精品"工程意识。绿色监理的"人本"理念就是把"以工程为核心"转变为"以工程和人的统一为核心"。

(三)科学编制监理文件

总监办结合广吉高速公路项目办编制的《绿色公路建设实践手册》,与《项目管理大纲》《质量管理手册》等组成的"一纲六册",并针对自身的工作目标和项目特点,编制印发了操作性强的《绿色监理实施计划》《绿色监理实施细则》,并根据绿色管理要求制定了总监办内部管理制度,补充了"总监办绿色监理工作制度""绿色监理巡视制度"等多项制度,使绿色监理活动科学合理、有章可循。

三、准备期监理的要求标准高之又高

创新、协调、绿色、开放、共享的发展理念已深入人心,在绿色公路建设过程中,监理在督促施工单位做好常规前期规划和施工前期准备的同时,将集约、节约、循环、低碳的主题,融入施工图设计和工艺方案的制订中去。此外,监理在审核此类文件时,在保证施工方案可行的前提下,更加注重对绿色施工方案的评选审核,使绿色公路“更绿”。

(一)落实大临建设标准化

工欲善其事,必先利其器。从驻地选址、梁场建设开始,各总监办就按照绿色公路要求选址,减少临时用地,做到“永临结合”,减少生态破坏,做到不破坏就是最大的节约,从源头上为绿色公路建设打好基础。同时,总监办督促各施工单位以绿色节约为前提,推动辖段的驻地项目建设、钢筋加工场、拌和站、小型预制加工场方案等评审,根据评审意见修改方案并按照监理批复方案中的要求进行了大临设施建设。例如:把梁场建在主线上的做法,为所辖标段节约土地 60 亩,使本项目在大临设施建设方面上了新台阶,展示了广吉高速公路大临设施建设绿色理念的新风采。

(二)精准规划施工便道

总监办会同施工单位精准规划施工便道,跨河便道全部采用钢栈桥跨越,累计搭设钢栈桥 15 座;其余施工道路尽可能利用原有村道、当地劳作的小路进行加宽和硬化,尽量不新开便道,少征临时用地,做到与当地村道较好结合,一举两得,新修及加宽改造便道 49 条,其中原有道路加宽改造 34 条,科学地施工便道规划在保证施工顺利进行的同时,不但没有阻碍当地的交通情况,还改善了当地原有的交通条件,成为一条可以给当地人带来滚滚财源的致富道路,有极好的社会效益。

(三)狠抓绿色首件工程制度

总监办积极落实首件方案评审制度,推行绿色首件。通过首件工程评审,全面客观分析影响工程质量的各种因素,对各项质量指标进行综合评价,总结质量控制、工艺控制、安全施工、绿色环保施工经验,从中得到更科学、合理的施工参数和质量保证措施。为打造绿色公路提出改进措施,及时预防和纠正后续生产中的不规范行为和可能产生的各种质量隐患,对优质的绿色施工首件工程进行全线推广,使绿色公路建设更加科学合理。

四、施工期监理的管控措施严之又严

带绿施工是突出本项目绿色公路、品质工程的理念之一,也是防止施工过程中水土流失的措施之一。绿色监理在完成“三控两管一协调”工作的同时,针对施工单位的绿色施工措施加强了质量控制,为绿色公路、品质工程建设保驾护航。

(一)桥梁施工防污染

为减少桥梁施工对河道的污染,在广吉高速公路B标段,桥梁数量较多,总监办邀请专家到现场为施工单位谋划施工组织并协调各参建单位采取沙袋隔离的方法对施工平台和河道进行隔离,有效防止了对河道的污染;在全线推行标准的泥浆池并专门安排车辆清运泥浆,杜绝泥浆乱排乱放现象。

(二)清水混凝土做标准

总监办按照项目办清水混凝土标准,制订了奖惩措施,优化清水混凝土配合比,加强生产过程质量控制,从原材料进场→混凝土拌制→混凝土运输→混凝土进场检验→混凝土浇灌→混凝土拆模、养生→成品保护→质量等级评定7个方面控制混凝土质量,使混凝土外观达到清水混凝土标准,与周边环境相得益彰。

(三)绿化工程专业化

在绿色环保方面,总监办为了有效开展绿化施工质量监督工作和服务施工单位,配备了经验丰富的绿化专业监理工程师,从边坡验收→坡面整修→基材准备(配合比)→挂网打锚杆→客土喷播→覆盖无纺布→防护成坪,重点控制基材配合比、种子配方、客土厚度,严格使用干喷施工工艺。注重绿化施工抓季节,确保成活率,目前各标段均已完成上边坡、下边坡、路堑绿化施工,带绿施工已初见成效。针对取、弃土场的绿化施工,总监办派出绿化专业监理工程师现场指导施工单位,根据周边地貌特征人工营造微地形,播种与当地生态相符的花、草、乔、灌等植物,融入当地生态,取得显著效果。

五、推动绿色公路的创新上广之又广

作为绿色公路建设典型示范工程,广吉高速公路实施了诸多创新,其中绿色监理从项目方案确定、立项、实施过程中全程参与把关。绿色监理目前仍处于研究探讨阶段,没有相关标准可以参照,更需要不断加强绿色监理技术方法和手段的探讨,对施工单位在绿色工程建设中一些敢为人先的做法,采取鼓励引导的原则,积极推动建设项目绿色管理目标的实现。

(一)排水降噪沥青路面

排水沥青路面专项方案已经相关专家认证评审,路面咨询单位已制定了

《广吉高速公路排水沥青路面施工技术指南》指导施工;依据海绵城市原理优化设计各服务区收费站所排水混凝土路面及排水系统,做到了使用质量与绿色环保的统一。

(二)绿色服务区

为实行绿色交通,泰和北服务区建设海绵服务区及太阳能车棚,青原枢纽、吉水枢纽区布设光伏发电,各收费站所房屋顶布设光伏发电等,就地取材,绿色环保。

(三)推行“临时急流槽”防冲刷

为了避免雨水对碾压成型路基的冲刷,总监办向施工单位推广施行“临时急流槽”。在填筑好的路基上筑起一道高达 40cm 的拦水梗,再用较厚的塑料布或水泥砂浆,从坡顶到坡底修筑了一条自上而下的“临时急流槽”,引导路基上的水有处可流,既保护成型的路基,又不污染农田。在连续雨天中“临时急流槽”保证了一沟之隔的农田里的庄稼依然茁壮成长,没有被上方高边坡冲刷出来的泥土污染。

(四)推行圆弧化边坡

为了确保修筑的坡面既具备高速公路本身固有的功能,又能达到与周边的环境的协调统一,减少建设过程对环境的破坏,达到与自然环境相融合,总监办在修筑边坡过程中要求采取“三个圆弧化”推行标准圆弧化边坡:顶部圆弧化、边坡坡脚圆弧化、边坡端面圆弧化。有的高填高挖地段边坡高达 40 多米,形成了深挖路堑和高填路堤边坡,在修筑和验收边坡过程中,现场监理人员采用专业坡度尺辅以 GPS(全球定位系统)测量,逐级测量边坡的坡率,确保坡率、轮廓线符合设计要求,对不符合要求的坚决说不。在对坡顶、坡脚修整时,由于结合机械、人工修整,使边坡圆弧与原山体自然过渡、完美融合。

(五)鼓励各种微创新

将标准化、精细化管理与“微创新”结合起来,全力推广性能可靠、先进适用的新技术、新材料、新工艺。总监办还通过各种有效手段充分调动各参建人员的创新能力,如:预制场智能自动喷淋养生车;针对雨季施工梁场的可收缩移动雨棚;钢绞线的整体穿索设备;防止梁体养生水及杂物进入波纹管的小皮球;防止 T 梁底座吊装孔边漏浆的小板凳、桥面铺装激光摊铺机,微地形营造等一大批微创新成果得到推广和应用,为绿色公路建设提供了科学合理的技术支持。

六、结语

(1)广吉高速公路监理依据相关法规、标准监督实施过程,是对绿色公路实施的重要把关,最大限度地消除施工对能源和资源带来的负面影响。本文通过总结监理在广吉项目上的各种绿色理念做法,从发挥的效果及作用来看,取得了阶段性的成果,积累了一定的经验。

(2)笔者认为在绿色公路中的工程监理可以从项目前期、规划、施工、创新等多个方面着手做好监督管理工作。在完成项目建设“三控、两管、一协调”任务的同时,通过制度创新和管理创新,达到“四节一环保”的目标。

(3)建设绿色公路过程中,工程监理要充分发挥主观性和协调性,既要争取项目业主的理解和支持,也要争取地方政府和老百姓的支持,本着以工程实际、确保质量安全这条主线的原则不变,促进在施工技术和管理方式上加入绿色理念,让好的举措发挥出应有的效果,真正地使绿色公路藏惠于民。

(4)监理企业要借助参与绿色公路建设典型示范工程的契机,及时总结要点经验,让绿色公路在工程监理的监督管理下,具备更加鲜明的绿色特点。最终帮助项目形成成套的绿色管理和技术成果,达到可复制、可推广的效果。

施工建设期绿色公路理念的实践应用

王阅章　闫少泽

（中交路桥建设有限公司　北京　100010）

摘　要　随着公路建设行业的不断发展，建设过程中的各项技术水平不断提高、各种新理念不断涌现，“绿色公路”作为一种健康可持续发展的理念开始在全国各地得到实施，通过实践探索，公路建设过程中在环保高效、提质降本等绿色施工方面有了较大的提升，“绿色理念”得到充分发挥。

关键词　绿色公路；环保高效；提质降本；绿色施工

一、引言

2016年7月，交通运输部印发了《关于开展绿色公路建设典型示范工程建设的通知》，广吉高速公路项目被列为全国第一批“绿色典型示范工程”，广吉高速公路项目办相应制定了《广吉高速绿色公路建设实践手册》。本文基于中交路桥建设有限公司以及所承建的广吉高速公路A6标在绿色公路建设过程中，针对绿色施工进行的一些创新探索而形成的经验总结进行介绍，为后续的绿色公路建设施工提供相应的意见与参考。

二、绿色公路的理解

（一）绿色公路概念

绿色公路是以“创新、协调、绿色、开放 、共享”五大发展理念为指导，以坚持全周期统筹协调、可持续发展为基本原则，是以质量优良为前提，以节约资源、生态环保、节能高效、服务提升为主要特征，贯穿项目规划、建设、运营全周期的可持续发展理念。

（二）绿色公路主要内容

在交通运输部“绿色典型示范工程”开展以来，中交路桥建设有限公司积极贯彻绿色公路理念，结合广吉高速公路A6标实践情况，主要从以下几个方面得到落实。

1. 资源利用

(1)从项目前期策划开始,科学规划便道走向,合理利用地方原有省道、乡道、村道等,充分利用主线纵向便道,减少线外便道用地。

(2)严格执行"零挖方,少弃方"理念,优化土方调配线路,最大限度减少弃方和借方。

(3)推广"永临结合",将施工便道、临时场站建设与地方规划、民生需求相结合,既可满足工程建设期内的施工需求,也可在使用完毕后交由地方继续发挥其他作用。

(4)大力提倡粉煤灰、拆迁建筑垃圾、主线弃土弃石等废旧材料的二次利用以及新材料的可循环利用。

2. 生态保护

(1)对红线范围内的名贵古树进行移植保护,不可盲目砍伐,对跨河跨江跨水库作业区域采取特殊措施进行水源保护。

(2)取、弃土场进行专项优化设计,最大限度节约土地和保护耕地,做好取弃土场的环境保护,推行填平区理念,在减少弃土场数量的同时,为填平区回填清表土复耕,化山林荒地为可利用的平坦田地。

(3)在路基边坡、取弃土场采用"动态设计"理念,因地制宜使绿化防护工程与周边环境协调融合,尽量保护公路及沿线周边原生态。

(4)建设过程中,大力推广节能环保施工技术,实现"带绿施工",力争"无污染施工",努力"防尘降噪",减少对线路周边居民区、野生动物生活区的扰动。

3. 周期成本

(1)合理设置工区划分、场站选址、协作队伍分工,选择有技术有经验的施工队伍,降低综合成本。

(2)大力推行施工标准化体系,推行混凝土构件、钢筋构件集中工厂化作业,确保工程质量,降低施工成本。

(3)积极推广新技术、新材料、新设备的应用,提高作业功效,并保证工程质量的耐久性,降低维护成本。

4. 创新驱动

(1)大力推进"互联网+"信息化监管技术,创新工程质量监管手段,提升管理智能化水平。

(2)积极开展QC(质量等级)课题研究,成立专项QC攻关小组,开展质量创优活动。

(3)结合项目施工,积极开展施工技术相关的科研课题研发,提升传统施工工艺,促进最新技术成果转化推广。

(4)积极鼓励各级员工开展“微创新”工作,从细节入手展开技术创新。

(5)以人为本,提升工程建设机械化、智能化水平,减少施工人员投入,降低作业工人劳动强度,提高施工作业精度。

(三)绿色公路目标

针对生态环境,坚持“最大限度地保护、最小限度地破坏、最大限度地恢复”;针对工程建设,坚持“低碳高效、提质降本”;针对景观绿化,坚持“环境友好、生态协调”,结合道路绿化、景观设计、周边环境综合考虑,实现公路线形、公路内部景观、公路视觉景观与自然环境的有机融合。

三、绿色施工的实践应用

广昌至吉安高速公路是《国家公路网规划(2013 年—2030 年)》中沈海国家高速公路莆田至炎陵(G1517)联络线中的一段,也是《江西省高速公路规划(2013—2030 年)》中“四纵、六横、八射、十七联络线”第三横的路段之一,路线起于抚州市广昌县,终于吉安市吉安县。中交路桥建设有限公司承建的广吉高速公路 A6 标位于赣州市宁都县大沽乡境内,线路横穿雩山山脉“凌云山省级自然保护区”,采用双向四车道高速公路标准,设计速度 80km/h,整体式路基宽度 24.5m,线路总长 7.483km,共有桥梁 13 座。

中交路建与时俱进,依照交通运输部印发的《关于实施绿色公路建设的指导意见》要求,在项目建设过程中坚持可持续发展、坚持统筹协调、坚持创新驱动、坚持因地制宜,牢固树立创新、协调、绿色发展理念,坚持建设以质量优良为前提,以资源节约、生态环保、节能高效为主要特征的绿色公路。公司从管理层面大力推进“互联网 +”信息化管理手段,从技术层面积极鼓励项目科技研发,采用新设备新工艺,从施工层面严格落实标准化作业,其所承建的广吉 A6 项目为全面推进项目绿色循环低碳发展,一手抓工程质量内在美,一手抓生态协调外在美,加强能源节约利用,树立全寿命周期成本理念,以绿色为前提实践品质工程,以创新为驱动引领高效施工,为绿色公路发展在绿色施工方面的体现积累了宝贵经验。

（一）信息互联，全面管控

1. 信息化管理系统

为切实降低绿色公路全周期建设成本，中交路建为实现低碳高效、全面快捷的管理目标，研发了一套集办公自动化系统、项目管理系统、施工材料管理系统、人力资源系统、法律事务系统、资金管理系统等全方位管控于一体的信息化管理系统平台。针对项目建设实现了从项目策划、生产进度、技术质量、安全环保、成本周期、风险管控、考核评估等方面的全周期管控，极大地促进了项目的精细化管理，降低了公司对项目的管理成本，达到了既高效又有效的全周期全方位的项目管理。

2. 混凝土监控系统

混凝土作为项目建设的最基本要素，混凝土的质量无疑是项目创建品质工程的重要基石，中交路建为确保混凝土质量的严格把控，在所承建项目的所有拌和站均安装了“混凝土生产全过程监控系统”，从原材料进场检测、原材储存、混凝土拌和电子称量、称量精度偏差监控、配合比参数偏差监控、混凝土强度跟踪、偏差原因分析等各方面实现了拌和站、项目部、公司对混凝土全过程的实时监控，确保了混凝土数据的可追溯性，在混凝土的生产施工周期内，任何一个环节出现偏差都会立即得到纠正，保证了混凝土生产的质量稳定和经济可行，为混凝土的外观创优提供了有力的保障。

3. 专家服务平台

为确保绿色公路建设稳步推进，中交路建特此研发了一套“专家服务”手机APP及计算机客户端，将公司总部技术专家、各级公司总工、项目总工及相关技术人员集中至专家服务平台，集问题反馈、专家解答、效果评估、优质方案及优质交底共享、技术交流探讨等功能一体，在解决施工一线技术问题实现了垂直沟通、无缝对接，为公司推行绿色公路建设提供了技术保障。为努力实现技术创新、工艺提升，在“专家服务”平台内公司技术人员集思广益、积极探讨、相互交流，为参建绿色公路提出了具有创造性、建设性的意见。

4. 企业微信平台

绿色公路理念作为公路工程行业转型升级的必然趋势，中交路建顺时应势，创立了“企业微信平台”，利用平台在公司内部大力宣传绿色公路理念，积极倡导绿色公路在各项目的实施探索，将好的做法及时在全公司进行推广。除此之外还在平台内设置了较多的实用功能，如“知识百科”模块，不定时推送一些行业相关知识;“考试测评”模块,定期组织对员工进行试验、测量、安全、工程技术等方面的在线考试等。中交路建利用高普及度的微信平台,使项目员工与公司领导、不同项目员工之间实现了无障碍的实时沟通,使绿色公路理念宣传深入人心,使绿色公路的实施进展情况以最便捷的方式传达至公司的各级员工。

(二)集约资源,统筹规划

中交路桥建设有限公司在中标广吉高速公路 A6 标之后,为严格落实交通运输部的绿色公路要求,从项目前期策划开始,在统筹资源利用,协调场站布设等方面狠下功夫,将绿色公路“协调、绿色、开放、共享”的建设理念落到了实处。

1. 场站建设

1)拌和站建设

广吉 A6 项目部在开工前期经实地考察,综合考虑后将 S319 距主线约 50m 的一处废弃水塘作为混凝土拌和站选址,并将主线拆迁房屋的建筑垃圾对水塘进行回填造陆,既实现了废旧材料的循环利用,又节省了软基借土换填费用;对储料仓、上料仓实行全封闭处理,保证原材储存质量;在拌和站使用完毕后,将主线路基预留的清表土进行回填覆盖,实现再造农田约 20 亩。

2)预制场建设

为减少土地征用,广吉项目 A6 标选用主线路基进行梁场建设,科学规划梁场布局,采用钢筋胎架绑扎、智能喷淋养生系统、智能张拉压浆等施工工艺,在确保梁场正常生产的同时,合理安排桥梁下部施工顺序,保证梁板预制一片、架设一片,坚持不设置存梁区,既节省了建设资源,又提高了施工效率。

3)钢筋加工场

广吉项目 A6 标钢筋加工场采用全封闭施工,保证了施工场地的环境舒适性,坚持所有结构物钢筋骨架集中工厂化生产,实行流水化作业,科学规划布局,分为原材区、下料区、加工区、成品区、废料区等,采用钢筋智能调直机、弯曲机、切割机、智能滚焊机等先进设备,确保钢筋加工人员技术专业、设备精良,有效保证了钢筋加工的质量和效率。

2. 填平区设计

针对施工所在地山多地少的情况,广吉项目 A6 标积极贯彻“零弃方、少借方”理念,大力推行填平区设计,将土石弃方填平至主线靠山体侧低洼处,表层覆盖腐殖土。填平区面积较大地实现了山地造田再利用,平衡了公路建设征用农田的情况;填平区面积较小的进行了绿化景观提升设计,推进了公路建设与周边环境的自然融合,大大提升了美观性及行车舒适性。

3. 粉煤灰应用

在广吉项目开工之初,A6 标项目部主动联系赣州地区范围内的火力发电厂,大量采用废料粉煤灰作为混凝土拌和料,变废为宝,不仅增加混凝土的和易性、可泵性,也在一定程度上减少了水泥使用量,而且增强了混凝土后期强度,既降低了成本,又达到了绿色施工、低碳生产的效果。

(三)带绿施工,高效环保

中交路建在广吉项目 A6 标绿色公路实践过程中,始终坚持对周边环境"最大程度地保护、最小程度地破坏、最大限度地恢复",坚持带绿施工,并取得了良好效果。

1. 主体防护同步施工

针对江西赣南雨季易出现连续性降雨等恶劣天气频发的特点,为了避免土方施工后经雨水冲刷,影响上、下边坡的质量和外观形象,项目部入场之初,就确定了绿化作业队伍,防护作业队提早入场,修筑完成一个边坡后,立即组织人员进行喷播绿化、砌筑防护,使边坡更牢固、排水更通畅,有效地保护了边坡成型,确保实现路基施工一段、稳定一段的目标。

2. 可移动式泥浆池应用

在桥梁桩基施工过程中,项目部集思广益为做到对周边环境最小程度破坏,采用钢板、角钢焊制可移动式泥浆池储存泥浆,确保泥浆循环不外流,成桩后待泥浆沉淀,废水排出后,将泥浆池内的沉渣装运集中处理,实现了泥浆的环保处理与泥浆池的循环利用,有效杜绝了传统工艺中就地开挖泥浆池对周围环境造成的破坏及污染。

3. 动态设计理念的贯彻实施

建设施工过程中,A6 标项目部采用动态设计理念,根据线路周边原态环境及地方合理要求,积极优化设计、动态调整,如:根据不同段落土质情况,因地制宜调整绿化方案,选取适合当地土质生长的植物,确保绿化效果融入自然;根据地方合理需求或现场地形、地质情况,合理调整原设计结构物位置或结构类型等。这样既弥补了原设计存在的不足,又减小了公路施工对地方原生态造成的影响。

(四)创新驱动,提质降本

在工程建设过程中,中交路建坚持"以人为本"的原则,以降低人工劳动强度、提高机械作业效率、提升智能管理水平为目标,始终贯彻以技术创新、工艺提升为最强驱动力的理念,深入落实提质降本的绿色施工要求。

1. 鼓励开展"微创新"活动

在建设过程中,从项目管理人员到一线作业人员,积极开展"微创新"活动,从细节入手提升工艺效率,积累了大量创新成果,现将部分成果简单介绍如下。

1)安全悬浮滑接输电装置

在梁场建设过程中,对龙门吊配电采用安全悬浮滑接输电装置,整个输电桁架贯穿龙门吊行走全范围,使梁场电缆线实现了全封闭式布设,不受日晒雨淋侵蚀,消除了传统行吊电缆用大转盘圈着走容易造成的电缆损伤及视觉杂乱的弊端,既降低了保养维护成本,又提高了梁场的整齐美观效果。

2)预应力钢绞线整体穿束

预应力施工采用牵引拉线网套将多根钢绞线整体束紧后,用穿束机进行整体穿束,可有效避免多根钢绞线在波纹管内发生缠绕,保证钢绞线张拉应力分布均匀,并在钢绞线进口处设置水平导向轮,将钢绞线滚送至波纹管内,防止钢绞线牵引过程中摩阻过大造成的断丝损伤。

3)桥面封闭式伸缩缝预留槽

为有效保护桥梁伸缩缝预埋钢筋,防止伸缩缝预留槽内杂物堆积,该项目在预留槽内采用方木作为支撑木模板,模板顶部采用土工布包裹碎石,最后浇筑10cm厚混凝土与桥面铺装层齐平,对伸缩缝预留槽实行了全封闭,既有效保护槽内不受污染,也方便了伸缩缝安装前的车辆通行。

4)框格梁定型轻质钢模

框格梁施工中,该项目自行设计使用的模板,大面采用2mm厚钢板,边角及背部采用镀锌方管作为加强肋进行焊接,模板转角拼缝之间采用5mm斜切钢板搭接。与传统钢模相比,既减轻了模板自重,又加强了整体稳定性,提高了工作效率,也方便现场施工;与木模相比,也更能保证混凝土外观平整,线形顺直。

2. 大力引进智能化设备

为切实降低人工劳动强度,提高施工作业精度,广吉项目A6标引进了大量性能先进的智能化机械设备,保证了标准化施工的精准高效。

1)全自动智能滚焊机

采用由 PLC 系统精准控制的智能滚焊机进行钢筋笼加工,不仅加工精度大大提高,而且工作效率比传统人工作业提高了数倍,由于数控机械化作业的质量稳定可靠,钢筋笼基本达到了"免检"产品要求,且由于滚焊机作业箍筋拉紧度高、不需要搭接等特点,较之手工作业可节省约 1.5% 材料用量。

2)智能循环压浆机

在梁板预制初期,A6 标项目部通过预制梁板压浆试验,对多种设备的压浆效果进行对比试验,分别采用了"雷达无损检测法"及"切割破坏性检测法"对梁板压浆效果进行双重验证,最终选用了"真空式单孔智能循环压浆台车"进行梁板孔道压浆施工。该设备操作简便,集自动称重、高速制浆、真空连续压浆、浆液体积测量、温度测量、自动保压、数据存储、屏幕显示等功能为一体,在保证了压浆密实饱满的同时,又简化了人工操作工序,便捷可靠。

3)激光—超声波桁架桥面摊铺机

广吉项目 A6 标在桥面铺装施工中,采用激光—超声波桁架桥面摊铺机代替传统的三辊轴进行混凝土铺装作业,通过激光控制系统及超声波控制系统的实施切换,可实现直线桥面、平曲线桥面、竖曲线桥面和匝道曲面桥的施工。在连续施工 300m 范围内,高程偏差可控制在 ±2mm 以内。混凝土摊铺整平初凝前,配合采用液压抹光机进行提浆收面,操作轻便,反应灵敏。该套设备自动化程度高,与传统施工方法相比,节省了人工、保证了质量、提高了效率。

3. 积极推进技术研究应用

自开工起,项目成立 QC 活动小组与科技研发小组,在施工建设过程中,积极总结施工经验,优化施工工艺,共形成 4 项施工总结材料在全线学习推广;尝试新材料,项目先后使用了新型长效模板漆、新型复合塑料模板,大大提升混凝土外观质量,起到了节能环保、提质降本的效果;探索新技术,与项目办携手合作,先后进行了"公路路基压实质量快速检测技术研究"。"桥梁锚下有效应力检测技术研究"两项科技研发工作,完成了"激光桁架摊铺机桥面铺装施工工法"申报工作,为促进最新技术成果转化实施起到了积极作用。

四、参建绿色公路的体会

中交路桥建设有限公司通过参建广吉高速公路绿色公路的机会,在公司内部深入贯彻"绿色公路"理念,通过一系列的实践探索后,在管理水平、技术工艺、理念提升方面有了较大的进步,有效促进了公司的转型升级。广吉高速公路作为全国第一批"绿色公路示范工程",中交路建在参建过程中勇于担当,摸石头过河般地不断实践探索、学习总结，将公路建设这个传统的粗放式管理行业逐渐向精细化转变，以人为本、生态和谐、集约节约、绿色环保、智能高效等众多理念得到了充分的体现。在践行绿色公路建设使命的同时，也将公路建设水平提升到了一个崭新的高度，环保意识更强烈、施工管理更精细、技术工艺更先进、安全保障更全面，中交路建将一如既往地发扬“固基修道，履方致远”的企业文化精神，在建设“绿色公路”的道路上深耕易耨、开拓进取，取得更大的突破。

五、结语

大道如虹，砥砺前行。在绿色公路推行两周年之际，公路施工建设期作为公路全寿命周期内最重要的一个环节，正在从施工理念、过程管控、技术创新、绿色环保等方面发生日新月异的变革。通过全国第一批绿色公路项目的实践，为后续绿色公路建设积累了一定的经验，为真正实现公路建设资源节约、生态协调、节能高效提供了可参考的示范样板。时至当下，全面建成绿色公路体系依然任重道远，仍需不断提升建设理念，鼓励绿色创新，完善规范制度。我们相信，在不远的将来，绿色公路理念必将得到全面推广，公路建设将真正实现低碳、高效的可持续发展。

参考文献

[1] 陈卫华. 绿色公路理念在公路建设中的体现[J].

[2] 余凡凡，宁军. 浅谈绿色公路理念在公路建设中的应用[J]. 中国水运，第 17 卷，第 6 期.

[3] 李定策. 高速公路建设施工阶段环保措施与对策的探讨[J]. 湖南交通科技，第 32 卷，第 4 期.

[4] 李祝龙，王艳华. 绿色公路的建设要点[电子文献]. 中国论文网.

[5] 李铁军，张羽. 鹤大高速绿色公路建设施工管理实践[J]. 公路，2016(6):6-10.

[6] 陆军，魏亮. 江西某绿色高速公路建设施工管理实践[J]. 山东交通科技，2017(5):98-100.

绿色领航 引领未来

——广吉高速公路贯彻落实绿色理念纪实

李千友 范 炜 严 飞 卢 刚

(江西省高速公路投资集团有限责任公司 江西 南昌 330025)

摘 要 “绿色公路”更加注重资源节约、生态环保、节能高效和服务提升,将这一理念落实到具体施工实践中去,成为建设者面临的新课题。本文从宣传绿色理念、绿色征拆、廉政教育等方面,介绍了广吉高速公路的具体做法。

关键词 绿色理念;绿色征拆;廉洁从业

当前,随着中国特色社会主义建设进入新时代,在自然资源、生态环境愈加重视的今天,公路转型发展成为了行业领域关注的焦点。既要金山银山,又要绿水青山。顺应时代需要,“绿色公路”概念应运而生。相比于传统公路,“绿色公路”更加注重资源节约、生态环保、节能高效和服务提升。如何将“绿色公路”理念落实到具体施工实践中去,也成为高速公路建设者面临的新课题。作为全国第一批绿色公路典型示范工程,广吉高速公路的做法如下。

一、多措并举,宣贯绿色理念

“取法乎上,得乎其中;取法乎中,得乎其下。”只有确立更高标准,才能不断开拓创新、工作才能更加出色。广吉高速公路在建设之初,就把绿色公路作为自身定位,坚持在建设全过程中谋绿、扩绿、添绿。

(一)高位谋划,主动换脑思变

为进一步解放思想,摆脱传统思维的禁锢,广吉高速公路在进场之初,就对全线各监理、施工单位总监、项目经理、总工等主要管理人员进行了一场别开生面的面试。提问开门见山,“你作为一个项目管理者,你打算如何践行绿色公路理念?”面试环节的设置,让许多项目经理既感到压力,也感受到广吉高速公路建设理念的与众不同,更促使他们对绿色公路建设有更多的思考和研究。

(二)精细管理,推行标准工法

为让绿色公路建设理念融入项目建设各个环节中,广吉高速公路认真贯彻落实交通运输部《关于实施绿色公路建设的指导意见》,结合自身实际,对项目建设目标进行总体谋划,开创性地编制了《绿色公路建设实践手册》,与《项目管理大纲》《质量管理手册》《安全管理手册》《廉政工作手册》《标准化管理实施细则》一起构成了绿色公路建设推进体系,突出了绿色公路建设理念及定位,从管理信息化、全寿命周期成本、生态环保、资源集约节约、交通安全、温馨服务等方面全方位开展对绿色公路建设探索。

(三)注重应用,鼓励"微创新"

创新是引领发展的第一动力。广吉建设者对"创新"有着自己独特的理解:创新不是求新、不是求特,而是真正地解决问题。以问题为引导,突出应用,哪怕是一点点微小的改变,也是创新、也是不寻常。基于这样的认识,在广吉高速公路建设中不仅有橡胶沥青、排水路面、钢混桥等一批四新技术(新技术、新材料、新设备、新工艺)的应用,同时也涌现一批为提高工作效率、保护生态环境、推进文明施工的小发明、小创造。例如在梁场建设中设置了架立式触滑线供电,避免了电缆线的拖拉和日晒雨淋,确保了用电安全、梁场整洁;为解决 T 梁预应力施工过程中的防水、防潮、防波纹管锈死的难题,经多次试验,创造性地将统一规格的玩具小皮球塞在孔内,提高了工作效率,确保了施工质量。实践出真知、实践创新,在建设过程中,广吉高速公路累计总结出 100 余项"微创新",极大地提升了工程质量和工作效率。

二、绿色征拆,用真心换真情

公路建设中,征拆工作与人民群众切身利益紧密相关,牵一发而动全身。广吉高速公路途经 3 市、6 县(区)、18 乡(镇)、78 个自然村,需征地 1.94 万亩,拆迁房屋 8.22 万 m^2,迁移坟墓 5300 座,拆迁电力杆线 67.98km。拆迁时间短、涉及面广、难度大。为此,广吉高速公路坚持把绿色理念贯彻始终,倡导文明征拆,用实实在在的行动取得了群众的认可和满意。

(一)永临结合,减少土地占用

大型临时设施中的驻地、拌和站、制梁场等都要大量占用土地。遵循绿色理念,最小的破坏就是最好的保护。为此,广吉高速公路在征地拆迁上不断优化统筹方案,实行了大量"永临结合""变废为宝"的措施,以最大程度减少临时用地,尽量不占用农田、耕地。C4 标的驻地选在占地约 55 亩的原木材厂内,利用了原有办公楼、钢筋棚及空地,实现了驻地、1 号混凝土拌和场、小构预制厂、钢筋加工场“四合一”。同时,将服务区、收费站、互通等暂时不用的永久用地,提供给施工单位作为临时用地,既减少了项目临时用地和对生态环境的破坏,又降低了工程成本。

(二)阳光征拆,确保公平公正

征拆过程中,征拆补偿标准的执行至关重要。为此广吉项目办和地方各级政府联合协商调度,层层签订目标责任状,通过广播电视、标语横幅等方式大力宣传征拆政策。将江西省政府制定的《广昌至吉安高速公路等四个重点项目征地和房屋征收补偿及规费缴交标准的通知》张贴到每个村小组,切实做到“三公开”即:公开征地拆迁数量、公开补偿标准、公开补偿总额,确保补偿工作公正、公平。

(三)造福群众,用真心换真情

征地拆迁不是简单的拆除,应与扶贫工作、和新农村建设结合起来,通过征地拆迁来改善当地百姓的居住条件和出行条件。70 多岁的永丰县上固乡汉下村民张恩民是全乡第一个主动带头拆迁、支持广吉高速公路建设的村民。广吉高速公路修建之前,他家 7 口人挤在三间土砖房里,施工单位到来后,无偿帮他运土、平整新房基,不到两个月时间,一栋具有现代化乡村风格的三层洋房拔地而起。B2 标主线 K82 + 780 ~ K82 + 910 取右侧线外有一取土场,大多数取、弃土场是在使用完毕后,经过平整植草覆绿即可。广吉高速公路打破常规做法,决定结合地方农业特色,种植了 390 棵杨梅果树,然后交付当地使用,以实际行动助力老区扶贫。这一做法得到永丰县驻乡扶贫组的赞许与支持。

三、廉洁从业,营造良好氛围

项目建设,确保工程廉洁、干部优秀既是红线也是底线,更是确保“绿色公路”建设的坚强保障,为此广吉高速公路不仅坚持工程建设“绿色理念”,在廉洁从业方面也积极创新方式方法,取得了良好成效。

(一)立好规矩,从严执纪

制定了《广吉项目办党风廉政建设实施办法》《广吉项目管理、施工、监理廉政建设实施细则》《广吉项目办党风廉政建设责任制考核办法》等系列规章制度,汇编了《广吉项目办廉政工作手册》,建立起用制度管权、按制度办事、靠制度管人的用人办事机制,通过制度的刚性约束杜绝一些人的非分之想。尤其是针对过去监理行业乱象问题，制定了《广吉项目办监理人员“十不准”办法》，在提高监理人员待遇的基础上，进一步加强对违纪违法问题的处罚力度，不仅追究违纪监理员的责任，还要依据廉政合同追究监理单位违纪信誉扣分，提高执纪的震慑作用，让监理在实际工作中发挥应有作用，为项目建设提供更好保障。

（二）警示教育，抓长抓常

充分利用主任办公会、生产调度会、考核检查进行廉政提醒，坚持“逢会必说、逢事必说，逢人必说”廉政问题，充分运用监督执纪“第一种形态”定期对项目办各部门及监理单位负责人开展廉政约谈，让咬耳扯袖、红脸出汗成为常态。

（三）做好联动，共同预防

项目办在对监理和施工单位日常监管中，也发现存在部分政府人员及当地乡、村干部插手工程、恶意阻挠施工的现象。为此广吉项目办与宁都县纪委开展了“绿色公路、廉洁项目、和谐高速”共创活动，通过引入外部监督渠道，打造共同参与、共同预防、共同监督和共同治理的工作机制，实现了问题线索的信息共享，对一些苗头性和倾向性问题第一时间采取措施，确保项目建设稳步推进。如广吉高速公路宁都段 A3 标，项目办纪委通过与宁都县纪委的联动机制，严肃查处了当地 7 名恶意插手和阻挠施工的乡、村级干部，起到了良好震慑效果，保障了工程的顺利进行。

广吉绿色公路廉政风险防控探索与实践

李千友 严 飞 章 鹏

(江西省高速公路投资集团有限责任公司 江西 南昌 330025)

摘 要 本文通过对广吉绿色公路廉政风险及廉政监管中存在的问题进行分析,为加强高速公路建设领域党风廉政工作,营造更风清气正的良好氛围,助力项目质量创优,干部队伍廉洁高效提供有益参考。

关键词 廉政风险;监管;制度制约

一、引言

工程建设领域向来是反腐倡廉斗争的主战场,当广吉高速公路被交通运输部列为全国第一批绿色公路典型示范工程项目时,广吉高速公路全体纪检干部在倍感喜悦的同时,更感受到强烈的责任感和使命感。作为探索绿色公路建设的先行军,广吉高速公路备受社会各界关注,如何确保工程优质,干部优秀;如何实现全体参建人员廉洁从业,如何修出一条干净廉洁、让群众满意、人民幸福的高速公路,成为广吉项目管理层需要认真思考的课题。

二、廉政风险预判分析

广昌至吉安高速公路项目途经抚州、赣州、吉安等三市的6个县区,路线总长189.276km,由广吉主线和吉安支线组成,项目概算126.24亿元。在项目建设之初,广吉项目办纪委就针对项目建设存在的廉政风险进行了深入分析和研判,主要风险主要有以下表现。

(1)征地拆迁环节。主要表现是:部分人员与评估机构或项目管理人员相互串通,抬高评估价格或虚设项目,重复工程计量的行为。

(2)招标投标环节。主要表现是:招标工作不规范,程序执行不严、资质把关不严,为意向投标人量身制定倾向性条款。

(3)履行合同环节。主要表现是:项目办管理人员及相关监理人员以权谋私,导致工程质量把关不严、出现偷工减料、弄虚作假等问题。

(4)资金拨付环节。主要表现是:未按计量、程序支付,造成工程款截留或挪用,给施工单位队伍稳定或农民工工资造成影响。

(5)内部管控环节。主要表现是:违反中央八项规定精神,公车私用、违规发放津补贴、违规插手干预项目建设、违规收受红包、损害群众利益等问题。

三、廉政监管存在的问题分析

结合以往和广吉项目监管实践,我们总结项目监管中主要存在以下问题。

1. 工作重点聚焦不足

对项目纪检部门在项目建设中扮演什么角色,起到什么重要作用,缺乏清晰的认识和准确的定位,实际工作中存在着重宣传教育,轻监督执纪的现象。对主业聚焦不足,对重点把握不准,往往胡子眉毛一把抓,看似什么都能管,结果什么都没管好。

2. 廉政责任压实不够

部分班子成员和部门负责人对廉政工作重视不足,认为搞好廉政工作是纪检部门的事情,对自身分管领域的党风廉政责任缺乏担当。有的同志出于害怕打击报复、影响团结以及伤害同志工作积极性的顾虑,有充当"老好人"的心态,对工作提醒不足,过问不够,党风廉政责任落实出现空档。

3. 廉政教育创新不足

项目建设工期紧张,任务繁重,人员分散,难以集中,加之学习方式和学习内容的单一,缺乏针对性和有效性,与项目建设实际需要脱节,廉政学习流于形式,廉政意识未能充分入脑入心。

4. 监督执纪延伸不够

问题线索主要来源于群众举报和上级转来线索,来源渠道较为单一,尤其是在建设一线,对监理及现场管理人员的监督较为薄弱,对一些苗头性、倾向性的问题发现不够及时,往往容易酿成重大廉政风险。

5. 队伍力量较为薄弱

项目廉政监管需具备专业的知识技能和较高的综合素质,有的纪检人员受限于专业知识和综合素质的短板,廉政全过程监督未能真正落实到项目建设中。

四、我们的思路和做法

广吉项目办纪委在上级纪委和项目办党委的正确领导下,紧扣抓好一个关键、贯穿一个主线、紧盯一个目标,通过抓好责任落实,强化警示教育、突出制度约束,积极营造风清气正良好氛围,为绿色公路建设保驾护航。

(一)抓好一个关键:压紧压实廉政责任

1. 明确责任主体

项目办在进场之初,经报集团党委和纪委批准,迅速成立了项目办党委和纪委,明确了党委主体责任和纪委监督责任履行主体,并结合每位班子成员职责分工,严格履行“一岗双责”制度,将党风廉政主体责任分解下去,每位班子成员根据自己的职责认领了“责任田”,形成了谁主管、谁负责,一级抓一级,层层抓落实的良好格局。

2. 成立专项小组

根据项目实际对党风廉政工作进行了综合研判,成立了党风廉政建设领导小组、“红包”治理工作领导小组、“十二公开”工作领导小组等专项工作小组,将党风廉政工作融入项目办各项工作之中,始终保持把纪律挺在前面的良好态势。

3. 选好用好干部

做好党风廉政工作,必须抓住干部这个“少数关键”,针对工程建设程序环节复杂,资金往来巨大,利益诱惑层出不穷,中层干部有着“官小权大”的特征。广吉项目办纪委严格监督把关干部选任程序,对照党员干部选任标准,真正把那些政治素质高、业务能力强、经得起诱惑和考验的同志选拔到一线指挥岗位中去。

(二)贯穿一个主线:坚持常态警示教育

1. 建立常态学习机制

制定了《广吉项目办党员学习教育积分管理制》对党员日常学习教育施行积分制管理。充分利用每周一课、主任办公会、领导班子会、工作调度会、碰头会等时机,见缝插针式地进行学习,突出“短平快”的学习效果。把做好政治理论学习作为提升参建人员的廉政意识的重要途径,引导参建人员,深刻认清当前防腐倡廉的高压态势,以学促廉,保持并不断增强抵御腐败诱惑的定力,为今后的工作开展打好了“预防针”。

2. 定期廉政提醒

定期对各部门负责人、总监办总监进行了廉政约谈,分别就强化政治责任意识、落实“一岗双责”、管好本部门、本单位党风廉政工作等内容进行了深入的谈心谈话,进一步压紧压实党风廉政主体责任。定期组织开展廉政专题学习,深入学习公路建设行业领域传达了关于起违规违纪典型案例，通过身边人的案例，教育全体参建人员，认真算好自身“政治账、经济账、家庭账、事业账、名誉账”。以案示警，以案明纪，引导全体工作人员牢固树立廉洁从业意识。

3. 开展作风整治

结合项目实际，开展了作风建设集中整治活动，聚焦“怕、慢、庸、假、散”及违反中央八项规定精神和损害群众利益问题，深入监理、施工单位召开了征求意见座谈会，认真做好自查自纠和整改工作，组织开展了作风建设专题组织生活会和民主生活会。领导班子带头把自己摆进去，让红脸出汗、咬耳扯袖成为常态，以更优良的作风，更饱满的干劲投入到项目建设中去。

（三）紧盯一个目标：防止权力任性

1. 强化监督执纪

一方面加强内部管控。对公务接待、大额物资采购、油卡油料管理以及涉及工程建设招标、征地拆迁、计量支付等重点领域坚持纪检人员全过程监督。项目办所有车辆均安装了GPS定位和行车记录仪，人员考勤和定位可通过手机APP进行实时监控，杜绝了公车私用和人员管理的漏洞。另一方面，做好明察暗访，重点排查项目管理人员是否有接受施工单位的红包礼品；是否违规插手工程项目；是否与施工队伍不正常交往；是否在工程质量上徇私舞弊等行为，以零容忍的态度，时刻保持反腐工作高压震慑态势。

2. 发挥制度约束

项目办结合自身特点和分析权力运行中产生的薄弱的问题，对制度规范进行进一步的完善，编制了《广吉项目党风廉政工作手册》，对照党章党规、招标管理、内部管理等涉及人、财、物的管理制度进行了梳理。进一步编织好对权力约束的制度体系。针对过去监理队伍存在的乱象问题，制定了《广吉项目办监理人员“十不准”办法》，在提高监理人员待遇的基础上，进一步加强对违纪违法问题的处罚力度，不仅追究违纪监理员的责任，还要依据廉政合同追究监理单位违纪信誉扣分，提高执纪的震慑作用。此举，在工作实践中收到了良好成效。

3. 建立联动机制

项目建设涉及沿线地方群众切身利益，也是各种利益和矛盾的集中点，作为纪检部门不仅要管好内部人员，同时也要做到“眼观六路、耳听八方”及时掌握和了解相关问题线索。为此广吉项目办与宁都县纪委开展了“绿色公路、廉洁项目、和谐高速”共创活动，通过引入外部监督渠道，积极打造共同参与、共同预防、共同监督和共同治理的工作机制，实现了问题线索的信息共享，对一些苗头性和倾向性问题第一时间采取措施，确保项目建设稳步推进。

绿色是自然的底色，是生命的希望。问渠哪得清如许，为有源头活水来。广吉绿色公路的典范不仅体现在工程品质上，更体现在每一个参建人员自觉廉洁从业的坚守中，作为新时代高速公路的建设者，我们将不忘初心、牢记使命，切实履行责任担当，为江西高速公路事业发展做出积极贡献。

第二篇

绿 色 公 路

绿色公路建设的实践体会与再认识

李 刚
（江西省高速公路投资集团有限责任公司 江西 南昌 330002）

摘 要 绿色公路呼应了供给侧结构性改革和建设人民满意交通的需要，其建设应形成多部门协调、多专业协作的工作机制，发挥管理、设计、施工、科研等单位各自优势、协同配合，努力提供更优质的产品和服务，进而提升绿色公路的内涵和品质。

关键词 绿色公路；典型示范；品质工程

一、引言

2016年，交通运输部部署开展绿色公路建设典型示范工程建设工作，并出台了《关于实施绿色公路建设的指导意见》，明确了绿色公路的发展思路和建设目标，推动公路建设发展转型升级。江西省广昌至吉安高速公路被列为第一批绿色公路典型示范工程，笔者亲身参与项目的建设管理和绿色公路实践，体会颇多，对绿色公路理念的认识更为清晰和深入，现整理成文与大家共享。

二、广吉高速公路绿色公路典型示范工程建设情况

广吉高速公路项目（简称“广吉项目”）是国家高速公路网沈海高速公路第七条联络线福建莆田至湖南炎陵（G1517）中的一段，也是江西省高速公路网“四纵、六横、八射”主骨架中第三横的中段，路线总长189.276km，概算126.24亿元。广吉项目途经的区域自然环境优美、生态环境良好，“绿色、红色、古色”旅游资源丰富。广吉项目于2016年初正式开工建设，计划于2019年1月建成通车，绿色公路建设初见成效，典型示范效果初步显现。2018年10月，中国公路学会依托广吉高速公路绿色公路典型示范工程，在江西省举办了第四届绿色公路技术论坛，与会代表参观了现场，对广吉项目的建设理念、示范特色和亮点及实施效果给予了高度评价。

（一）示范工程建设思路

广吉项目自开工以来，围绕建成江西省“公路建设示范路、绿色公路示范路、品质工程示范路”的目标，全体参建人员以绿为魂、以质为核，通过高起点的

谋划布局、高境界的理念设计、高品质的建设实施、高层次的环境保护、全方位的创新驱动,全面贯彻落实“绿色公路”理念,大力提倡工匠精神,积极鼓励大众创新,严格质量安全监管,谋突破、求创新,描绘高速公路画卷,力争将广吉高速公路铸就为绿色公路和品质工程的“江西样板”。

(二)示范工程实现途径

广吉项目立足功能、工程与环境特点,在全面梳理工程建设管理与技术需求的基础上,从绿色公路示范、品质工程打造、建设管理提升三个方面重点突破,科技创新与管理创新同步推进,实现了绿色公路与品质工程协同打造的目标,为探索公路建设绿色发展、高质量发展、高效发展之路树立了示范。

(三)示范工程特色和亮点

广吉项目围绕资源节约、生态环保、品质建设、服务提升及创新驱动五大方面全面发力,聚焦土地资源保护等 14 个重点示范内容进行打造,实施了绿色施工等 4 个专项行动,形成或应用了 33 项“四新”技术和管理创新,如图 1 所示。

图 1　示范工程内容

广吉项目特色和亮点如下:

一是全面践行“绿色施工”理念与管控技术。在施工阶段贯彻落实绿色公路理念,形成可复制、可推广的绿色公路标准化施工指南,具体包括:全方位永临结合节约土地,创新性提出了取(弃)土场专项设计与施工管理模式,推广应用工程创面近自然生态修复理念及技术,开展了施工扬尘污染监测、监视及管控技术,创新性应用施工期环(水)保目标管理,开展绿色公路施工标准化研究,推行沥青的绿色生产技术等。

二是全力打造江西第一条、全国第二长的高速公路橡胶沥青路面。集成运用橡胶粉改性沥青路面建造及绿色生产技术,实现橡胶沥青路面的产业化应用及绿色生产。在K1 +567 ~ K70 +993 约70km路段采用双层橡胶粉复合改性沥青路面,一方面实现了约12万条废旧轮胎的再生利用,另一方面提高了沥青路面的高低温性能,降低了路面噪声。

三是积极探索绿色海绵服务区建设技术。依托泰和北服务区的建设,开展了绿色海绵服务区建设技术专题研究,引进"绿色建筑"标准,在江西省服务区建设史上首次按照绿色建筑标准打造,达到了"一星"等级绿色建筑标准;借鉴"海绵城市"建设理念,通过渗、滞、蓄、净、用、排等多种技术的应用,打造了全国首个海绵服务区。

四是全力推行工匠精神,组织开展"微创新"活动。借鉴引用新设备,改进或改善工法、工序等,鼓励一线参建工人参与绿色公路和品质工程建设。广吉高速公路项目办对近50项"微创新"成果进行展示和评比,其中14项成果分别获得一、二、三等奖和优秀奖,极大地调动了一线工人的工作积极性。

三、绿色公路建设的实践体会

通过广吉高速公路绿色公路典型示范工程的建设,笔者深刻认识到顶层设计是实施绿色公路的关键,绿色公路建设要全过程和全方位地贯彻,绿色施工是现阶段的关注重点,主动参与环(水)保行业监督管理是关键,典型示范的意义在于形成可复制可推广的成果。

(一)顶层设计是实施绿色公路的关键

按工程学概念,顶层设计是统筹考虑项目各层次和各要素,追根溯源,统揽全局,在最高层次上寻求问题的解决之道,是一项工程"整体理念"的具体化。

作为高速公路项目建设的主体,建设管理单位在实施项目之前,首先应高起点总体布局,明确目标,"取法于上,仅得为中,取法于中,故为其下。"广吉项目立项设计之初就紧扣"绿色""品质"内涵,未雨绸缪,提前布局,做好顶层设计。

二是要开展高境界优化设计,按绿色公路理念进一步优化和完善工程设计,为绿色公路实施打好基础。通过初步设计、施工图设计优化,项目永久用地减少了1600亩[1],其中耕地减少了264亩,未占用基本农田;土石方量减少了370万 m^3;全线绕避或基本绕避了铀矿、稀土矿等矿区或矿产地15处,宁都梅江国家湿地公园、青原山省级森林公园等生态敏感区4处,抚河源头水(盱江)保护区等水源保护区或取水口15处。

三是实施标准规范管理,制定相关的管理制度,出台相应的激励措施,将绿色公路理念具体化,做到可执行、可检查。广吉项目结合项目特点编制完成项目管理的纲领性文件——“一纲五册”,分即:项目管理大纲、安全管理手册、质量管理手册、廉政工作手册、标准化管理实施手册和绿色公路建设实践手册,系统阐明项目的管理理念、体系、制度和流程,细化绿色公路、品质工程建设的管理细节,为实现绿色公路和品质工程奠定了坚实基础。

(二)绿色公路建设要全过程和全方位地贯彻

不同于以往带有明确主题的典型示范工程,绿色公路建设更多地探索如何在社会需求、生态环境和自然资源等条件约束下,为广大人民群众出行提供更优质的产品和服务。因此,在绿色公路的建设过程中,一方面应从项目的规划研究开始,涵盖设计、施工、运营及管理的全过程,鼓励设计、监理及检测、施工、科研等全体参建人员共同参与和努力,从细节入手,让绿色公路在一点一滴中打造出来。另一方面,实施内容应涵盖资源节约、生态保护、品质建设、服务提升及创新驱动等,不但包括公路本身,而且包括公路涉及的周边环境、为运营提供的硬件设施等,均应统筹考虑。

(三)实体工程的“绿色”是绿色公路的核心目标

在资源、能源、生态环境等约束条件下,提升实体工程的质量、耐久性、安全性、舒适性,建设满足人民满意、交通需要的公路,永远是公路建设者首要考虑的问题,是最核心的目标。为完成这个目标,一是抓好设计这个“龙头”,二是抓好施工准备及大临设施这个“基础”,三是抓好施工过程这个“关键”,四是抓好创新驱动这个“生产力”。

(四)绿色施工是绿色公路打造的关键环节

相较于设计阶段,施工过程中贯彻落实绿色公路理念更为重要,通过土地节

---

[1] 注:1亩=666.6m^2。

约、材料节约及再生循环利用、生态环境保护等举措，积极推进绿色公路建设。设计还只是一张“蓝图”，施工却是真真正正在“动土”了，而且施工阶段的绿色公路建设尚有较大的提升空间。为在施工阶段贯彻落实绿色公路理念，广吉项目提出了“绿色施工”的目标，内容包括永临结合节约土地、取弃土场专项管理、工程创面近自然生态修复、环（水）保监测及整治、沥青路面的绿色生产技术等。

（五）主动参与环（水）保行业监督管理

在“五大发展理念”的指引下，生态环境保护提到了更重要的地位，环（水）保行业对公路建设的要求和标准也越来越高。环（水）保验收也是项目竣工验收的关键环节，与其被动接受，不如主动参与。一是主动邀请或委托环（水）保监理或监测单位在施工期间对施工单位进行监理和监测，如果存在问题及时反馈；二是主动组织施工单位按有关要求规范施工，保护周边环境；三是主动整改在施工过程中的违法违规行为。

（六）创新驱动是绿色公路的重要生产力

科学技术是第一生产力，绿色公路建设也不例外。绿色公路的创新驱动，一是根据工程需求进行科技创新及应用，二是鼓励一线人员进行大众微创新，三是拓展“互联网＋”的应用。广吉项目建设过程中拓展“互联网＋”功能，实现项目管理信息化和质量控制智能化，上线了移动考勤、工程进度监控、工地远程视频监控等系统，在全部路面合同段实现了路面施工的运输、改性加工、生产配合比、摊铺、碾压等施工过程的实时监控；选取了3个合同段探索对预制梁生产的混凝土配合比、预应力张拉和预应力管道压浆的实时监控，对路基工程压实度快速检测和实时监控。

（七）典型示范的意义在于形成可复制可推广的成果

典型示范就是典型引路、示范应用，通过“比、学、赶、超”达到总体进步的目标。所以，典型示范的意义在于：一是解决工程难点问题，为其他项目提供成功经验；二是形成标准，让今后的项目可复制、可学习。广吉项目建设过程中，注重经验总结和技术推广，一是编制江西省绿色公路评价体系及建设指南；二是基于“绿色公路”和“品质工程”理念修订《江西省高速公路勘察设计指南》；三是编制橡胶粉改性沥青路面、排水路面、绿色服务区、泡沫轻质土等新技术的行业或地方标准。

四、绿色公路理念再认识

(一)从供给侧结构改革理解绿色公路

作为一项为人民群众提供交通出行的基础设施,公路本身应提供优质的产品和服务。绿色公路的提出,正是呼应了供给侧结构性改革和建设人民满意交通的需要,公路作为公共服务优质产品应包括公路基础设施完善和公路服务水平提升两个方面,随着硬件设施的不断完善,优质的公路服务水平将成为今后公路转型升级和满足多元化需求的重点。

因此,绿色公路建设应形成多部门协调、多专业协作的工作机制,发挥管理、设计、施工、科研等各自优势,协同配合,努力提供更优质的产品和服务,进而提升绿色公路的内涵和品质。

(二)跳出公路行业看待绿色公路建设

打造绿色公路是交通行业转型发展的客观要求,也是推进公路行业供给侧结构性改革和建设人民满意交通的客观要求,更是实现美丽中国的客观要求。因此,绿色公路建设者应提高站位,换位思考,跳出行业看行业。

一是公路项目"走出去",学习其他行业的成功经验有助于丰富"绿色公路"的内涵,提高公路建设的品质。建筑行业的"绿色建筑"对我们如何建设"绿色公路"就具有很大的启发和帮助,高铁工程的标准化建设也极大地促进了高速公路的标准化建设。

二是公路项目建设涉及行业众多,环境保护、水土保持、项目审计等对项目建设和竣工验收都有重要影响,这些行业均有自身行业的标准,如何协调和争取支持,对绿色公路建设至关重要。

(三)优化资源配置鼓励建设绿色公路

实现"绿色公路",工程建设各方在一定程度上更多地承担了社会责任,但现有工程定额对此并未充分考虑,依据定额编制的工程概预算、招标限价及施工企业的投标报价对此也无法更多地考虑。"绿色公路"及"智慧交通"对项目在环保、绿化、机电、房建工程等方面提出了更高的标准和要求,但现有工程定额对此考虑不足。同样,公路工程的招标体系和信用评价体系可以采取有针对性的措施,鼓励公路施工企业更积极地参与"绿色公路"建设,鼓励工程参建各方更主动地承担社会责任。

五、结语

广吉项目通过近3年的建设,在广大建设管理、设计、施工及监理单位的全方位协作与努力下,绿色公路典型示范工程确定的示范任务进展顺利,建设目标初步得以实现。总体而言,绿色公路的建设,因地制宜是前提,全过程实施是关键,科技创新是支撑,全员参与是保障。只有这样,绿色公路典型示范工程建设才能得以顺利进行,建设目标才能确保如期实现。

橡胶粉复合改性沥青在广吉高速公路中的应用

李 刚[1] 谢礼群[2] 蔡小东[1]

(1. 江西省高速公路投资集团有限责任公司 江西 南昌 330002;
2. 江西高泰环保新材料有限公司 江西 南昌 330000)

摘 要 大量的废旧轮胎不但污染环境而且占用土地,将废胶粉应用于改性沥青行业,不仅能够提高沥青的品质和路用性能,而且可实现废轮胎的大量消耗,是实现废轮胎资源化和无害化利用的有效途径,解决"黑色污染"这一世界性环保难题。本文结合废橡胶粉复合改性沥青在广昌至吉安高速公路 K1 + 567 ~ K70 + 993 段新建路面工程的应用,重点从橡胶粉复合改性沥青性能指标控制、配合比设计、施工工艺及效益分析等几方面总结橡胶粉复合改性沥青混合料路面的应用技术,以实现废轮胎胶粉的综合利用、废弃资源的循环利用、绿色低碳公路发展,同时也为橡胶粉复合改性沥青的大规模推广应用提供技术支撑。

关键词 橡胶粉复合改性沥青;配合比设计、施工工艺;废轮胎胶粉的综合利用;绿色低碳公路

一、引言

我国是世界上最大的橡胶消费国,也是第一大轮胎生产国,同时也是世界上废旧橡胶产生量最大的国家。据中国橡胶工业协会统计:2017 年废轮胎产生量为 1300 万 t,至 2020 年将达 2200 万 t。未来按国家中长期规划预测,废轮胎产生年增量应保持 10% 以上,预计 2025 年可达到近 3000 万 t,总量超过 9.8 亿条废轮胎。

科学、有效利用废旧轮胎资源,对于我国 75% 天然橡胶、60% 石油和 40% 合成橡胶需要进口的国家,其战略意义非同一般。

将废轮胎胶粉应用于改性沥青,不仅能够提高沥青的品质和路用性能,而且可实现废轮胎的大量消耗,减少废轮胎的占地以及避免废轮胎的堆积而带来的细菌灾害等,具有重要的环保意义。已有研究表明,废轮胎胶粉与 SBS 复合改性技术利用胶粉与 SBS 对沥青高、低温性能的不同改性效果进行复合,充分发挥各胶粉与 SBS 改性剂各自的优势,进而提高沥青混合料的高、低温路用性能、抗疲劳性能、抗车辙、抗水损害、延长道路使用寿命,是有效解决沥青路面早期病

害发生的主要途径，同时能够降低建设成本、节约资源和保护环境。

本文重点介绍橡胶粉复合改性沥青在江西省广昌至吉安高速公路路面工程中的应用，总结橡胶粉复合改性沥青路面应用技术。

二、工程概况

广昌至吉安高速公路（以下简称本项目）是《国家公路网规划（2013年～2030年）》规划的沈海国家高速公路第七条联络线福建莆田至湖南炎陵（G1517）中的一段，也是《江西省高速公路网规划（2013～2030年）》所规划的江西"四纵、六横、八射、十七联络线"高速公路网中第三横的路段之一。2016年5月，本项目被交通运输部列入首批绿色公路建设典型示范工程。

本项目工程在广昌至吉安高速公路K1+567～K70+993段进行了中上面层橡胶粉复合改性沥青铺筑的试验和研究。本工程全长188km，2018年7月开工，11月结束，中面层为（RAC-20C）6cm橡胶粉复合改性沥青混凝土，上面层为（RAC-13C）4cm橡胶粉复合改性沥青混凝土。

三、橡胶粉复合改性沥青性能指标控制

试验工程采用江西高泰环保新材料有限公司生产的橡胶粉复合改性沥青，基质沥青为东海牌70#，胶粉细度为40目，胶粉掺量为19%，SBS掺量为1.5%。

橡胶粉复合改性沥青的性能直接关系到橡胶粉复合改性沥青混合料的路用性能，因此，在施工过程中对表征橡胶粉复合改性沥青的关键指标包括软化点、延度、针入度、旋转黏度、弹性恢复、离析进行了检验，结果见表1。

橡胶粉复合改性沥青性能指标一览表　　表1

检测项目		规范要求	检测结果
针入度（25℃，100g，5s）（0.1mm）		40～60	49
延度（5℃，5cm/min）（cm）	≥	10	13.8
软化点（环球法）（℃）	≥	55	69.5
闪点（COC）（℃）	≥	230	308
180℃运动黏度（Pa·s）		1～4	2.3
弹性恢复（25℃）（%）	≥	70	89
离析，48h软化点差（℃）	≤	5.0	2.3

公路运输网络正在向大流量、重轴载、渠化交通的方向发展，对现有沥青路面结构来说，交通量和轴载组成的变化引起路面服务功能的衰退，路面病害过早发生，严重地影响了行车舒适性和安全性，浪费了大量的维修费用。而在整个沥

青路面破坏形式中，最为严重的则是由沥青混合料在高温状态下由于本身的抗变形能力不足，产生较大的剪切变形、压缩变形导致车辙而产生的破坏。因此，橡胶粉复合改性沥青的高温软化点指标就更加重要。

其中，旋转黏度是橡胶粉复合改性沥青最为重要的控制指标之一，旋转黏度的大小直接关系到混合料拌和、施工温度的控制以及沥青泵的泵送能力要求。因此，生产过程中要严格控制橡胶粉复合改性沥青的黏度，当黏度太低时，表明废轮胎胶粉掺量不够，则不能较好地发挥胶粉的作用，黏附性较差、耐高温性能衰减、行车舒适度变差，此时改性沥青的流动性变好，其混合料的拌和、施工温度均应按设计温度下限进行控制；反之，当黏度较高时，表明废轮胎胶粉掺量较大，此时改性沥青的流动性较差，其混合料的拌和、施工温度均应按设计温度上限进行控制，否则将导致沥青混合料流动性差，影响沥青路面的成型质量。

另一方面，离析指标也是橡胶粉复合改性沥青的重要控制指标之一，江西高泰环保新材料有限公司生产的橡胶粉复合改性沥青能够将离析控制在3℃以内，保证产品可以长时间储存并且性能稳定，如果离析太大则产品储存稳定性较差，说明整个生产过程反应不完全，没有形成稳定的网络体系，需要调整生产工艺。

四、生产配合比设计

（一）材料

中面层工程采用的材料为南城县迎福新型建材有限公司提供的石灰岩碎石、机制砂、矿粉、江西高泰环保新材料有限公司生产的橡胶粉复合改性沥青等，其物理、力学性能指标见表2～表4。

石灰岩粗集料试验结果　　表2

检测项目		10～20(mm)	5～10(mm)	3～5(mm)	规范要求
表观相对密度(g/cm^3)		2.747	2.719	2.728	≥2.5
毛体积相对密度(g/cm^3)		2.719	2.682	2.673	—
吸水率(%)		0.38	0.50	0.74	≤3.0
沥青相对密度(g/cm^3)		1.051			—
针片状颗粒含量(%)	粒径大于9.5mm	5.4	—	—	不大于15
	粒径小于9.5mm	—	6.8	—	不大于20
压碎值(%)		13.4	—	—	不大于28
洛杉矶磨耗损失(%)		12.6	13.8	15.9	不大于30
软石含量(%)		0.0	0.0	—	不大于5
水洗法<0.075mm颗粒含量(%)		0.4	0.9	1.0	不大于1

石灰岩细集料试验结果 表 3

检测项目	检测结果	规范要求
表观相对密度(g/cm^3)	2.720	不小于 2.5
毛体积相对密度(g/cm^3)	2.620	—
棱角性(s)	34.3	大于等于 30
砂当量(%)	76	不小于 70

石灰石矿粉试验结果 表 4

检测项目	检测结果	规范要求
表观相对密度(g/cm^3)	2.777	不小于 2.5
亲水系数(%)	0.2	<1
塑性指数(%)	3.4	<4

(二)配合比设计

沥青混合料矿料配合比例与生产路段相同。

下面层采用 RAC-20C 型级配,其目标配合比为:9.5 ~ 19mm 碎石 : 4.75 ~ 9.5mm 碎石 : 2.36 ~ 4.75mm 碎石 : 机制砂 : 矿粉 = 45 : 22 : 5 : 26 : 2(%)矿料设计级配曲线如图 1 所示。

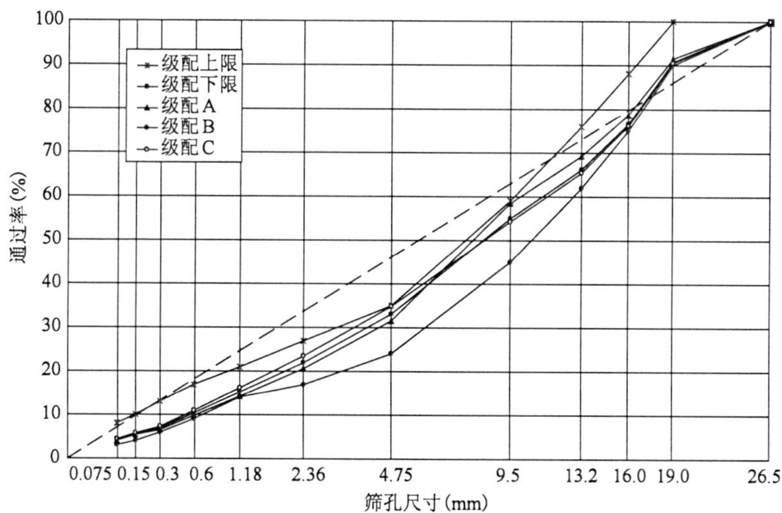

图 1 AC-20C 型橡胶粉复合改性沥青混凝土矿料设计级配曲线图

注:实际级配选择级配 B。

五、橡胶粉复合改性沥青混合料的施工

橡胶粉复合改性沥青混合料的施工工艺与 SBS 改性沥青混合料的工艺基本相同,但由于橡胶粉复合改性沥青黏度较高,因此,橡胶粉复合改性沥青混合料的拌和、摊铺、碾压的温度需要做适当的提高。

(1)拌和:橡胶粉复合改性沥青混合料拌和时温度控制如下:石料的加热温度为 185 ~ 195℃,沥青的加热温度为 175 ~ 180℃,混合料的拌和时间不应低于 50s(包括湿拌和干拌时间),出料料车温度为 175 ~ 185℃。施工中应保证原材料质量、沥青混合料的油石比和矿料的级配达到设计要求。

(2)运输:采用载重量不低于 16t 的自卸汽车运输,运输过程尽量覆盖保温,保证运输到现场温度符合规范要求,温度过低的混合料坚决不使用,运输车的运量应较拌和能力和摊铺速度有所富裕。

(3)摊铺:橡胶粉复合改性沥青黏度大,在摊铺过程为保证路面的压实效果,需适当提高沥青混合料的最低摊铺温度,对应规范要求的不同摊铺层的最低摊铺温度,一般提高 3 ~ 5℃,最低摊铺温度不低于 165℃。

(4)压实:橡胶粉复合改性沥青黏稠度和胶粉的弹性特性使得沥青混合料难以碾压密实成型,压实是施工的关键,对橡胶粉复合改性沥青混合料,压实宜用大吨位压路机,将胶轮碾压、振动压路机结合起来,以达到最佳压实效果,保证压实度。采用胶轮初压 2 遍,速度 2 ~ 3km/h,双钢轮压路机高频低振复压 4 遍,速度 3 ~ 4.5km/h,双钢轮压路机静压终压 2 遍,速度 3 ~ 6km/h;初压温度不宜低于 165℃,复压温度不宜低于 135℃,终压的结束温度不宜低于 90℃。

(5)检测:采用抽提筛分试验、马歇尔试验、冻融劈裂试验、车辙试验等控制橡胶粉复合改性沥青混合料质量;检测压实度、厚度、回弹弯沉、路表渗水系数等指标控制橡胶粉复合改性沥青混凝土施工质量。压实度、厚度、回弹弯沉和路表渗水系数检测结果均达到设计要求,表明橡胶粉复合改性沥青混合料铺筑是成功的。

六、效益分析

(一)降低工程造价

橡胶粉复合改性沥青比 SBS 改性沥青每吨价格降低约 700 元,因此将橡胶粉与 SBS 复合改性沥青应用于高速公路中上面层中,按中、上面层的厚度分别为 6cm 和 4cm,油石比分别为 5.4% 和 5.0%,双向四车道计算,则每公里大概需

要250吨胶粉复合改性沥青，节约造价17.5万元。如果推广应用1000km，则共可节约1.75亿元的材料费用；同时可节约道路石油沥青3.75万t，节约道路石油沥青费用约1.24亿元。

(二)节约后期工程养护费用

据不完全统计，江西省高速公路的大中修养护费用每年每公里沥青路面维修费用约为40万元。高速公路的设计使用年限为15年，采用废橡胶粉与SBS复合改性沥青混合料后使得沥青路面整体使用性能明显提高，按使用期内可减少一次路面养护维修计算，则每公里可减少40万元维修养护费用；按推广应用1000km计算，则采用废橡胶粉与SBS复合改性沥青在使用期内就可减少大修费用4亿元。

(三)经济、社会效益

橡胶粉复合改性沥青如果推广应用1000km，则消耗废胎胶粉4.5万t，折合轮胎138.5万条，与利用废旧轮胎制备再生胶回收方法相比较，胶粉的再利用节约电力消耗40%~50%，并减少了发电带来的煤炭资源消耗和环境污染。如果将再生胶脱硫排放的有毒有害气体折算为SO_2，则可减少900t SO_2气体排放带来的大气环境污染。如果自然堆放，以10条900以上轮胎为一摞/m^2计，可减少废旧轮胎的占用土地面积51.2万㎡，节约土地使用费2.3亿元(按450元/m^2计)，具有显著的经济和社会效益。

可见，从降低工程造价、节约后期养护维修费用及经济、社会效益分析，如果将废橡胶粉复合改性沥青混合料大规模推广应用，将产生显著的经济效益及社会效益，有助于绿色低碳公路的推广；另一方面，对我国发展循环经济具有很重要的意义和示范价值。

七、结语

本文通过对橡胶粉复合改性沥青混合料在江西省广吉高速公路新建工程的应用，从橡胶粉复合改性沥青性能指标控制、配合比设计、施工工艺及效益分析几方面进行了全面介绍。主要结论如下：

(1)根据橡胶粉复合改性沥青改性机理，提出了其生产控制指标。

(2)结合广吉高速公路实体工程，总结了橡胶粉复合改性沥青混凝土的施工关键技术，提出了施工控制要求，为橡胶粉复合改性沥青混合料大规模推广应用提供了借鉴。

(3)从经济效益和社会效益两方面分析橡胶粉复合改性沥青混合料的效益,结果表明,采用橡胶粉复合改性沥青混合料可以产生显著的经济效益,同时也具有显著的社会环保效益。

参考文献

[1] 陈丽. 废塑料—橡胶粉复合改性沥青混合料试验研究[D]. 重庆交通大学,2011,04.

[2] 周孔,叶奋. 橡胶粉改性沥青混合料的高温性能影响因素分析[J]. 公路交通科技(应用技术版),2008.

[3] 韦大川,王云鹏,等. 橡胶粉与 SBS 复合改性沥青路用性能与微观结构[J]. 吉林大学学报(工学版). 2008,38(5):3.

[4] 刘红萍. SBS—橡胶粉复合改性沥青混合料应用研究[J]. 养护机械 & 施工技术,2009,12.

[5] 李关龙,王枫,匡民明,等. SBS/废胶粉复合改性沥青的性能[J]. 华东理工大学学报(自然科学版),2016(01):21-27.

[6] 中华人民共和国行业标准. JTG F40—2004 公路沥青路面施工技术规范[S]. 北京:人民交通出版社,2005.

[7] 乔钧. 橡胶沥青同步碎石封层施工方案探讨[J]. 山西建筑,2013,39(6):118-120.

旅游高速公路景观绿化建设理念与实践分析

郭乔明　蒋王清　肖　政

（江西省高速公路投资集团有限责任公司　江西　南昌　330002）

摘　要　本文结合当前旅游公路研究背景，调查了国内外旅游公路景观绿化建设现状，分析了广昌至吉安高速公路景观绿化实践中一系列创新理念，探索了未来旅游公路景观绿化建设发展新方向。

关键词　旅游公路；景观绿化建设

一、引言

随着国民经济的迅速发展、物质文化生活的不断丰富，旅游休闲已经成为人们生活中不可或缺的一部分。随着当前国内旅游资源的不断开发，旅游业发展极为迅速。公路由于具备灵活便捷、运输速度快等优点，在人们的旅游和出行活动中占据了很大的比重。可以说，旅游公路的建设在很大程度上推动和促进了旅游业的发展。因此，在考虑旅游公路特性的基础上，最大化地保护路域生态环境，展现当地景区特有文化，呈现行车视线中独特的景观绿化效果，是未来旅游公路景观绿化建设发展的趋势。

二、国内外研究现状

（一）国外研究概况

国外很早就注意到了公路设计与旅游区之间的关系与效应，很早就开始研究旅游公路的相关理论及设计思路。早在20世纪初，美国设计的风景区道路运用了一定的景观设计理论和建设技巧。到了20世纪30年代，德国通过人工手绘透视图的方法修建他们的第一条高速公路，这代表着高速公路景观设计的发展到了初级阶段。之后，公路景观设计在更多国家公路建设中被广泛采用。

20世纪60年代后，道路景观美学价值在更多国家受到重视，西方部分发达国家、苏联以及东欧等在公路的初步规划中考虑并进行了景观设计，甚至通过制定、修改相应的法规、规范和条例对道路设计进一步规范。美国国会分别在1965年、1969年颁布了《道路美化条例》和《国家环境政策法》,德国在1980年制定《道路景观设计规范》(RAS－LG19800)等。

1984年,澳大利亚对旅游区的公路进行评估,提出旅游公路的交通环境质量对旅游业的发展起着非常重要的作用,必须制定规则开展旅游道路管理,以提高旅游公路的服务和质量。他们在调查研究旅游公路建设资金来源以及旅游公路周边环境的基础上,制定相应保护措施和规章制度。1991年,美国起草"国家风景道路计划",对高速公路景观设计提出新要求和评价标准。欧洲国家在修建高速公路时,非常注意道路与景观的结合,善于利用道路周边的景观。法国在公路建设中提出的利用取土场创建生物栖息地的创意,获得了1995年"RUBANVERT"奖。

进入21世纪以来,西方学者更为系统地研究了公路建设与自然景观间的关系,并通过现代化科技手段和方法协调开发和治理的矛盾。例如Viles系统阐述了如何根据环境特征创建绿色道路体系;Christina通过对3个景观实例的分析,提出公路景观与环境间协调的方法,以及多功能景观改造的潜力;Lars分析了自然环境与公路建设之间存在的问题,提出了以GIS系统解决这一矛盾的思路。

近年来,英国、德国、新西兰等大量采用"3S"等现代技术规划景观、评价设计,取得了一系列成果。

亚洲以日本为代表的国家在旅游公路的景观设计方面沿袭了德国的风格,设计神名高速公路时就开始了道路景观设计。我国也成立了全国"景观法协会",编制"园林设计"专章内容用于高等级公路建设。20世纪50年代,日本在高速公路景观建设中应用绿化理论和技术,实现了国土从荒废到绿化的过程。20世纪80年代以来,以著名治山和景观工程专家山寺喜成教授为代表的日本学者,继承并发展了传统景观工程的思想、理论和技术方法。2004年,日本发布了《景观法》,从法律角度对景观建设作出明确规定。

(二)国内研究现状

近年来,我国重视高速公路景观设计及评价,行政管理部门和学者都做了很多工作。1996年颁布的《公路建设项目环境影响评价规范(试行)》(JTJ 005—96),规范和限制了道路建设行为,对建设过程产生的污染及对周围环境的破坏产生了约束。1998年交通部发布《公路环境保护设计规范》(JTJ/T 006—98),提前了环境保护工作的时间。这些及之后颁布实施的一系列道路环境保护标准,均对我国环境保护和道路建设起到了规范指导作用,提高了道路建设环保水平。

诸多学者也从各自专业角度对旅游公路建设、评价提出了见解,程胜高通过研究宜黄旅游公路,探讨旅游公路生态环境的评价方法,还提出了通过环保式措施改善生态环境,为旅游公路环境建设提供了参考。赵奎勇等以黑龙江海林至长汀线旅游公路为例,提出环保措施保护、改善生态环境和线路两侧环境敏感区。袁芬川对旅游公路路线的选定、标准的确定和旅游公路的绿化美化开展研究。崔建平等阐述了修建旅游公路如何保护环境、旅游公路在规划中应注意的问题。张秀海在 2002 和 2003 年分别对山区旅游公路的规划、设计和开发思路以及景观设计等问题进行了研究。霍三胜总结了山区旅游公路测设的要点,提出旅游公路交通量分析的新观点。贺志勇等人根据景观生态学的原理和特点,提出了从景观生态价值、美学质量、视觉容量和景观安全格局这四个方面对公路的景观环境进行评价,探讨了具体的评价过程。孙宁等论述了旅游公路环境的综合评价指标体系及方法。程菻等通过设计徽杭高速公路(安徽段)景观的实践,探讨了高速公路景观设计的理念及其引景空间功能的表达。黄瑞等以川九路景观规划为例,探讨了川西旅游公路的景观设计以及“形”与“势”在旅游公路的点线设计中的运用。

总体来说,国内研究大致从四个角度阐述公路的景观设计:一是从景观评价的角度,二是从生态学以及公路绿化设计的角度,三是从公路与景观协调的角度,四是从高速公路景观设计工程技术的角度。但是,从真正意义上分析旅游高速公路景观建设的研究少之又少。然而,随着旅游经济的升温和旅游人数的日趋增长,国内很多城市均开展了旅游道路景观的建设和规划。可以说,我国的旅游道路及其景观建设正处于全面发展时期,着手于旅游高速公路景观建设研究是非常有价值的。

三、广昌至吉安高速公路景观绿化建设概况

(一)项目概况

广昌至吉安高速公路(简称“广吉高速公路”)是国家公路网沈海高速公路第七条联络线福建莆田至湖南炎陵(G1517)中的一段,也是江西省高速公路网“四纵、六横、八射”主骨架第三横的中段。项目途经抚州、赣州、吉安等 3 市的 6 个县区,如图 1 所示,于 2016 年 7 月 2 日获得交通运输部批准,被交通运输部列为第一批绿色公路建设典型示范项目。

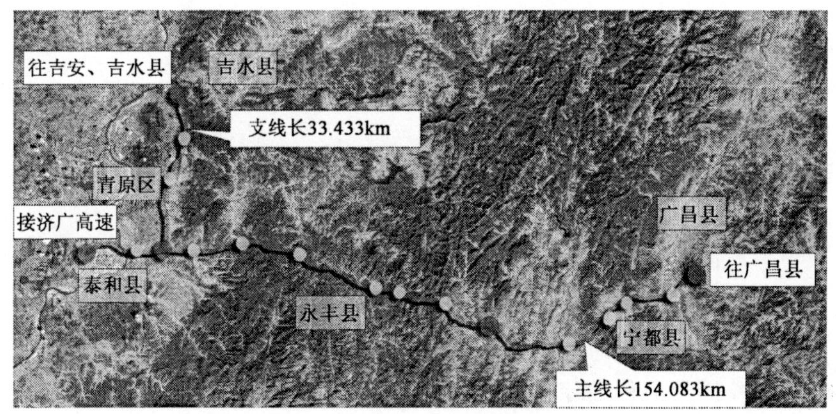

图1　广吉高速公路总体线路图

(二)沿线地质与自然人文景观

1.沿线地质

广吉高速公路呈东西走向,路线区域内地貌单元复杂,从东至西分别经过东部赣中红砂岩丘陵岗地地形,中部雩山山地地形,西部吉泰盆地地形,总体地势为东西部低、中间高,路线沿线区域地形高差达1400m,如图2所示。地形总体上呈东高西低,由武夷山西麓山地、丘陵地貌逐渐过渡到吉泰盆地地貌。沿线有代表性的植被类型为亚热带常绿阔叶林、针叶林、针阔叶混合林、常绿与落叶阔叶混合林和落叶阔叶林,山顶矮林以及竹林也不在少数。另外,还有荒山灌丛草坡、草甸植被等。优势植物有杉、松、毛竹、木荷。

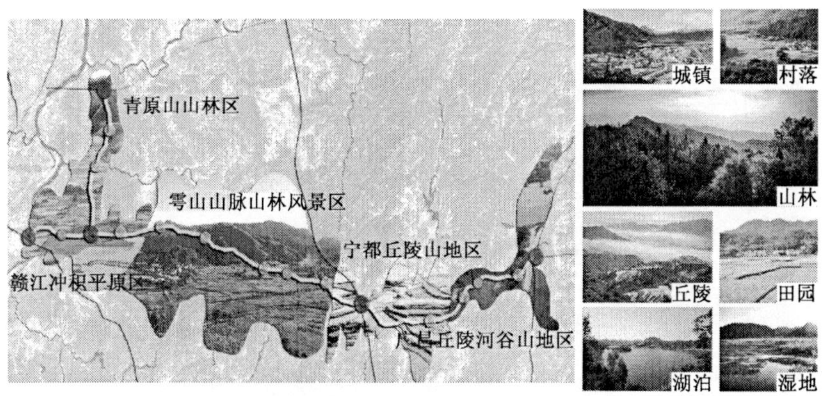

图2　广吉高速公路沿线地质情况

2. 沿线自然人文景观

广吉高速公路穿过赣南"原中央苏区"，有非常浓厚的红色文化底蕴，沿线经过广昌县、宁都县、永丰县、吉水县、青原区、泰和县 6 个县、区，旅游资源丰富。

广昌县的自然旅游资源有百里莲花带、青龙湖、摩崖石刻、抚(河)源飞瀑，历史名胜有千年古刹定心寺、明代古寺龙凤岩、明清建筑群、明代雯峰书院、宋代雁塔，以及全国最大的莲花博览园——广昌莲花科技博览园，还有即将扩建的以宋代雁塔为核心、占地 400 多亩的荷源湿地公园。其人文旅游资源有列为中华之最的广昌恐龙化石，以及太平军战斗旧址、义军抗清营寨、苏区遗址、高虎老红军烈士纪念碑等。当地政府依托"绿"、"红"、"古"三色交相辉映的旅游资源，策划赏莲之旅、古色之旅、生态之旅、抚源之旅、红色之旅 5 条精品旅游线。

宁都生态环境优美，森林覆盖率达 71%，活立木蓄积量 784.8 万 m^3，为国家首批 100 个生态示范县之一。野生植物、野生动物资源及矿产资源丰富。宁都还有迷人的旅游资源，最著名的自然风光是翠微峰风景区，集儒、佛、道和革命历史于一体，是省级风景名胜区、国家森林公园，被道家列为七十二福地中的第三十五福地。人文景观有唐东平侯孙中山先祖墓、建于西晋的青莲古刹、建于明朝万历年间的水口塔等，还有全国重点文物保护单位"宁都起义"指挥部旧址等。

永丰县优美宜人，特色天成。灵华山位于吉安、赣州、抚州交界点，海拔 1455m，山清水秀，充满传奇色彩；以深、幽、奇、险著称的陶唐大仙岩，堪称江南一绝；天台山的兰若寺风光旖旎，犹如蓬莱仙境。人文景观别具一格，人文荟萃，宋代的建筑群——沙溪西阳官、欧阳修父母墓，中国工农红军第一次反"围剿"龙冈指挥所，活捉敌军师长张辉瓒所在地万功山等革命旧址都在这里。秀丽迷人的自然风光和悠久璀璨的人文景观，构成了永丰独特的地方风情。

吉水名胜古迹较多，既有扑朔迷离、乱石飞渡的大东山，峰头台笔、神乎其神的文峰山，怪石林立、古柏参天的石莲洞，繁花似锦、四面环水的桃花岛四季如春、酷暑荫翳的黎洞山庄，景色优美、秋水明霞的鉴湖公园等自然景观，也有三国东吴墓(江南第一墓)、世称"神童"的解缙和南宋"中兴四大家"之一的杨万里和古墓、无寂禅师塔碑等古迹古物，还有毛泽东祖籍——八都龙城、刘少奇祖籍——枫江钟家塘，以及江西第一大古村落——谷村，古樟、古井、古池塘环抱的明清古村——燕坊等人文景观。吉水龙舟竞渡、过桥打崽、吃新米饭、春节舞龙灯等民俗风情。

青原区"山川第一江西景"青原山，有净居寺、稠塘湖、铜壶滴漏、天玉山四大景区，50 个景点 140 处景物景观。净居寺佛教文化源远流长，历史可追溯到唐朝神龙年间。被誉为"庐陵文化第一村"的文陂乡渼陂古村，是国内少见的以明清建筑为基础的千年古村，融庐陵文化、书院文化、宗教文化、祠堂文化、红色文化、生态文化和明清雕刻艺术于一体。区内还有国内最大、最完整的古窑作坊遗址——天玉临江古窑；富田鹜湖大坑虎形山的文天祥陵园；景色隽美的白云山和清波绵延40里的白云山水库；在胡铨的故乡值夏，建有这位江西“脖子最硬的人”的墓碑等。

泰和县保存完好的古建筑有古塔25座、古桥35座、古祠518栋、牌坊37座、古庙17座，有古文化遗址10余处、古墓7处。白口城遗址建于春秋战国时期，已被确定为庐陵县治；快阁始建于唐乾符元年，被录入《中国名胜词典》，因北宋黄庭坚任泰和县令期间作《登快阁》诗而闻名遐迩，黄庭坚、陆游、文天祥、杨万里等文人骚客都曾亲临游览题咏；建于后唐的槎滩陂，为当时江西水利之冠，至今仍在发挥作用。泰和是革命老区之一，革命胜迹遍布泰和县各地，白云山战斗指挥所、老营盘革命烈士纪念碑、马家洲集中营、三十都秋收暴动动员大会旧址等都在这里。

（三）广吉高速公路景观绿化建设实践

1. 实践理念

广吉高速公路在总结以往其他项目的实践基础上，结合自身实际情况提出“一条绿廊、一片红土、一种文化”的设计理念，通过对现场的实地调研，对周边的环境因素进行全方位的考察，将生态、景观、人文完美地融合在一起。顺应自然、利用自然、融入自然，并且引入海绵城市的新概念，致力打造交通运输部第一批“绿色公路”建设典型示范路，为振兴“原中央苏区”做贡献，让人们踏上“赣南”这片红土，走进“赣南”旅游观光之路，领略“赣南”风土人情。

2. 填平区、取弃土场绿化

取弃土场及填平区主要是项目建设时取土、弃土所造成，其主要特点体现在整体形状无规则、较为显眼，对高速公路整体景观效果影响较大。项目自开工伊始便结合水保、环保对全线取弃土场及填平区采取台账式的跟踪管理，将其纳入带绿施工的范畴。广吉高速公路在施工过程中及时进行防护及复绿工作，并对其中临路侧部分提升打造。

临路侧的取弃土场、填平区由于不是主体工程，在以往的项目中往往重视程度不够，存在堆放随意，开挖随意，使用完之后复绿处理不到位等问题，对整条路景观的呈现影响比较大，广吉高速公路要求各单位按设计及规范严格执行，修坡、带绿施工等严格按照主线要求进行，因地制宜地提出绿化提升方案，要求各单位结合地形条件及当地人文特色选择使用。基础方案如下：

(1)翠屏式：针对比较宽大的弃土场/填平区，在临路侧10m范围内依次以乔灌搭配种植四排苗木营造一排层次分明的绿色屏障，如图3所示。

图3　翠屏式方案效果

(2)行道树式：针对比较窄长的弃土场/填平区，在临路侧以高大灌木加色叶球类形成一排行道树。

(3)自成一体景观小品：针对比较小的空旷地带，以主树+球+红枫+花灌木等营造小品，使其自成一体，独成特色，如图4所示。

图4　景观小品方案效果

(4)成片花海：在比较空旷且视野开阔地带采用多年生花种撒播种植成花海，给驾乘人员带来不一样的视觉享受。

针对取弃土场及填平区，项目办鼓励各单位发挥自己的创造力结合微地形打造营造特色，并积极响应政府号召扶贫，回馈社会。

广吉高速公路途经的永丰县上固乡暗坑村有一块取土场，按施工惯例，取完土后，简单地撒些草籽，或者补种湿地松、灌木正常复绿即可。但考虑到项目建设原本就是兴利于民，永丰是贫困县，且当地水土又适合种植杨梅，出产的杨梅甜且水分多，出于交通扶贫和项目扶贫的目的，决定在这里种植一片 8 亩的杨梅林。栽种 500 株，两年内就可挂果。按照一株挂果 50kg、20 元/kg 计算，村级集体经济每年将增加收入 5 至 6 万元。

A2 合同段范围内原有许多大型樟树，土质较佳，具有许多比较宽阔的填平区。他们在施工过程中积极响应项目办号召，提出移植这些樟树来营造景观的想法，在与项目办沟通并积极协调当地政府部门及林业部门后将这些樟树留在了广吉高速公路路侧，打造出了特色，并保护了国家保护树种，又降低了项目造景成本和政府移栽成本。

另外，针对不可视范围内的填平区、取弃土场，在取弃土结束后，优先考虑复耕，复耕后对开挖的边坡进行绿化。无法进行复耕的填平区、取弃土场采用喷播狗牙根等，点栽一年生马尾松、木荷袋装苗，使其与周边环境融合。

3. 互通、枢纽互通绿化设计

互通区是高等级公路结构中的枢纽，是景观构成的重要区域，是驾乘人员极易浏览的敏感区域。设计时主要考虑“诱导警示、净化隔离、美化环境、经济实用”的原则，还需因地制宜，根据实际的地理环境进行科学合理的规划。

广吉高速公路互通区总体布局采用“中间群落凸显、四周花球点缀、边角花树衬托、地面四季常绿”的方法，重点突出个别树种的特殊效果，整体打造视觉舒适的感受，空间呈现通透的效果，如图 5、图 6 所示。

图 5　枢纽互通绿化效果一

图6　枢纽互通绿化效果二

上木种植：大乔木挑选胸径 20 ~ 30cm 的常绿树种，重点选择特点鲜明树种，让驾乘人员很远就能感受到别具一格的互通景色，增加互通景观的吸引力；中型乔木选择经济易管养的常绿乔木，营造出以绿意为主的景观效果；小乔木选择落叶及常绿树种进行搭配，更多选择叶色及花色各异的品种，更能体现明显的季节交替变化；中小乔木数量不宜过多，主要为衬托大乔木的高大与伟岸。

下木种植：更多挑选开花灌木，因上木种植已体现了互通的绿意，下木选择开花或色叶的灌木，在乔木周围点缀，增强流畅性，个别选择在空挡处小群落种植，结合地面台湾青及狗牙根，整体展现“高低搭配、颜色相间、舒适自然”的效果，进而形成错落有致的微丘生态林景观长廊，与周边生态环境衔接。

4. 服务区绿化设计

高速公路服务区是主要为车辆提供加油，具有简单的维修能力，并提供生活服务的区域。因此，在绿化景观设计中较多地采用疏林式，同时选用分枝点高的植物或低矮的灌木，避免遮挡驾乘人员的视线，进而给驾乘人员带来舒适的心情。场区内较多设置休憩区域及小品，方便旅途疲惫的驾乘人员休息、整顿。

服务区景观设计主要以庭院为主，如图 7、图 8 所示。所谓庭院设计，重点是因地制宜，充分分析当前地理及建筑情况，利用景观实务自身特点，与周边建筑融为一体，达到自然、宽广、优美的效果。

其中，服务区进口区采用桩类苗木为主骨架，周边合理布置球类进行衬托的种植形式，意图是利用桩类苗木造型奇特的优势，带给驾乘人员视觉美感，使驾乘人员身心舒畅。

主楼门口挑选常绿开花的大型乔木，适当搭配不同颜色的灌木及球类，充分发挥乔木“大、绿、花”的特点，重点突出服务区的中心点。

图7　服务区绿化效果一

图8　服务区绿化效果二

服务区周边的空地，充分发挥其作用，搭配更多考虑衔接主楼景观，整体营造成庭院式服务区。园路周边采用大乔木与小灌木的结合组团，减少中型苗木的过度，腾出视觉空间。无园路的空地，采用雕塑类的静态景观，搭配不同造型的乔灌木点缀，达到自然、和谐的景观效果。

行道树综合考虑服务区整体空间，选择胸径约为15cm的大型乔木，利用乔木高大的特点，增强服务区大气、宏伟的感觉。

5. 特色边坡绿化设计

为了凸显广吉高速公路特色，绿化设计新增特色边坡，挑选土质良好坡度较缓的边坡，用色带苗及其他大灌木装饰，以达到增强新鲜感的目的。

设计选择2～3种色带苗，按边坡面积9%的比例定量，再按主要视线和次要视线进行量的分配。色带苗分布成白云状，根据实际地形适当采用大白云与小白云的互换搭配。其次，增加海桐球及紫荆苗的点缀，紧紧跟随色带苗的位置进行点缀，以达到增强观赏性的目的。

四、结语

通过依托广吉高速公路建设,我们得出了以下认识和成果:

(1)随着旅游业的快速发展,作为出行重要载体之一的公路,被市场和出行者赋予了更多特殊的含义和期望。结合旅游公路的发展以及国内外的相关研究成果,对旅游公路做了定义,认为旅游公路应当是按照一定标准建设的连接城市、景点、景区,具有安全便捷运送能力、完善的服务设施和文化宣传功能,能够满足游客观光览景需求的道路。旅游公路不仅是景区之间连接的桥梁,而本身也应该是旅游资源的一部分,旅游公路的景观建设必须承担运输功能与观赏功能的双重使命。

(2)旅游公路具有运输性、文化性、服务性、复杂性、重要性等诸多属性,其中运输性是基本特性。旅游公路的建设对于缩减时空、增加旅游人数、改善旅游道路条件或少交通事故、拉动需求、增加就业人数、推动区域经济发展、宣传文化、促进旅游事业、促进民族交流团结、提高认同感等均具有重要作用。

(3)广吉高速公路横跨抚州、赣州、吉安,设计过程中充分调查了沿线的地形、地貌、地质、植被等,路线布设顺势而为线形走向,尽可能与山川、河流、地势吻合,接近自然,融入自然,达到自然景观与再造景观的和谐统一。同时,对再造景观用连续的手法,通过形态、质地、色彩的渐进,达到"车在路上行、人在画中游"的景观效果,将景观设计与当地文化特色有机结合,将交通运输功能与旅游服务功能紧密结合,充分体现旅游公路景观设计的功能性与特殊性。

(4)广吉高速公路在整体的构造上,借助赣南红色文化优势,在某种程度上将成为赣南文化的一部分,充分开发旅游资源。在沿线常规的景观建设之外,通过特色互通、枢纽、服务区、填平区、取弃土场以及特色边坡的打造,在美化环境的同时充分宣传了当地文化,通过使用的标志性雕塑、映山红等植被,将文化符号和谐融入公路工程,是对旅游公路景观设计指导思想和设计原则的完美体现。

总之,随着旅游业的快速发展,作为出行重要载体之一的公路,被市场和出行者赋予了更多特殊的含义和期望。广吉高速公路建设不仅实现了安全、美观、承载量等客观需求,更通过景观的建设,构建起景点与景点之间的桥梁,实现城市与自然的和谐统一。

参考文献

[1] 陈夏.我国生态旅游公路景观设计探析[D].湖北工业大学,2017.

[2] 毕仁忠.旅游公路景观协调性量化评价模型及应用研究[D].长安大学,2011.

[3] 王东.旅游公路景观设计的应用研究[D].合肥工业大学,2008.

[4] 李琼.旅游公路景观设计及美学理念[J].居舍,2018(21):128.

[5] 姚阳,屠书荣.旅游公路景观规划设计方法与技巧[J].重庆交通大学学报(自然科学版),2010,29(03):413-416.

[6] 葛娟.景区旅游公路景观美学质量评价及景观营造[D].重庆交通大学,2010.

[7] 刘子锟.海南省旅游公路景观设计研究[D].海南大学,2013.

[8] 于林超.环湖旅游公路景观建设关键技术研究[D].重庆交通大学,2013.

三联生态防护技术在高速公路上的应用

王金山　王宏刚

(中交一公局厦门工程有限公司　福建　厦门　361000)

摘　要　三联生态防护技术又称三系统原生植被恢复技术,它是指采用人工手段重建土壤生境系统(Soil Habitat System)、植被群落系统(Plant Community System)和营养物质循环系统(Nutrition Substance Cycle System)三个系统进行坡面综合防护的技术。该技术适用于年降雨量200mm以上(含高寒冻融地区),坡度小于1:0.3的稳定的硬质岩边坡、软质岩边坡、土石边坡、膨胀土边坡、风积沙边坡、贫瘠的土质边坡等。三联生态防护系统还可用于修复由于人类扰动造成的地表创面,包括土壤和植被,提供可自然衍生、自我演替和自主循环的“百年工程”。

关键词　三联防护;高速公路;自然衍生;自我演替;自主循环

一、背景

随着我国社会经济的迅速增长,高速公路已成为国民经济以及现代生活的重要交通枢纽。我国高速公路通车总里程在2010年达到6.5万km,到2017年3月,我国高速公路通车总里程达到12.5万km,超过美国居于世界第一。

然而,高速公路建设也带来了诸多问题:占用大量土地,造成水土流失、小气候改变、环境污染、原生生态系统遭到破坏、动植物的生存环境受到严重干扰、原有的物质信息交流被阻隔等一系列生态环境问题。总之,公路建设很大程度上破坏了生态环境,打破了生态平衡。

如何缓解公路建设与生态环境之间的矛盾,减少公路对生态环境的影响,已成为近年来高速公路建设中很重要的一个方面。边坡是公路最脆弱的部分,因此它的防护和绿化是公路生态建设的重点,对公路的安全与景观都起着举足轻重的作用。

二、发展现状

(一)国外生态防护发展概况

边坡坡面的防护工程技术,国内外已经有很多人进行研究与实践,也提出了不少新技术,并取得了良好的效果。高次团粒SF绿化工法和连续纤维绿化工法都是近20年来日本常用的厚层基材喷射工法;欧洲国家公路主要研究目的是雨水对护坡的侵蚀,德国是最先将植物引入公路工程的国家,英国、意大利等国将加筋土技术与植被防护技术相结合,修建了包裹式的加筋土植草墙面的挡土墙;美国的边坡绿化属于高养护型,注重于喷播绿化中基材的研究及草籽的培育。

(二)国外生态防护发展概况

目前我国铁路建设中边坡的植物防护技术主要采用喷混植生技术;公路绿化从传统的铺草皮技术,发展到人工建植、机械建植、表层覆盖相结合的现代边坡绿化技术。

2009年国内有关单位在G45高速公路京承段开始探索3S－OER植被生态修复技术的工程实现方式;2011年绥满高速公路(阿博段)再次采用三联生态防护技术建成;2014年在对公路沿线生态系统充分研究认识的基础上,国家环境保护创面工程技术中心联合相关公路主管、建设等单位对京藏(G6)高速公路老集段沿线做了大量的实地调查,研究比较生态防护与传统圬工防护的优劣,结果表明三联生态防护很好地解决了坡面安全防护和生态修复等问题。

三、技术内容

(一)技术原理

边坡三联生态防护是通过生物群落与工程措施有机结合,构建"岩土体—基质—植被群落"体系对坡面进行防护的新型生态防护工程技术。该技术体系由锚杆加镀锌机编金属网的物理防护、专用纤维和黏结材料合理配比后构成的抗蚀防护、植被生态防护三部分组成。其中最核心、最关键的植被生态防护是通过重建土壤生境系统(Soil Habitat System)、植被群落系统(Plant Community System)和营养物质循环系统(Nutrition Substance Cycle System),修复边坡坡面生态系统的结构与功能,使其自主演替、自我循环、自我维持。

(二)关键技术或工艺

1."3S-OER"植被生态修复技术(Three Systems-Original Ecological Restoration)

"3S"指三个生态系统,即土壤生境系统(Soil Habitat System)、植被群落系统(Plant Community System)和物质循环系统(Substance Cycle System)。

2. 3S-OER 植被生态修复技术的核心产品

3S-OER 植被生态修复技术的核心产品包括生态修复用土壤修复剂(Soil remediative agent for ecological restoration)、生态修复用群落调节(Community mediation agent for ecological restoration)和生态修复用循环物质生成剂(Substance-cycle creation agentfor ecological restoration)。

3. 边坡三联生态防护的工程实现方式(图1)

第一联物理防护。根据现场勘测结果结合项目地质勘查报告,进行锚固性参数计算,通过力学计算分析,制定主、辅锚杆规格以及分布方案等。根据现场坡面质地,制定最适合的锚固形式,包括不同规格型号三维网的选择等。

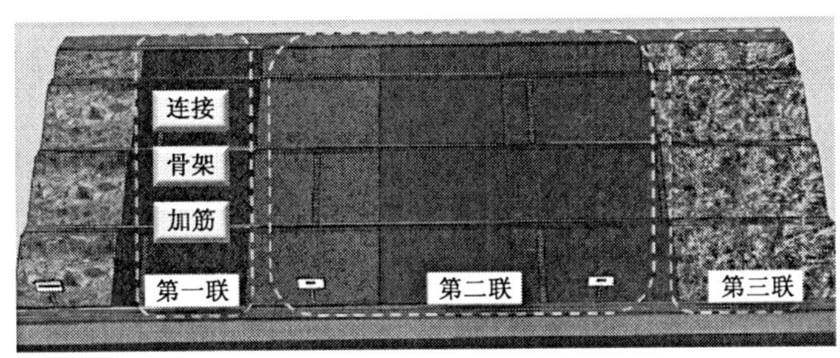

图1 三联生态防护示意图

第二联抗蚀防护。主要通过纤维(木质纤维、可降解纤维)、黏结材料的加入,增加基材抗风蚀、雨蚀等侵蚀的能力。根据情况需要,也可使用巢式结构等辅助材料。不同的区域、环境和气候条件不同,基材配比方案也不同。例如针对强降雨地区的特点,通过比较不同的黏结材料、保水剂、渗透剂、纤维和菌剂配比配置抗冲刷性强、理化性质好的基材。

第三联植被生态防护。植被生态修复防护是具备生境再造和生态循环条件的乔灌草根系与茎叶结合。

三联生态防护必须针对工程自然、地理、气候、地质等具体条件,进行生态修复设计、实验验证、菌剂制备、群落组配、系统设计、控制参数、施工工艺、工程验收等诸多工序和工程实施,工序复杂,技术含量高,机械施工,须有约3个月的前期工作周期。

四、技术应用

广吉高速公路主线从山坡中上部通过,经过处地形横向较平缓,纵向陡峻,自然地面坡角较陡,该段路堑的最大坡高约为36.3m,因此在K42+260~K42+400采用了三联生态防护工程,面积约9000m²。

(一)实施流程

工程实施流程如图2所示。

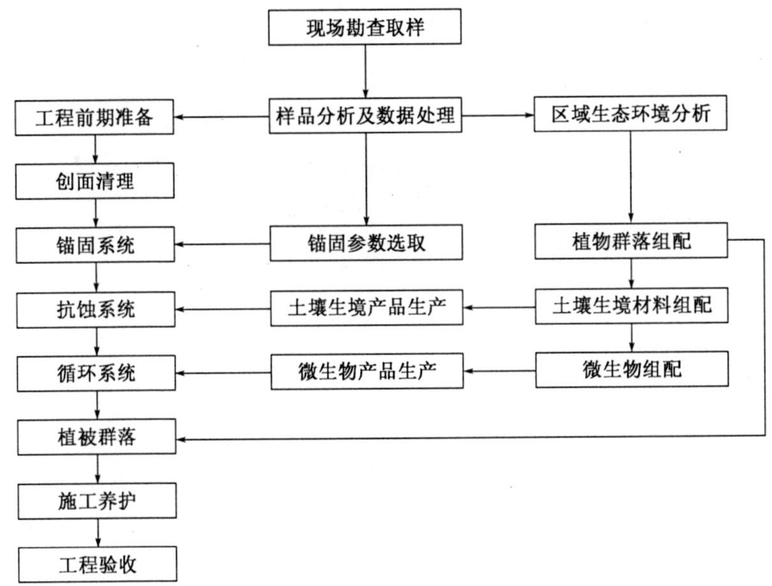

图2 三联防护施工流程图

(二)施工工艺

1. 机械与人员入场

(1)设备到达施工现场前,完成设备场地和道路的平整工作。

(2)喷附机械摆放水平、安稳,且预留足够的操作空间。

(3)各类设备施工现场放置,做到空间布局有序,线路、管路及材料布置无交叉。

(4)做好设备和其他物资的防雨、防潮、防盗和防破坏的相关措施。

(5)指定专人负责技术设备和物资的安全。

2. 清坡(图3)

(1)确定边坡作业范围,当路基作业未完成且边坡边界模糊时,在作业边界做出拉线。

(2)边坡保证基本平整,坡顶与自然边坡圆滑过渡。

(3)坡顶采取防水蚀、冲蚀措施。

(4)边坡若有回填,其填方土应压(夯)实。

(5)沟槽及冲沟处理办法:在沟槽及冲沟底部做台状处理,用降解袋装土压实后,从下至上、依次逐袋叠放,用锚杆加以固定。喷附前须割破包装袋表面,以利植物生根。

图3　清坡现场施工图

3. 挂网(图4)

(1)严格按照设计标准使用质量合格的镀锌三维网。

图4　挂网现场施工图

(2)在进行镀锌三维网铺设时,应符合下列规定:

①边坡顶部安全包裹宽度不得少于60cm,根据坡体质地的稳定性和安全性可适当加大坡头包裹宽度;

②坡脚铺网的下边缘应基本与挡土墙上沿吻合(依据实际情况调整),无渗水空间;

③镀锌三维网横向连接时,两网重叠宽度≥8cm,覆在上面镀锌三维网边缘须全部打结,不得遗漏;

④镀锌三维网纵向连接时,连接上下镀锌三维网的金属丝,须环环缠绕串联,不得遗漏一环;

⑤镀锌三维网出现破损处时,须对破损处先行修补,再进行两网连接;

⑥结网工序完成后的边坡,镀锌三维网连接处应平整,边缘无突起的网丝。

4. 固网(图5)

(1)锚杆前端呈切割斜面,弯头处呈"「"或"∩"形。

(2)使用"「"型锚杆固定镀锌三维网时,锚杆应沿网孔最上缘垂直钉入边坡,弯头向上钉入边坡。

(3)使用"∩"形锚杆固定镀锌三维网时,锚杆开口向下沿网孔最上缘垂直钉入边坡。

(4)当同时固定两块镀锌三维网时,应将两镀锌三维网的金属丝同时固定在锚杆的弯头内。在两镀锌三维网搭接处,锚网须将两幅网的铁丝同时压住。

(5)在坡头包裹处固定镀锌三维网,锚杆应以70°~80°角斜向钉入地面,倾角背向边坡。

(6)边坡锚固后的镀锌三维网须满足:在锚杆固定的中间拉起时,镀锌三维网可拉起5~20cm距离。

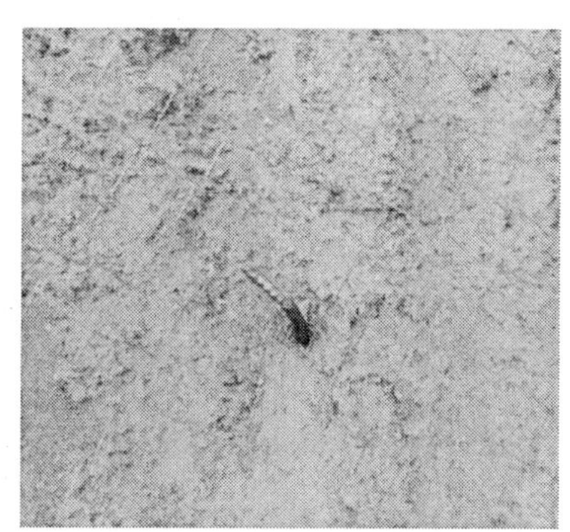

图5　固网现场施工图

5. 喷附(植生层)(图6)

(1)严格执行工程设计与施工方案的各项技术指标。

(2)喷附前,进行喷附设备和附属设备的例行安全运行检查。

(3)喷附基质层、种子层、微生物层质量和数量复查。

(4)确定坡顶安全固定杆和固定钎移动方式。

(5)根据边坡起伏特征确定均匀喷附技术方法。

(6)空压机带负荷作业压力应保持在6.5~7.3Pa。

(7)喷附管口喷附压力的测试和管口出料量测试。

(8)喷附管喷附作业角度为:75~90°。

(9)单管喷附时,最大喷附距离不得超过250m;双管喷附时,其中1支喷附管的最大喷附距离不得超过140m。

图6　喷附现场施工图

6. 养护

(1)由于施工地区雨水较多,基质层喷附完成后应加盖防护无纺布,防止雨水冲刷破坏基质层。

(2)草种层喷附后应尽早覆盖无纺布、遮阳网或草帘子,在每幅喷附后进行。坡面上无纺布悬挂、铺设时应顺着施工地常刮风向,以上风向边幅压下风向边幅,可减少网被风吹起,相搭接幅宽5~10cm为宜。相搭接处可以钉子钉入坡体固定,或以金属丝相连接,喷附面不可有裸露,如有缺损应及时补钉。

(3)草种层喷附后在无自然降雨情况下,第一次浇水应在12h内完成。初次浇水宜浇足,但不可在坡面上形成冲蚀,浇水时水管喷头不可太近坡面,以免冲蚀。在无自然降雨补给时,在喷附后到禾本科发全苗前一定确保坡面水分供给,在自然降水不足够大时,坡面浇水不可停止,出苗后应及时去除覆盖物。

(4)摘无纺布之后浇水量根据坡面植物情况而定,这一时期要求项目工程师和养护队长对苗进行观察,如有豆科出现叶片卷蔫,叶背翻转时,应及时对其进行补水,补水时,每次浇水量要充足,在坡面无水汇流条件下尽量多浇。阳坡用水量应有所偏重。这一时期极易出现豆科及禾本科沿喷附面被灼断的现象,需要时可在中午前洒水降温。合理断水利苗的生根,能启到蹲苗作用,控制草丛高度,加强其抗逆性。

(三)质量检测标准

1. 植生层

根据气候、土质、坡面情况不同,所建植植物群落类型各不相同,根据植被群落生长需要对植生层结构、营养水平、喷附厚度等提出量化衡量指标。喷附完成后坡面平整,不能有铁丝网外露现象。具体检测标准及方法见表1~表3。

基质层检测标准及检测方法　　表1

检测指标	标准要求	检测方法
pH	6.5~8.5	pH计
团粒结构	≥25%	土壤团粒分析仪
硬度	10.0~20.0	硬度计测定
孔隙度	20%~40%	环刀法
碱解氮含量	≥50mg/kg	碱解—扩散法
有效磷含量	≥5g/kg	酸性土壤:盐酸—硫酸浸提法 中性和碱性土壤:碳酸氢钠浸提法
速效钾含量	≥50mg/kg	火焰光度法
有机质含量	≥2%	重铬酸钾氧化法
全氮	≥1g/kg	凯氏定氮法

微生物层检测标准及检测方法　　表2

检测指标	标准要求	检测方法
土壤总菌浓	$>1.0\times10^7$efn/g	涂布法
土壤蔗糖酶活性	≥4.0mg/(g·24h)	3,5—二硝基水杨酸比色法,测定508nm处吸光值
土壤过氧化氢酶活性	≥0.18ml/(g·h)	高锰酸钾滴定法
土壤脲酶活性	≥7.0mg/(100g·24h)	苯酚钠—次氯酸钠比色法,测定578nm处吸光值
土壤磷酸酶活性	≥42.0mg/(100g·24h)	磷酸苯二钠比色法,测定660nm处吸光值

工程质量检测标准及检测方法　　表3

项　目	工程质量达标要求	验收方法或措施
基质喷射厚度偏差	±10mm	每1000m^2边坡随机抽取10个点进行测试,取其平均值
水土保持状况	无蚀沟	年流失率低于15%
基质收缩裂缝	裂缝≤1cm	每1000m^2边坡随机抽取10个点进行测试,取其平均值
基质剥离状况	无剥离	现场检查

2. 植物群落

植被建植初期以草本植物为主，进入第二年灌木与草本植物共同构成植被群落系统，构建的植被群落质量检测标准及方法参照表4 。

植被群落检测标准及检测方法 表4

检测指标	标准要求	检测方法
植被覆盖度	1 ±0.05	样方检测工程项目植被覆盖度/自然植被覆盖度
地下生物量	1 ±0.05	烘干法样方检测植被地下生物量/自然植被地下生物量
地上生物量	1 ±0.05	烘干法样方检测植被地上生物量/自然植被地上生物量
建植物种数	不低于70%	实地考察，统计分析
植物群落多样性	1 ±0.05	实地调查植被群落与自然植被群落 Shannon-Wienner 指数比值
植被生活型	至少符合1种类型组合	Ⅰ型：乔木 + 灌木 + 多年生双子叶草本
		Ⅱ型：灌木 + 多年生双子叶草本
		Ⅲ型：灌木
		Ⅳ型：多年生双子叶草本
年生产力	≥1250g/(m^2 · a)	烘干法

(四)材料

喷附施工材料分为：喷附基质层、种子层、微生物层3个部分（种子配比见表1，喷附材料、厚度详见表2）。其中基质层应包括镀锌三维网、主锚杆、辅助锚杆（用量见表3）。并符合下列规定：

(1)镀锌三维网为高强度镀锌机编网，线直径为1.8mm、网孔50mm × 50mm、幅宽2.0m。

(2)主、辅锚杆直径均为12mm，主锚杆长500mm、辅锚杆长400mm。施工单位应根据边坡情况适当调节镀锌三维网和主辅锚杆的规格，以适应边坡安全的需要。

为保证发芽率，有前处理要求的草（灌）种，应严格按照标准化处理方式操作，并符合下列要求：

(1)根据工程设计与施工方案预定草（灌）种子。

(2)草(灌)种验收内容:品种、数量、重量和包装等。

(3)草(灌)种现场置放:防水防潮防盗、品种标志清晰、索取称量方便、易于搅拌施工。

(4)草(灌)种质检项目:净度、净重、杂质、千粒重和发芽率。

五、工程效果

(一)边坡防护效果

边坡植被群落形成前,含有黏结剂的植生基质经高压喷附后的浆状物与保护网浇筑在一起,在坡面形成具有一定厚度和强度的网材基质保护层,可以抵御降雨的侵蚀,能够稳定坡面。植被群落形成后,不同植物发达的根系与镶嵌在坡面的网材基质保护层结合,形成立体防护结构;同时,茂密的植物茎叶遮盖在网材基质保护层上,形成了对坡面的第二重防护,可以抵御大雨乃至暴雨的冲刷,防止边坡水土流失。

(二)生态恢复效果

恢复与重建边坡植被系统,群落植物具有较好的多样性和自我营养性,第一年以草本群落为主,第二年草本与灌木混生,第三年以后转为以灌木为主,伴生有若干草本,群落达到稳定状态,植被覆盖率达到或超过当地同等立地条件下的自然植被覆盖水平。成熟坡面上的植物群落基本稳定,坡面植物以灌木为主,深、浅根系结合土体形成“根土复合体”,形成对坡面立体防护。

随着坡面植物生长发育,植物根系不断深入边坡土壤深层,植物根系和与其共生的土壤生物共同作用,使生物群落的物质循环进入良性发展过程,从而达到终生免养护的防护效果(见图7)。

图7 三联防护施工半年后效果图

六、结语

三联生态防护的优势：集成生态修复技术、生态循环技术、地材利用技术、最新工程防护技术；坡面植被盖度高，具有消纳减排、改善气候的生态环境效果；防风蚀、抗冲刷、调节含水和温度、抗冻融、减温缩，工程防护更安全耐久；工程造价经济合理、后期使用免养护费用；地质灾害和气象灾害风险低，灾害防治花费少；交通运营中人、车、路、环境更加和谐，社会效益显著。三联生态防护在我国高速公路建设领域将有广阔的应用前景。

参考文献

[1] 中华人民共和国行业标准. CJ/T 340—2016　绿化种植土壤[S]. 北京：中国标准出版社，2016.

[2] 中华人民共和国行业标准. LY/T 1970—2011　绿化用有机基质[S]. 北京：中国标准出版社，2011.

[3] 中华人民共和国国家标准. GB 50330—2013　建筑边坡工程技术规范[S]. 北京：中国建筑出版社，2013.

[4] 中华人民共和国行业标准. JT/T 528—2004　公路边坡柔性防护系统构件[S]. 北京：人民交通出版社，2004.

[5] 中华人民共和国行业标准. JTG F10—2006　公路路基施工技术规范[S]. 北京：人民交通出版社，2006.

[6] 中华人民共和国行业标准. JTG H10—2009　公路养护技术规范[S]. 北京：人民交通出版社，2009.

[7] 中华人民共和国地方标准. DB15/T 954—2016　内蒙古自治区公路坡面生态防护施工技术规范[S]. 北京：人民交通出版社股份有限公司，2016.

[8] 中华人民共和国行业标准. DZ 0240—2004　滑坡防治工程设计与施工技术规范[S]. 北京：地质出版社，2004.

深孔水压爆破在路基石方开挖中的应用探讨

甘四维[1] 钟梓荣[1] 申跃强[2]

(1. 江西省高速公路投资集团有限责任公司吉安管理中心 江西 吉安 334000;
2. 中铁十六局集团有限公司 北京 100018)

摘 要 本文针对影响爆破效果的主要因素装药量、岩石性质、地质构造、装药结构及施工工艺,对作为绿色环保施工技术的水压爆破,根据其原理、操作工艺,通过在广吉高速公路路基石方开挖中试用,分析炸药能量利用率、施工效率等水压爆破耗材降尘实施效果。

关键词 水压爆破;路基试用;效果分析

一、引言

路基石方开挖通常使用炸药雷管等爆破材料对石方进行爆破,以达到开挖的目的。如何在安全范围内的前提下提高炸药利用率、节能高效又环保,使被爆破的岩石“开裂、凸起、松动而不飞散”。通过水压爆破工艺在路基石方开挖中的应用进行绿色环保效果探讨。

二、工程实例

(一)水压爆破作用原理

水压爆破通过在钻孔炮眼中增加水袋,利用水的不可压缩性,爆破在水中传播的冲击波、爆炸能量无损失地经过水传递到炮眼围岩中,从而利于岩石破碎。炸药爆炸瞬间注水水袋壁均匀解体破碎,水传播冲击波到孔壁使其位移,并产生反射作用形成二次加载。此外,水在爆炸气体膨胀作用下产生的“水楔”效应有利于岩石进一步破碎,同时,炮眼中有水可以起到雾化降尘作用,大大降低粉尘对环境的污染。“石方开挖水压爆破”技术正是针对这一情况,采用在炮眼中先置“注水水袋”后用“炮泥”回填堵塞的新技术。

深孔水压爆破水域小,冲击波产生及传播与普通爆破比较无损失,钻孔内各点的应力是瞬间同时到达的,只是不同点上应力大小不同而已,即孔中冲击波阵面为圆柱形,压力波入射与炮孔壁成直角,可近似认为孔内应力均匀,在孔壁上基本是均匀作用,柱状装药时更是如此。

(二)工程概况

广吉高速公路石方开挖量大,作为交通运输部第一批绿色公路建设典型示范工程,本着智慧创新、生态环保、节能节地、绿色品质的绿色公路理念,实施过程中尽可能采用绿色环保新技术。K71 +000 ~ K78 +600 主要分布凝灰岩,岩石较坚硬,中风化凝灰岩厚度达 20m,岩质新鲜,通过试验统计饱和抗压强度为 38.65MPa,属于较硬岩。根据施工现场石质情况,为减少对周边构建筑物影响,达到确保有效地控制飞石、冲击波和爆破震动效应在安全范围内的前提下使被爆破的岩石“开裂、凸起、松动而不飞散”的爆破效果,采用多打孔少装药的深孔台阶水压爆破的方式开挖并保证坡面的整齐光滑(图 1)。

图 1　深孔台阶水压爆破

三、深孔台阶水压爆破的试用

(一)爆破设计

1. 设计原则

深孔水压爆破,控制药量多少的设计原则:药包量致使炮孔围岩破碎或产生的裂缝、凸起、松动被控制在爆破范围以内即可。

对于孔深大于 5m 的深孔爆破,根据 3 个要素:主要是炮孔装药量,次之为起爆技术和堵塞长度。水压爆破在掏槽形式、炮眼布置、数量、深度、起爆顺序和时间间隔等的设计与常规爆破相同,所不同的是在每个炮眼中增加了水袋和炮泥,装药量和装药结构有所不同。

2. 参数修正

炮孔装药量适中,即能控制飞石又能使岩石松动破碎充分,过大易出现飞石,过小又清方困难。如何把装药量选取的符合实际,达到比较理想的爆破效果,经验只有一条,即依靠“试炮”。具体参数通过实地的试验进行修正。选取广吉高速公路 K71 +850 ~ +950 路基石方开挖段,分层分段试炮,总结出单耗取 $q = 0.3\text{kg/m}^3$,根据计算经验公式:

炮孔装药量 $Qt = qHaW$

式中,单位用药量 q 是计算装药量的关键参数,药量计算采取需破碎的体积乘以单位用药量:爆区台阶高度 $H = 12\text{m}$,孔径 $d = 90\text{mm}$,孔深装药系数取 0.6,超深 $h = 10d = 0.9\text{m}$,孔深 $L = h + H = 0.9 + 12 = 12.9\text{m}$,钻孔邻近密集系数 m 取 1.2,台阶坡面角固定为 74。

底盘抵抗线计算:$W = 34d = 3.1\text{m}$;

孔距:$a = mW = 1.2 \times 3.1 = 3.7\text{m}$;

排距:$b = a\sin60° = 3.1 \times 0.866 = 2.6\text{m}$;

堵塞长度(垂直深孔取 $0.7 \sim 0.8W$):$L = 0.8W = 0.8 \times 3.1 = 2.4\text{m}$。

水压爆破装药如图 2 所示。

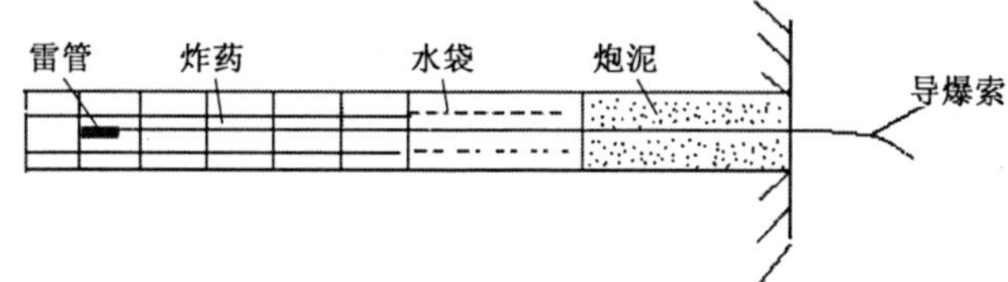

图 2 水压爆破装药示意图

炸药、水袋和炮眼中的位置及长度比例的设计与计算,炮深 L 的关系式为

$$L = L_1 + L_2 + L_3$$

L_1 为常规爆破 85% 以下的装药量计算而得,L_2 为水袋长,L_3 为炮泥长,$3/4 \leqslant L_2/L_3 < 1$。

炮眼注水工艺:把水装入塑料袋中,水袋置入炮眼药卷与炮泥间。塑料袋为聚乙烯塑料袋,厚的 0.8mm,水袋长 800 ~ 1500mm,取 1000mm。单孔装药量:

$$Q = q \times h \times a \times W$$

q:单位炸药消耗量,根据矿石的性质进行试炮选择确定。

(二)爆破设备

加工制作炮泥的“炮泥机”和自动注水、封口生产水袋的“水袋机”,是实施石方开挖水压爆破的基本保障设备。水袋自动封口机采用 KPS-60 塑袋灌装封口机,高压泵式容积法计量方式进行灌装,由凸轮机构完成水袋自动热合封口。塑袋灌装封口机制作的水袋必须具备规格统一、自动灌水封口等特点,制作速度快,工效高,操作简单。

(三)施工过程

根据水压爆破的装药和作用条件的不同,石方开挖水压爆破主要采用钻孔水压爆破,药包置于有水袋成孔中进行爆破。由于介质抵抗线较大。应力波在待破坏介质中作用时间相对较长。应力波起主要作用;壁体整体性运动引起介质破坏,产生反射作用形成二次加载,增大爆破效果。

施工工艺流程如图3所示。

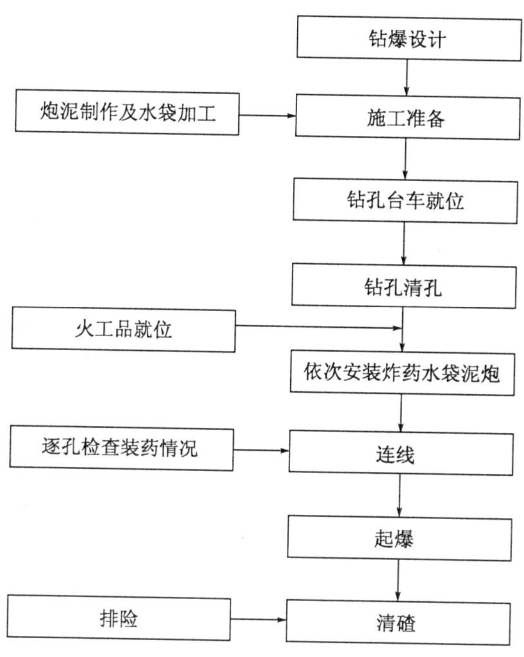

图3　施工工艺流程

四、爆破分析

(一)指标分析

(1)台阶高度 H:深孔松动控制爆破台阶高度的选定分两种情况;一是当岩石爆破开挖不太深时,由岩石开挖深度确定台阶高度;二是岩石爆破开挖比较深,这要根据钻机钻不同孔深的钻孔效率并结合岩石开挖的深度综合考虑,分2~3个台阶,甚至更多。

(2)最小抵抗线 W:对于钻孔直径为90mm以上时,最小抵抗线 W 与台阶高

度 H 的经验关系式为：$W \leqslant 0.5H$。

(3)炮孔间距 a：炮孔在平面上分布呈梅花形，相邻 3 个炮孔组成等边三角形。这样的炮孔分布，炮孔间距 a 与最小抵抗线 W 关系式为 $a = W/\sin 60° = 1.15$。

为提高岩石破碎度，常采取“宽孔距”布孔，即 $a \times W$ 等于定值时，适当加大 a，而相应缩小 W。

(4)炮孔超钻深 h_1：超钻深 h_1 与最小抵抗线 W 的经验关系式为 $h_1 = (0.2 \sim 0.3)W$。

(5)炮孔深度：对于钻孔直径为 90mm 以上的钻机，通常采取垂直钻孔，其炮孔深度 L 与台阶高度 H 和超钻 h_1 关系式为 $L = H + h_1$。

(6)堵塞长度 h_0：大量爆破工点的许多次实际深孔松动控制爆破实例表明，为了有效地控制飞石，其标准是个别飞石离开炮孔口向四周飞溅的距离不超过 3～5m，适当加上必要的防护措施，也可以做到无飞石出现。控制飞石达到这样比较理想的目的。特别强调堵塞质量，尤其要有足够的堵塞长度。堵塞长度 L 垂直深孔取 $0.7 \sim 0.8W$（W 底盘抵抗线），并大于最小抵抗线。

(二)效果分析

1. 节能减排

常规爆破的炮眼利用率为 83%，水压爆破的利用率达到了 95%，单位耗药量降低了 0.05kg。本次爆破平均节省炸药 15%，减少爆烟的产生见表 1。

实验段对比　　表 1

爆破工艺	桩号位置	爆破数量(方)	炸药用量(kg)
常规爆破	K71 +700 ~ +750	3000	1090
水压爆破	K71 +760 ~ +810	3000	930
备注	同一山头	50×12×5	同深孔、同 2 天 3 炮布置

2. 降尘环保

减少爆破灰尘的产生。由于高温高压下被雾化的水充分吸收了粉尘，使粉尘浓度大大下降；同时，减少爆烟中有害物质的危害。高温高压下被雾化的水还吸收了爆烟中的氮的氧化物，减少爆烟对环境的破坏；同时减少爆破产生的地震波的震动及噪音。

3. 节油提效

水压爆破后的破碎岩石均匀，加快清渣进度，减少二次破碎的工作量，节省时间,节省燃油。

(三)防护措施

(1)安全技术措施除满足《常规路基石方爆破安全规程》(GB 67222-2003)相关措施要求外,水袋直径要比炮眼直径小约2mm,袋壁厚0.8mm为宜,过厚影响爆炸的氧平衡而产生有害气体。水袋应防漏、防渗、防划破,置入炮眼后与孔壁密合不留空隙。

(2)通过试爆确定该区域松动爆破的单耗后,严格控制炮眼中水袋长与炮泥长的比例,炮泥过长不能充分发挥应力波的作用、过短易出现"冲炮",产生飞石。故爆破时尤其是试爆,需采取覆盖防护措施或利用临空面来改变飞石的方向,防止个别飞石造成危害。

五、结语

水压爆破工艺作为以往隧道石方开挖辅助的绿色环保施工技术,在路基石方爆破开挖中操作易行,降尘降噪,节材提效,提高炸药能量利用率,符合国家节能环保政策,对于提高施工经济效益、提高现场作业环境具有重要意义,在路基石方爆破开挖施工中有推广应用价值。

参考文献

[1] 何广沂.节能环保工程爆破[M].北京:中国铁道出版社.2007.
[2] 吴晓亮,路洁心,李贺.水压爆破技术的应用[J].山西焦煤科技.2011(6).

SBS 改性沥青加工生产中的烟气排放分析及其环保控制措施

侯 睿 钟 波

(苏州三创路面工程有限公司 江苏 苏州 215128)

摘 要 通过分析 SBS 改性沥青的原材料组成特点以及 SBS 改性沥青加工生产过程,对于沥青烟气排放进行了来源、成分等理论分析和试验检测,并结合广吉高速公路 SBS 改性沥青加工生产项目,分析了沥青烟气的环保处理措施和装置,目标是对于 SBS 改性沥青加工过程的烟气排放进行环保达标控制,实现有害沥青烟气低排放的绿色生产和施工。

关键词 SBS 改性沥青;烟气排放;环保控制

一、改性沥青原材料的环保分析

SBS 改性沥青的组成原材料主要包括基质沥青、SBS 改性剂、芳烃油(相溶剂)、稳定剂等,这些原材料中 SBS 改性剂为苯乙烯-丁二烯-苯乙烯嵌段共聚物,有稳定的化学分子式,其他的原材料均为混合物,并没有稳定的分子式或成分含量。

基质沥青是炼油加工生产最后剩余的重质组分所混合而成,传统的石油沥青加工工艺通常是采用常压蒸馏和减压蒸馏工艺处理后产生的减压渣油作为主要原材料,在复杂炼油厂逐渐在国内普及后,目前炼油厂一般都会配套溶剂脱沥青工艺(丙烷脱沥青工艺),这样就可以从减压渣油中生产出针入度更小的脱油沥青成分,有些炼油厂的沥青氧化装置可以生产出氧化沥青。这些组成沥青的原材料在炼油厂中,经过不同比例的混合后就可以形成道路用石油沥青了。这些石油沥青的原材料均是经过近百年来的成熟应用,不仅从沥青的性能上可以符合路面的使用功能要求,而且从 HSE 的角度来看也是安全可靠的,但是沥青中仍含有少量的硫、蜡、磷等矿物质,这些材料在高温下也会与沥青发生微量的化学反应,释放出少量的有害气体。

需要说明的是:并不是炼油厂加工过程所产生的所有残渣都可以用于沥青原材料的。有些炼制工艺产生的渣油,例如某些标号的燃料油或催化裂化工艺产生的油浆,当掺加到沥青中之后,虽然从沥青三大指标的角度来看可以符合规范要求,但是从职业健康的角度来看,其中所含的多环芳烃类成分是有致癌风险的,是不可以随意添加进入沥青成分中,通常只能作为燃料油的组分进行处理。近年来国内道路市场上经常可以听说到某些的沥青虽然检测的三大指标符合规范要求,但是路用性能很差,经常刚铺设完的沥青路面就会出现高温车辙和水损害等病害,而且在施工过程中有恶臭味或异味挥发,这些来源不明的沥青也就是大家传说的“调和沥青”。如果使用了这些本不是沥青的“沥青”,不仅会影响道路性能,也会对参与施工的工人职业健康带来潜在的危害,更会在高温施工环节产生成分复杂的有害气体,污染周边的空气环境。

相溶剂通常为多种石油馏分的混合物,目的是增加 SBS 和基质沥青的相容性(有利于 SBS 在沥青中更均匀地分散)和提高 SBS 改性沥青的延度,通常是炼油厂所生产的糠醛抽出油和其他油类成分调配而成。而糠醛抽出油是润滑油糠醛精制工艺过程中产生的一种副产品,其中含有大量的稠环芳烃,所以其中的芳香分含量较高,沥青质和胶质含量较少,在高温生产过程中容易挥发出轻质组分,也是改性沥青高温加工和施工环节产生气体排放的来源之一,也是沥青烟的来源之一。

由于 SBS 改性沥青和石油沥青的组成、结构和分子量差别较大,二者共混时不易形成稳定体系,在热储存过程中易发生 SBS 和沥青相分离的现象,所以稳定剂的主要作用就是提高 SBS 改性沥青的储存稳定性,其成分一般会包含有硫、氮、氧、磷等杂原子的化学交联剂,具有较活泼的化学反应性能。SBS 在热沥青中也会与稳定剂发生类似的交联反应,形成稳定的空间网络结构,当稳定剂与沥青和 SBS 在高温下发生化学反应的过程中,就会产生 H_2S、SO_2、NH_3,NO_x 等有害气体成分。

二、SBS 改性沥青生产过程中的烟气排放分析

(一)理论分析

关于沥青烟的相关排放标准,我国国家标准《大气污染物综合排放标准》(GB 16297—1996)有明确的规定,按照一级标准,其最高允许排放速率为 0.11kg/h,在《上海市大气污染综合排放标准》(DB31 933—2015)中,沥青烟也归为颗粒物,其最高允许排放浓度为 $20mg/m^3$,最高允许排放速率为 0.11kg/h。在国家标准《环境空气质量标准》(GB 3095—2012)中对环境空气污染物基本检测项目包括二氧化硫(SO_2)、二氧化氮(NO_2)、一氧化碳(CO)、臭氧(O_3)、颗粒物(粒径小于等于 10um)、颗粒物(粒径小于等于2.5um)、总悬浮颗粒物(TSP)、

氮氧化物(NO_x)、铅、苯并[a]芘(BaP)共10类污染物列出了明确的浓度限制和分析检测方法。

改性沥青的加工生产工艺一般都需要经过SBS改性剂融胀、研磨、发育共三个阶段,而且整个生产过程中都在高温下(175~185℃)进行生产。在SBS改性沥青加工生产过程中,其烟气的排放我们可以分为两类:

(1)基质沥青和相溶剂本身都是由复杂的石化混合物所组成,在氧气存在的条件下,加热后会导致沥青与氧气发生反应,以及高温下其中的轻质成分会挥发出来,形成一种由多环芳烃类碳氢化合物组成的混合型烟气,即沥青烟。对于颗粒物(PM2.5、PM10)可以采用HJ/T 45—1999测试方法收集颗粒物,然后用电子分析天平来计算沥青烟的颗粒物浓度。

(2)SBS改性加工过程中基质沥青、SBS、相溶剂和稳定剂互相之间发生复杂的化学反应后所产生的多种气体成分,虽然可以统称为沥青烟,但从相关的文献研究中可以发现,其中有多种挥发性物质,例如H_2S、SO_2、NH_3、NO_x、苯等污染成分。所以首先需要确定沥青烟气最主要的组成是哪些物质,才能对症下药,找到需要解决问题的关键点。

(二)气体检测

为了验证改性沥青高温下的沥青烟和其他有害气体的组成,所以请专业的检测单位进行高温下改性沥青的气体检测。在实验室内模拟SBS改性沥青制备过程,然后用专业的气体收集仪器进行气体采集和检测分析。检测数据见表1。

室内检测SBS改性沥青中有害气体排放　　表1

No	测试项目	测试结果(mg/m^3)	方法标准	检测仪器
1	沥青烟	0.55	固定污染源排气中沥清烟的测定重量法 HJ/T 45—1999	电子分析天平
2	硫化氢	0.019	《空气和废气监测分析方法》(第四版)亚甲蓝分光光度法 3.1.11.2	紫外—可见分光光度计
3	氨	0.021	次氯酸钠—水杨酸分光光度法 HJ 534—2009	紫外—可见分光光度计
4	二氧化硫	0.042	甲醛吸收—副玫瑰苯胺分光光度法 HJ 482—2009	紫外—可见分光光度计
5	苯	<0.0015	环境空气　苯系物的测定　活性炭吸附二硫化碳解吸—气相色谱法 HJ 584—2010	气相色谱仪

由于 SBS 改性沥青生产和施工现场的检测更多地受到风向、温度和湿度的影响，所以本次检测仅针对室内试验进行。从表 1 的数据可以看出，沥青烟(颗粒物)应该是 SBS 改性沥青加工过程中最主要的排放物，其他的气体排放物浓度要低很多。

三、环保排放的控制措施

沥青烟的主要治理方法有燃烧法、吸收法、吸附法、静电捕集法和光催化氧化法等。由于各行业生产或加工沥青的方式各有特色，产生沥青烟的成分、浓度、温度、流量等也不尽相同，通常将两种或者多种主要治理方法结合使用，对不同特征的沥青烟先进行预处理，再进行深度处理，最终达到环保要求。沥青烟主要由气、液两相组成，气相部分是不同气体的混合物，液相部分是十分细微的挥发冷凝物。它通常以气溶胶的形式存在于空气之中，粒径在 0.1 ~ 1.0μm，最小的仅 0.01μm，最大的约 10.0μm。预处理主要指除去馏出油及大量水分，如用水洗、油洗等治理方法进行初级处理。深度处理主要指根据企业实际生产工艺的特点，选取一种或多种治理方法对沥青烟进行净化处理，如焚烧法、静电捕集法等，最终将达到排放标准的尾气通过烟筒排入大气中。

治理沥青烟的方法主要取决于行业的生产工艺特点，广吉水沥青库安装了沥青烟气净化处理装置(河北洁天环保设备科技有限公司设计安装)，考虑到沥青工厂在加工改性沥青和乳化沥青过程中，产生的沥青烟气中的主要污染物为沥青颗粒物、挥发性有机物(VOC)、苯环类碳氢化合物、硫化物(SO_2 和 H_2S)、氮氧化合物、环烷烃、烷烃等有害气体，所以对污染源产生的沥青烟气分别采用多种工艺进行处理(见图 1)。

图 1　沥青尾气环保处理设备

(一)沥青烟气净化工艺流程

烟气收集系统→烟气喷淋塔→湿式恒流高压静电工业废气净化器→烟气喷淋塔→湿式恒流高压静电工业废气净化器→多级等离子光催化塔→多级等离子光催化塔→引风机→达标排气。环保设备运行如图2所示。

搅拌罐上方管道设置阀门,管道内置消防喷淋头,有效防火,对后续环保设备进行保护。环保水池对两个烟气喷淋净化塔进行供水冷却。环保水池同时对湿式恒流高压静电工业废气净化器进行微量补水,对消防喷淋头进行供水。

(二)设备单元工作原理

1. 烟气喷淋冷凝塔

沥青废气在动力波净化单元内高速湍流运行,与雾化水层剧烈碰撞混合,油颗粒、固颗粒在碰撞过程中被水雾初步捕集。气体经过动力波净化单元喷入水浴净化单元的液面,在惯性力的作用下油和固体颗粒被水面捕集。残余的油和固体颗粒被高密度过滤层拦截,从而实现了体内三级净化。

2. 湿式恒流高压静电工业废气净化器

(1)主要作用是除“沥青烟”。沥青烟是一种十分微小的颗粒物,大部分是0.1~1μm的焦油细雾粒,用普通的洗涤法和离心法难以有效去除,而高压静电净化器对沥青烟具有明显的去除效果。

(2)作用原理:湿式恒流高压静电工业废气净化器主要是利用静电力(库伦力)将沥青废气中的“烟”及残留的“油”从气体中分离从而达到净化目的。高压静电电离空气产生臭氧,臭氧可以净化空气。高压静电净化器产生的高能电子自由基等活性粒子激活电离、裂解工业废气中的各级成分,使之发生分解、氧化等一些复杂的化学反应。高能量电离子对污染物直接击穿和轰击,使分子链断裂,并非污染物转移。

3. 等离子光催化除味塔

等离子光催化废气净化器是利用等离子光照射与臭氧相结合的光解氧化技术对废气及味道进行有效净化的专用设备,其利用等离子光照射来改变废气的分子链,同时这种光线与空气中的氧反应后产生臭氧,臭氧将油质分子冷燃烧后生成水和臭氧,同时烟道中的异味也随之消除。作用原理如下:

(1)利用等离子光照射恶臭气体,在等离子光照射下,将其降解并转变成低分子化合物,如CO_2、H_2O等。

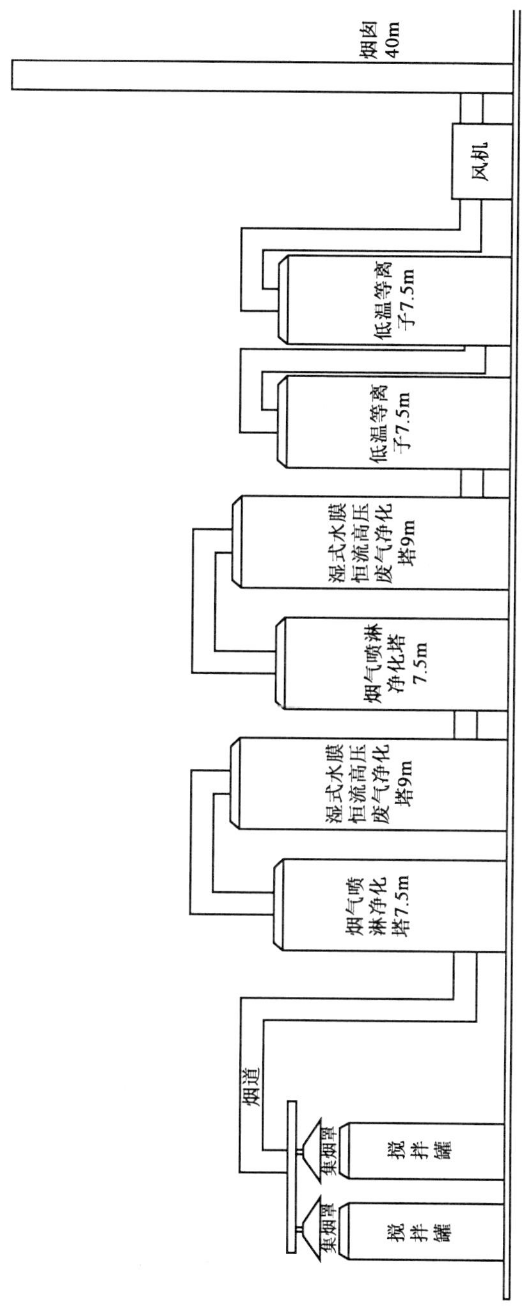

图2 环保设备运行示意图

(2)利用等离子光分解空气中的氧分子产生游离氧,即活性氧,因游离氧所携正负电子不平衡所以需与氧分子结合,进而产生臭氧,众所周知臭氧对有机物具有极强的氧化作用,对恶臭气体及其他刺激异味有立竿见影的清除效果。

(3)恶臭气体利用排风设备输入到本净化设备后,净化设备运用等离子光及臭氧对恶臭气体进行协同分解氧化反应,使恶臭气体物质其降解转化成低分子化合物、水和一氧化碳,再通过排风管道排出室外。

(4)利用等离子光裂解恶臭气体中细菌的分子键,破坏细菌的核酸(DNA),再通过臭氧进行氧化反应,彻底达到脱臭及杀灭细菌的目的。

四、结语

(1)从SBS改性沥青原材料的角度来分析,多种原材料均是石化混合物,在高温下都会有轻质成分的挥发,再加上各种物质混合之后产生的复杂化学和物理反应,也会有多种气体成分产生,虽然可以统称为沥青烟,但其中有多种挥发性有机物VOC、H_2S、SO_2、NH_3、NO_x、CO等污染成分。

(2)根据室内模拟SBS改性沥青制备过程,用专业的气体收集仪器进行气体采集和检测分析,可以发现沥青烟是SBS改性沥青加工过程中最主要的排放物,需要进行重点的环保控制。

(3)由于沥青烟的成分复杂,因此需要根据行业的生产工艺特点来确定治理沥青烟的措施和工艺。针对广吉高速公路GJGX2标所在的SBS改性沥青加工点特点,对于高温废气采用集中收集后,然后主要采用3种处理措施进行分级处理,分别是烟气喷淋塔、湿式恒流高压静电工业废气净化器和多级等离子光催化塔,通过组合处理最终达到沥青烟气的环保排放。

参考文献

[1] 关伟,陈忠林,张玮晨,等. 沥青烟治理现状及工艺路径分析[J]. 辽宁大学学报 2016. Vol. 43 No. 4.

[2] 吉永海,郭淑华,李锐. SBS改性沥青的相容性和稳定性机理[J]. 石油学报(石油加工). 2002. 6.

[3] 刘庆勋,王朝晖. 工厂式SBS改性沥青生产的影响因素[J]. 石油沥青. 2011. 6.

[4] 中华人民共和国国家标准. GB 3095—2012 环境空气质量标准[S]. 北京:中国环境科学出版社.

[5] 巢文革. 沥青烟气处理方法探讨[J]. 中国建筑防水. 2005. 12.

绿水青山　造福于民

——广吉高速公路环境保护工作的做法和亮点

秦晓蕾　王　农　李国辉

（江西省水土保持科学研究院　江西　南昌　330029）

摘　要　文章以江西省广昌至吉安高速公路为例，站在生态环境保护的角度，从土地占用、水土流失、植被结构变化和土壤污染等方面展开，具体分析高速公路建设过程中对生态环境的影响。同时根据环境保护的具体要求，总结高速公路建设中生态环境保护的做法和经验，以期为高速公路建设环境保护提出新的思路和参考。

关键词　高速公路；生态环境；保护措施

一、引言

广昌至吉安高速公路（以下简称“广吉高速公路”）是《国家公路网规划（2013—2030年）》规划的沈海高速公路第七条联络线福建莆田至湖南炎陵（G1517）中的一段，也是《江西省高速公路网规划（2013—2030年）》“四纵、六横、八射”公路网主骨架中第三横的中段。广吉高速公路由广吉主线和吉安支线两部分组成，其中广吉主线长154.844km，吉安支线长34.433km。全线设互通式立交15处、分离式立交28处、通道202道、涵洞679道；桥梁35052m/164座（不含互通内匝道桥）；附属设施区16处。工程建设总投资126.24亿元。项目于2016年12月开工建设，计划于2019年1月全线建成通车。

二、高速公路建设对生态环境造成的影响

广吉高速公路项目沿线途经赣南山地丘陵生态区、贡水流域森林与农田生态亚区、梅江上游及琴江流域水土保持与水质保护生态功能区，K35～线路终点K155+734路段和吉安支线全线JK0+000～JK34+178属于赣中丘陵盆地生态区，吉泰盆地农田与森林生态亚区吉泰盆地中部农业环境保护与水土保持生态功能区，吉泰盆地东部水土保持与农业环境保护生态功能区。项目沿线涉及采矿权2处，跨越梅江水域的梅江大桥经过江西宁都梅江国家湿地公园的保护保育区，5km范围内有特殊生态敏感区2处、重要生态敏感区1处，评价区内分布

有古樟树44株。沿线环境风险主要有土地占用、水土流失、区域植被构成不合理和土壤污染。

(一)土地占用

高速公路本身占用较多土地,同时一些附属工程包括服务区、收费站、停车区、办公区和建设临时用地等都占用大量土地。有些穿越农田区域需要占用大量的农田,对于穿越山区的则主要是占用山地丘陵和旱、园地。根据公路建设项目用地指标,高速公路占用的土地资源数量巨大,一般公路占地1.3~2.7hm^2/km,高速公路在平丘地区占地8.0~10.7hm^2/km,广吉高速公路占地约1580hm^2。公路建设永久性占用土地将导致原有的植被被清除,地表覆盖性质发生变化,土地的原有功能永久性丧失。

(二)水土流失

由于高速公路建设过程中会剥除地表植物,进行大量的土石方开挖与回填,导致土壤基层不稳固,遇到大雨天气,容易引发水土流失。对于农田附近开挖或者回填的坡面,如遇大雨还可能影响周边农田作物生长,甚至掩埋作物从而影响农业生产。挖方、填方、弃土石区等区域均是水土流失的敏感路段。对于高挖低填的路基边坡和取、弃土场等易产生水土流失的区域,广吉高速公路项目通过工程方案和生态种植等方法来稳定土壤,减少水土流失。

(三)区域植被构成不合理

随着社会经济的高速发展,因交通、水利、电力等工程建设强度增大和矿产不合理开采而造成的植被破坏较为严重。广吉高速公路所在区域的地带性原生植被为中亚热带常绿阔叶林,但原生植被早已被杉木林、毛竹林、马尾松林和油茶林所取代。森林结构不太合理,林分质量下降,森林构成中以生态效益为主的防护林、特种用材林比重偏少。

(四)土壤污染

高速公路施工阶段建筑材料的使用,会对整个区域的土壤环境造成较大程度的破坏。预制场和拌和站以及其他施工过程都会对土壤造成污染,包括施工机械漏的机油、施工材料放射性污染、水泥浆污染等。土壤的污染有些可以通过雨水稀释、自然循环等方式自我净化,有些将是永久性污染,例如重金属因难以被吸收或分解,则可能永久破坏土壤结构,导致地表无法生长植物。

三、广吉高速公路建设过程中保护生态环境的做法

广昌至吉安高速公路项目建设办公室（以下简称“项目办”）积极响应国家号召，倡导绿色建设、低碳运营、智慧管理的价值取向，遵循贯穿建管养运、因地制宜的实现路径，注重强化创新驱动、示范推广的推进方式，以“打造绿色广吉，守护青山绿水”为建设理念，以建设“绿色示范公路”为目标，争取创建江西省第一条高速公路“国家水土保持生态文明工程”项目。

（一）精心谋划，明确责任义务

项目办以“争创国家水土保持生态文明工程”为契机统筹安排水土保持工作，成立了水土保持工作领导小组，设组长、副组长，成员包括项目办各职能处处长、各总监办工程师和各项目经理，领导小组下设的办公室在工程处，并落实工程处专人负责水土保持工作，制定了《广吉高速环境保护及水土保持管理制度》，明确了各部门的管理职责，保障水土保持工程建设的顺利实施。在项目开工前，就对保护生态环境和防治水土流失的重要性进行宣贯，将水土保持的建设要求写进招标文件，以合同条款的形式明确各单位在项目建设和运营中承担的水土流失防治责任和义务。

（二）通力合作，保护生态环境

2017 年初，项目办对广吉高速公路水土保持监测工作进行了公开招标，江西省水土保持科学研究院中标。监测单位为了保证监测工作的质量，遴选了一批监测经验丰富、技术能力强的技术骨干组建了监测项目组，明确职责与分工，依据相关法律法规和合同要求开展项目的水土保持监测工作。项目组制定了水土保持监测工作制度，编制了监测实施方案，开展了水土保持监测技术交底会，在沿线弃土场、取土场、路堤边坡、路堑边坡等部位布设了水土流失地面监测设施，利用新技术、新设备定期规范地开展水土保持监测外业工作，并按要求编制季度报告和年度报告，确保项目办及时了解项目建设的水土流失状况，准确地掌握各路段施工过程中存在的水土流失问题，保证了水土保持方案的落实及问题的及时整改。

（三）强化监管，确保责任落实

项目办委托主体工程监理单位开展项目水土保持监理工作，监理单位成立了水土保持项目监理部，并配置专职水保管理人员，总监办设水保总监理工程

师,全面负责全路段水土保持工作,四个驻地办设水保监理组长,负责各合同段日常的水保工作。监理单位按照《水土保持工程施工监理规范》(SL523-2011)对项目进行全面监理,对广吉高速公路项目的水土保持工程质量、进度、费用、合同和文件资料信息管理等方面进行全过程的监督管理,协助项目办更好地执行水土保持法,落实"三同时"制度,提高水土保持设施的建设质量,最大限度地遏制人为性的水土流失的发生。

(四)融入自然,推进绿化升级

绿化设计因地制宜,根据"利用自然,融入自然"的理念,运用点、线、面、块等美学要素组织景观,借鉴风景园林艺术的设计手法,结合地域文化特色和自然环境,构建丰富多彩的绿化模式,最大限度地拓展绿化空间,提高绿化覆盖率,控制外来物种侵害。注意绿化构图中骨架植物的搭配组合,主色调的选择,地被平面背景的处理。通过景观再造,使人工构造物和自然景观融为一体。在路段挖填不大、分离立交等位置采用低矮的规则图案布局,使公路建设的人工痕迹与自然景色融合。

四、生态环境保护方面取得的亮点

作为交通运输部首批绿色公路建设典型示范工程,广吉高速公路项目办高度重视生态环境保护工作。在具体实践中,通过不断探索取得了一些有益的经验,主要表现在以下几个方面:

(一)营造氛围,强化引导

开工伊始,项目办就组织各参建单位进行了水土保持法律法规的培训学习,并邀请水土保持监测单位进行项目技术交底和专题讲座交流,就创建生产建设项目国家水土保持生态文明工程的要求,逐条解释分析,将创建工作分解给参建各单位,明确参建各单位必须有专职的水土保持工作人员,做好各单位水土保持治理工作的开展、宣传教育工作。在广吉高速公路项目网站上设置"绿色公路建设"和"绿色公路建设论坛",对项目建设中好的水土保持工作做法进行宣传和报道,营造出一股坚持绿色施工,保护生态环境的良好氛围,对全体参建单位起到积极的引导作用。

(二)优化设计,统筹资源

"不破坏就是最大的保护。"广吉高速公路项目在设计中,因地制宜,灵活运用国家高速公路技术标准和规范,综合分析广吉高速公路的地质地貌等因素,通过不断的优化设计,筛选了对环境影响最小的线路走向,扰动土地面积减少约106.67hm^2,土石方量减少约370万m^3,绕开避让了铀矿、稀土矿等矿区15处、生态敏感区4处、水源保护区或取水口15处。服务区、停车区和养护工区尽量利用废弃地、荒山和坡地,或结合弃土场设置,避开基本农田。

(三)合理调配,减少弃土

路基的开挖填筑,不可避免地产生大量的弃土弃渣,在施工过程中广吉高速公路项目充分考虑挖填方的平衡,全面统筹各合同段间土石方的调配和利用。同时将弃土弃渣的利用与地方建设结合起来,通过铺路、制砂、填坑、造地等途径进行综合利用,项目实际的弃土弃渣量减少约90万m^3,同时也减少了其他项目取土采石造成的环境破坏,降低了各方的成本,实现了生态效益与经济效益双赢。

(四)永临结合,减少占地

在不影响施工的情况下尽量利用工程的永久占地,把预制梁场建在路基上,减少了土地占用,能与地方建设项目结合的部分施工场地,施工单位及时同地方政府有关部门进行了沟通,在使用完毕确保无水土流失的情况下及时办理相关手续,移交地方政府作为建设用地继续使用。另外,广吉高速公路项目还将大多数施工、监理单位驻地、拌和站、钢筋加工厂、预制梁场设在沿线的闲置工厂、废旧砖厂、闲置民房和主线路基上,极大地缩短了临时设施的建设周期,实现了土地资源的集约节约,施工临时用地面积减少约40hm^2。

(五)保护表土,科学利用

广吉高速公路项目重视原坡面腐殖土的保护和集中堆放,施工前严格按照水土保持方案的要求进行表土剥离,表土剥离量达到150万m^3,剥离的表土集中堆放至表土临时堆放场,并进行了拦挡和覆盖。施工过程中,充分利用表土进行边坡、临时用地的生态恢复,剥离的表土被全部利用,加快了植被恢复的速度和效果。

(六)带绿施工,生态和谐

施工单位以碎落台、上边坡、土路肩为重点,点种本土植物或适宜本地生长的植物,如圆齿野鸦椿、海桐球等。上边坡利用乡土植物进行草、花、灌、乔组合,补栽马尾松、木荷等,使公路两侧的绿化与周边环境保持一致,尽可能融入自然。因地制宜地在取弃土场打造微地形景观,在选择弃土场前详细调查了地质水文及地方植被情况,选择有利于防护、排水、绿化施工无敏感点的荒山,并进行平面规划,分区堆放,修建了排水设施与周边的排水系统连通,植被恢复后的弃土场与原有地形基本保持一致,部分补植了映山红等本土植物,与周边地貌融为一体,实现了工程建设与自然环境的和谐统一。

五、结语

在生态环境保护日益得到重视的今天,如何改变过去"先破坏,后治理"的老路。广吉高速公路项目通过建设者、环境监测者和环境监理者的通力合作,结合现有生态修复技术、经济条件、技术人员和地域自然环境背景等方面因素,综合考虑,并站在运营者角度,提出具体的保护措施,实现了工程建设与环境保护的和谐统一,为绿色公路建设中如何实现环境的保护提供了有益经验。

参考文献

[1] 张凯. 高速公路弃渣场水土流失特征试验研究[J]. 山西交通科技,2017 (2):72-75.

[2] 王晓军. 高速公路施工对生态环境的影响及防范对策[J]. 交通世界,2018(09):150-151.

[3] 万田中,尧海波. 路基施工对高速公路路域生态环境影响解析[J]. 交通节能与环保,2017,13(03):72-74.

[4] 杨顺利. 关于生产建设项目水土保持监理工作的思考[J]. 中国水土保持 SWCC,2013(11):25-27.

[5] 樊丽丽,周万彩. 我国高速公路设计中的生态环境保护[J]. 山东交通科技. 2010(5):54-56.

[6] 李铁军,张羽. 鹤大高速绿色公路建设施工管理实践[J]. 公路. 2016,6(6):6-10.

绿色建筑在高速公路服务区的应用

戴　芳[1]　罗　文[2]

(1.江西省高速公路投资集团有限责任公司广吉高速项目办　江西　吉安　343700;
2.江西省直属机关建筑设计院　江西　南昌　330000)

摘　要　随着绿色交通基础设施建设发展,高速公路服务区建设技术也衍生出了不同的形式。服务区不再仅仅是一个大型的停车场,而是能结合工程建设场地特征、地域特色、设计精细,兼顾功能服务、绿化景观、人文休闲、智慧节能等全方位的综合性设施。为打造江西省首条绿色高速公路,广吉高速公路结合绿色建筑和海绵城市理念,提出了以"个性化、人性化、智能化、低碳化、海绵化"为基本特征的服务区、收费站建设理念,并结合项目实际设计以透水铺装、下沉式绿地、景观水体、太阳能光伏发电系统等低影响开发模块构建"收集—储存、净化—回用、资源—节约"为核心的绿色服务区系统,为绿色公路服务区建设技术奠定集成应用基础,为同类高速公路服务区建设提供了一定借鉴作用。

关键词　绿色建筑;海绵化;低碳化;绿色服务区

一、引言

随着经济的迅速增长,我国高速公路建设正处于一个蓬勃发展时期。高速公路的快速发展,人们旅行生活水平的不断提高,公路出行成为越来越普遍的方式。服务区作为高速公路附属设施,是为满足在高速公路上运行的驾乘人员的生理和心理需求以及车辆安全运行要求而设置,为过往的驾乘人员提供旅行生活服务和工作便利,有利于驾乘人员旅行的舒适和安全,在高速公路的运营管理系统中占有重要地位。近年来,人们环保意识不断提升,倡导绿色、环保、低碳生活,良好的生态、优良的环境亦成为广大人民群众的普遍追求,而传统的建筑模式,对资源和生态环境造成了较大的压力,导致资源浪费问题、生态环境破坏问题屡见不鲜,因此高速公路服务区的建设技术也随之演化出了不同的体系特点。

二、绿色建筑概述

(一)内涵

绿色建筑是指在建筑的全寿命期内,最大限度地节约资源(节能、节地、节水、节材)、保护环境、减少污染,为人们提供健康、适用和高效的使用空间,与自然和谐共生的建筑。与传统建筑相比,绿色建筑可以最大限度地利用现有资源,延展人们的生存空间和居住空间,实现人与自然的和谐发展。

绿色建筑是当前城市建筑发展的方向,围绕节约资源、保护环境展开,强调因地制宜、统筹建设,以创造生态、健康的人居环境为目标。绿色建筑中包含大量的海绵城市建设技术,绿色建筑除强调低影响开发外,还强调节约能源资源,紧凑土地利用,提倡公共交通,提高环境品质,提高施工品质等。

(二)设计理念

绿色建筑具有低能耗、高环保、高质量等特点,在开展绿色建筑设计的过程中,应该秉持以下3个设计理念:第一是能源节约理念,充分利用太阳能、风能等绿色清洁的可再生能源,采用节能环保的方式形成建筑围护结构等,尽量减少暖气和空调的应用。根据自然通风原理设计风冷系统,利用夏季风来调节室内温度。秉持因地制宜的原则,对气候条件等展开分析,并根据区域气候条件的不同调整建筑布局,确保自然风利用的最大化。第二是资源节约理念,无论是在建筑设计过程中还是在建筑建造过程中,都应该对建筑资源进行合理性应用。要减少消耗资源的使用,力求资源的可再生利用。节约水资源,包括绿化用水等。第三是回归自然理念,对绿色建筑应该注重其与外部周边环境的融合,促进自然环境和人文环境的统一,做到动静互补、和谐一致,从而提高自然生态环境的保护质量。

(三)指标体系

绿色建筑评价指标体系由节地与室外环境、节能与能源利用、节水与水资源利用、节材与材料资源、室内环境质量、施工管理和运营管理七类指标组成。评价指标体系统还设置加分项。这七类指标涵盖了绿色建筑的基本要素,包含了建筑物全寿命周期内的规划设计、施工、运营管理及回收各阶段的评定指标的子系统。设计评价时,不对施工管理和运营管理这2类指标进行评价。绿色建筑评价按总得分确定等级,分为一星级、二星级、三星级共3个等级。

三、绿色服务区构建设计举措

(一)节地与室外环境设计

高速公路常穿越生态环境和自然景观优越的区域,无论是路旁观景台、休息区,还是路段收费站、管理所或服务区等,均具备成为观景和休闲场所的条件。但其间的道路和场地通常采用硬化、密实的铺装,不透水铺装阻隔了自然水循环过程。降雨时，地表径流形成迅速，排水管网负荷较大，极易造成局部内涝、径流污染、冲刷和水土流失等水资源和水环境问题。同时，传统园林景观设计习惯将绿地设置高于道路、广场等地面，一旦下雨，绿地只能消纳落在其中的雨水，道路和广场上的雨水只能流入雨水口、排水沟(槽)外排，无法进入绿地，难以充分发挥绿地消纳雨水的功能，造成雨水资源大量流失。因此，设计透水铺装、下沉式绿地、景观水体等开发设施是行之有效的解决之道(详见图1)。

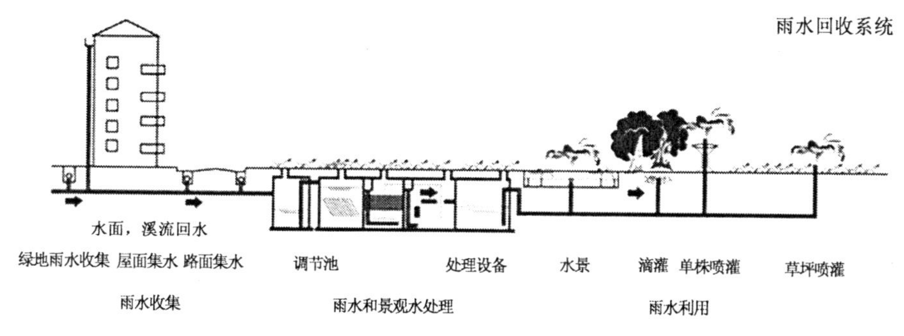

图1　雨水回收系统

1. 透水铺装(图2、图3)

通常高速公路服务区内约有70%以上的总面积是不透水表面铺装，主要分布在屋面、混凝土、沥青路面道路等设施中。泰和北服务区设计了由排水降噪

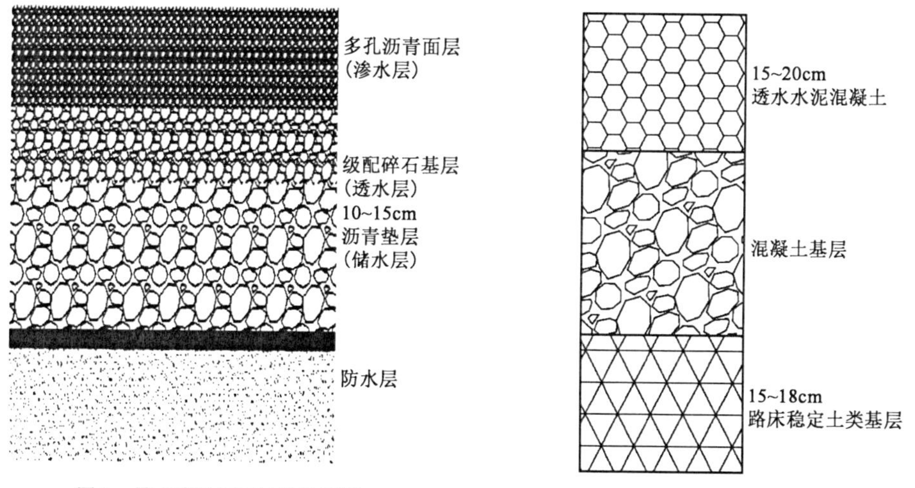

图2　排水降噪路面结构示意图

图3　透水混凝土路面结构示意图

沥青混凝土路面、透水水泥混凝土路面、透水砖铺装和屋面收水系统组成的透水

铺装系统。其中:行车道采用透水沥青混凝土路面,停车区采用透水水泥混凝土路面,区域内人行步道采用透水砖铺地。通过在硬质地面铺设透水铺装,实现全场区范围内雨水渗透,再通过水渠和沟槽将雨水引流至附近的滞留设施中,做到"小雨不积水、大雨不内涝",达到减洪、水质净化与地下水涵养的目的。

2. 下沉式绿地(图4)

狭义的下沉式绿地是一种高程低于周边地面、可积蓄、下渗自身和周边雨水径流的绿地,也称下凹绿地。广义的下沉式绿地还包括雨水花园、植草沟、生态滞留区等。

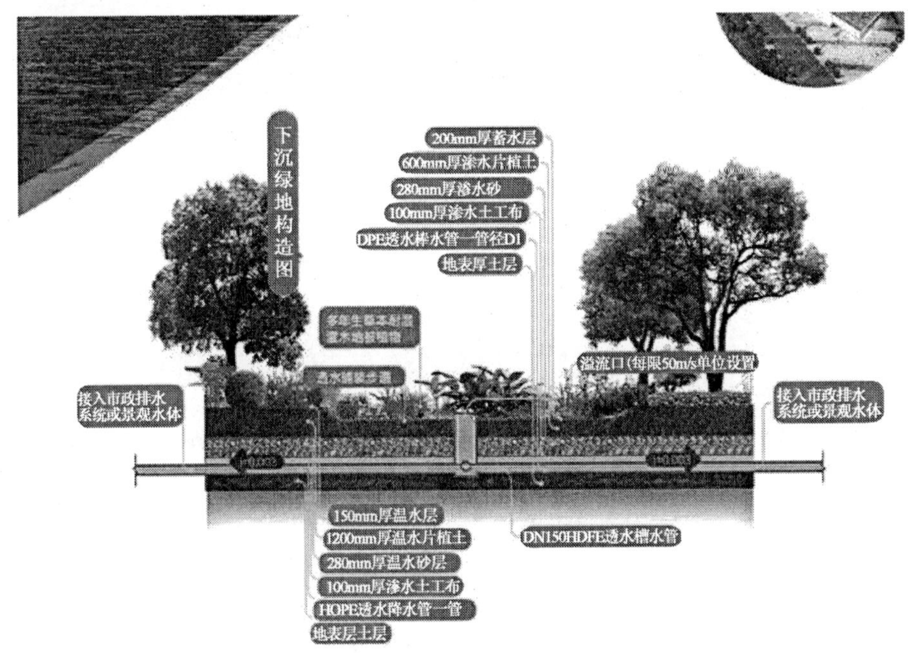

图4　下沉式绿地构造图

泰和北服务区将场区及建筑群周围绿地均设计为下沉式绿地,在行车道与停车区衔接位置设置雨水花园,以蓄存雨水。下沉式绿地能利用开放空间承接和贮存雨水,通过设计使屋面、地面、广场的雨水通过重力流的形式进入绿地,在水流速度相对较快的位置设置卵石、消能坎等消能设施,防止水流冲刷和侵蚀。绿地内设置溢流口,保证暴雨时径流的溢流排放,从而尽量让雨水在场地内消化,最后将多余的部分雨水溢流排放到市政管网内,从而实现雨水的"渗、滞、蓄、净、排",达到减少径流外排的作用。

3. 景观水体(图5)

景观水体是指以自然水体为主构成的景观,是美化环境的重要元素。设计时,应充分保留原有水体周边的水生动植物,利用场地的地形地貌和竖向高差来收集雨水,利用水面面积和水位的变化,很容易达到雨水调蓄净化的要求,实现雨水的“滞、蓄、净、用”功能。其水面面积和水位的变化主要是为了应对不同季节降雨量的不均衡,在设计时应予以充分考虑其呈现形式,避免影响景观效果。

图5 收集雨水打造景观水景

(二)节能与能源利用设计

1. 节能照明设计

服务区因其特定的工作职能,在使用过程中会消耗大量电能。为了节约电能,泰和北服务区采用了电气节能的高效举措。首先,根据车流量预测用电负荷分布情况,对负荷进行合理分配,选取容量与电力负荷相适应的供、配电设备,合理设置配电间位置,以降低变损和线损损耗。其次,依靠自控节能系统,降低设备自身运行损耗,提高效能比。再次,场区内高杆照明灯具选型采用高效节能灯具,室内外照明灯具均采用LED灯代替传统的高压钠灯、卤素灯和日光灯,走廊、楼梯间、门厅等公共场所的照明系统采取分区、定时、感应等节能控制措施。

2. 可再生能源利用设计

服务区往往具有占地面积广、建筑规模小、分布区域散等特点。为充分利用日照能源,泰和北服务区综合考虑了场区内阳光照射情况,设计在建筑屋顶和小客车停车位上铺设太阳能光伏发电系统,利用光伏效应将太阳能直接转化为直流电供负载使用,多余或不足的电力通过连接电网来调节,有效减少了二氧化碳排放量。

(三)节水和水资源利用设计

泰和北服务区地处吉安,属赣中地区,年平均降雨量983.8mm,雨水资源丰富。海绵城市对雨水利用的要求可概括为“渗、滞、蓄、净、用、排”,这六个字清楚地体现出对待雨水的态度先是“渗、滞、蓄”,再“净、用”,最后才是“排”。在绿色建筑中,对雨水利用也有同样要求。通过透水铺装、下凹式绿地和雨水花园收集、调蓄、净化后的雨水可直接接入蓄水设施中,作为非传统水源用于室内冲厕、室外绿化浇灌、道路浇洒、洗车用水等杂用水用途,也可以就地消化于景观水体中,打造互动的亲水景观。

服务区内卫生器具用水约占生活用水总量的80%。在卫生器具方面,按照"节流为先的原则",主要用水器具水龙头、便器、淋浴器等均采用用水效率等级达到二级标准的节水器具,这将节约生活用水30%以上。在室外绿化灌溉方面,采用喷灌方式进行灌溉,比地面漫灌节水30%~50%。选用高灵敏度计量水表,按照用水用途安装分级计量水表,根据季节变化,控制灌溉时间。

(四)地域环境、人文关怀设计

继承地方传统的施工、生产技术,继承保护地域景观特色,使建筑融入历史与地域环境。建筑设计中的人文关怀其主旨是以人为主体,融入中国传统文化,达到让人们的生活更加美好的目的。在设计中,人文关怀主要体现在人性化设计方面,而"无障碍设计"就是人性化设计的充分体现。泰和北服务区充分考虑具有不同程度生理伤残缺陷者和正常活动能力衰退者,如残疾人、老年人的使用需求,在建筑主要出入口、场地内人行通道及场地内外联系处设计无障碍设施,配备第三卫生间、母婴室、残疾人停车位等能够应答、满足这些需求的服务功能与装置,营造一个充满爱与关怀、切实保障人类安全、方便、舒适的活动环境。

四、绿色服务区的优胜之处

绿色服务区可统筹发挥自然生态功能和人工干预功能,促进服务区的可持续发展,最大限度地减少工程建设对生态环境的影响,实现服务区生态环境的和谐统一。

按照目前已获得绿色建筑标识的建筑情况来看,大部分采用"海绵技术"的建筑均可满足绿色建筑一星级标准。泰和北服务区作为绿色服务区示范点,以绿色建筑"保一星争二星"为目标,采用了更多的技术提升设计,在节地与室外环境、节能与能源利用、节水与水资源利用、节材与材料资源利用、室内环境质量五类指标及加分项预评估中总得分为62.94分(详见表1),达到绿色建筑二星级标准。优化设计后的泰和北服务区室内布局合理,对能源的节约量较大,资源利用效率较高,在利用天然条件为人们打造良好环境的同时,对资源环境进行了有效保护,在很大程度上实现了资源利用与资源节约的融合。

泰和北服务区绿色建筑评分表

表1

公共建筑得分表(分体空调)						
	节地与室外环境	节能与能源利用	节水与水资源利用	节材与材料资源利用	室内环境质量	加分项
理论满分	100	100	100	100	100	24
实际满分	100	64	90	79	70	24
实际得分	40	43	77	49	36	2
换算得分	40.00	64.19	85.56	62.03	51.43	2.00
权重系数	0.17	0.25	0.18	0.20	0.20	1.00
权重得分	6.80	16.05	15.40	12.41	10.29	2.00
总得分	62.94					
星级	二星					

五、结语

绿色建筑是我国实施21世纪可持续发展战略的重要组成部分,其核心内容是尽量减少能源、资源消耗,保护原有生态系统,减少对周边环境的影响与破坏,实现资源的高效循环利用,尽量使用可再生资源,减少有害物质的排放,创造生态、舒适的人居环境。本文以绿色建筑在服务区建设中的应用作为立足点,探讨了绿色服务区构建的有效路径,以期提升高速公路服务区建设水平。

参考文献

[1] 中华人民共和国国家标准. GB/T 50378—2006 绿色建筑评价标准[S]. 北京:中国建筑工业出版社,2006.

[2] 徐亮,任雪松,王栋,等. 高速公路绿色可持续发展服务区建设的探讨研究[J]. 工业安全与环保. 2017,43(02).

[3] 王舒婷. 基于BIM技术的绿色建筑设计特征探讨与实践分析[A];信息·模型·创作—2016年全国建筑院系建筑数字技术教学研讨会论文集[C]. 2016.

[4] 张学东,史洁. 绿色建筑设计理念及方法[J]. 建材与装饰. 2010(12).

[5] 曾捷. 海绵城市绿色建筑的场地雨水设计[J]. 建设科技. 2016(15).

[6] 赵华,陈中博. 浅论绿色建筑与海绵城市的相关性和统筹建设[J]. 建设科技. 2016(13).

科技创新　节能高效

——广昌至吉安高速公路项目机电工程亮点

谢雄伟　李振宇　张海泉　叶剑勇

(江西方兴科技有限公司　江西　南昌　330025)

摘　要　本文从广吉高速公路项目机电工程创新的角度,重点介绍了无感支付技术、门架式可变信息标志太阳能供电试点、使用智能服务器管理系统、采用小间距 LED 显示屏等措施,以实现节能高效的目的。

关键词　机电工程;科技创新;节能高效

一、项目概况

广昌至吉安高速公路(下称“本项目”)是《国家公路网规划(2013 年—2030 年)》规划的沈海国家高速公路莆田至炎陵(G1517)联络线中的一段,也是《江西省高速公路网规划(2013—2030 年)》所规划的江西“四纵、六横、八射、十七联络线”高速公路网中第三横的路段之一,是三省区域经济往来的高速公路运输大通道,沟通了 5 条纵向的国家干线高速公路;路网功能强大,对于开展泛珠三角区域合作,贯彻落实科学发展观,实现促进中部地区崛起协调发展战略,带动和提升周边地区及中部地区经济发展水平具有十分重要的意义。

广昌至吉安高速公路由广吉主线和吉安支线两部分组成,全长 189.277km。采用双向四车道高速公路标准建设,设计速度 80(100)km/h,全线设置互通 16 处,特大桥 1 座。

二、机电工程亮点

(一)无感支付技术

无感支付技术首次在省内高速公路收费站实施使用,相对现金支付,车主可更加节省时间。高速公路收费站传统的收费流程是“停车—排队—现金缴费—抬杆”,这个过程会涉及现金甚至还需要找零,浪费时间同时还会造成拥堵现象。而使用“无感支付”功能后,加速了通过收费站的时间,其特点主要表示在以下几点。

(1)对用户来说,使用便捷,一次绑定全省通用,绑定的方式多元化,可基于多元素的支付手段。

(2)降低因收费造成的堵车概率,提高通行效率,还降低交通对环境的污染,使车主驾乘感受的提升。

(3)基于用户信息的绑定,提供车主地图导航、实施路况推送、客户服务等多项综合出行服务功能,全面提升车主驾驶体验,还将与旅游景点、服务区等交通应用实现互通互联,拓展延伸服务,为车主的交通出行提供更多便捷、高效的服务选择,也可作为相关主管部门普及交通政策、引导交通出行的发布渠道。

(4)集合大数据技术的分析,可针对特定车主用户推送专属信息,同时对管理手段优化有大的数据支撑。

(二)超节能门架式可变信息标志太阳能供电方案

首次在省内高速公路进行门架式可变信息标志太阳能供电试点。

高速公路枢纽互通作为2条高速公路的交通转换的重要节点,应加强进入枢纽前的车辆诱导。但由于枢纽互通一般距离常规供电点较远,设计中往往将枢纽互通区用电量较大的可变信息标志设置为二期,待具备较经济的供电条件时再实施;或者引入10kV外电,设置变压器为可变信息标志供电,但此方案的成本和维护量均较大。

本次施工图结合可变信息标志(LED)节能技术及太阳能供电技术发展的最新成果,在距离常规供电点较远的吉水枢纽互通设置超节能型门架式可变信息标志,并试点采用太阳能供电。常规可变信息标志额定功率约为500W/m^2,节能型可变信息标志额定功率约为200~300W/m^2,而超节能型可变信息标志功耗额定功率约为100W/m^2。实际功率一般约为额度功率的1/3,即超节能可变信息标志实际功耗不超过40W/m^2。可变信息标志功耗的大大降低,使得采用太阳能供电具备可行性。因此本次设计试点采用超节能可变信息标志太阳能供电方案,通过新产品和新技术的采用,实现机电设备运行环保节能的目的。

(三)敏捷服务管理器系统

本项目首次在高速公路领域使用智能服务器管理系统(敏捷管理器)。

在监控分中心设置一台敏捷管理器,管理器采用X86架构,基于IPMI协议可实现对监控分中心、应急指挥中心、收费站、服务区的服务器等设备进行统一智能管理。主要实现可以远程对服务器的各类管理,包括服务器的健康状态管理(支持实时健康状况监测、故障定位、自动化巡检等功能)、带外/带内管理(支持远程控制IP-KVM功能,独立于操作系统,支持远程开关机、操作系统安装等功能)、能耗与散热管理(支持服务器实时温度和功耗检测,具有热点分析、功耗规划、紧急事件功耗限制等功能)、智能分析与决策管理(实时采集设备的硬件状态、运行环境、能耗等数据,基于大数据分析,实现异常趋势分析、故障预警等功能)。

通过采用智能服务器管理系统,道路沿线服务器的主要管理工作均可在监控分中心完成,在服务器出现故障时,无需到现场解决问题;可有效提高系统管理人员的工作效率,实现服务器管理的智能化、数据化,大大降低服务器管理、维护的难度和工作量,合理降低运营成本和能耗成本。

(四)管理中心采用小间距LED显示屏方案

随着技术的发展,LED显示屏逐渐由大颗粒、低分辨率向小颗粒、高分辨率进步,使用范围也从室外逐步发展到室内外均有相应产品。目前小间距LED显示屏已在公安交通、安防、政务等多领域有较广泛的应用,但高速公路领域应用较少。相对于高速公路主要应用的液晶屏拼接,小间距LED显示屏在灰度、对比度、刷新率等指标上有着较大优势,也可以通过逐点校正解决光衰问题。特别是小间距LED屏具有显著的无缝(模块拼接无边框)、显示灵活的特点,可以更好地满足人们对显示的美观性、整体性要求。

虽然小间距LED显示屏在分辨率上尚不如液晶屏,但由于显示屏距离控制台一般较远(约5m),采用1.56mm点间距的LED显示屏,其分辨率已能够满足监控员的视觉要求。因此本次设计,在吉安管理中心采用小间距LED显示屏方案替代原有的液晶拼接系统,使得吉安中心成为第一个采用小间距LED显示屏的省内高速公路区域级管理中心。

(五)IP对讲广播系统

本项目采用IP对讲广播系统来实现对讲、报警、收费广场广播功能。

IP对讲广播系统相对于常规收费对讲系统具有的优点如下。

(1)集成化:IP对讲广播系统将原有收费系统中的对讲系统、报警系统、亭内监听、背景音乐广播系统、广场广播系统进行了集成。设备安装接线更简洁,也便于后续维护。

(2)人性化:IP对讲广播系统从业主的管理需求出发,进行了人性化的设计。其中收费班长的手持终端可以真正地实现日常收费站运营管理的需要,减轻了收费站监控室的重复传递消息工作量。

收费亭终端仅有3键，直对班长、收费站、收费中心，避免了有的路段收费员在工作时间通过老式IP电话聊天的情况。

（3）兼容性好：IP对讲广播系统基于国际标准协议进行配置，可以实现与国内各大品牌的视音频采集、管理设备对接，实现报警、音频、视频的联动。

同时，IP对讲广播系统可以通过电话接入网关接入收费站、服务区的业务电话系统，可以更好地实现业主的管理需求。广吉高速公路是目前省内设计采用IP对讲系统广播系统的少数几条高速公路之一。

（六）服务区监控

服务区是高速公路使用者停车休息、加油或维修的主要场所，人员及车辆的活动相对密集，若管理不善，则会出现无序状态，影响服务区的正常运行，甚至影响高速公路的整体形象。因此，本设计将服务区作为一个监控重点，通过有效的管理，保障人员休息，车辆进出方便快捷，同时还为驾乘人员提供多方面的信息服务，使公众获得与本高速公路有关的各类出行信息（如停车、餐饮、加油、充电、购物、修理、旅游等）。本次设计在服务区设置以下设施。

1. 全景摄像机

服务区上下行各设置1套全景摄像机，加强服务区运营宏观监控。

2. 高清卡口系统

在服务区出入口分别设置高清卡口设备，对进出服务区的各类车辆进行抓拍、识别和统计。卡口抓拍摄像机和卡口处理单元实现完成车辆捕获、视频测速、车牌颜色和号码识别、车型、车身颜色等车辆特征识别、车流量检测、图片抓拍、视频监控等功能。

3. 智能停车诱导系统

服务区停车智能诱导管理系统包括服务区卡口系统、停车位诱导屏、管理计算机等。服务区监控室通过服务器卡口系统提供的车辆出入数据，结合停车位总数，计算得出剩余大车停车位和小车停车位数量，通过管理计算机将信息上传监控分中心，将停车位信息发布在服务区前可变信息标志及停车区内停车位诱导屏上，给驾车者提供实时停车依据。管理计算机可通过管理界面实时监测停车区车辆状态。

4. 信息发布屏和固定查询终端

在服务区设置双立柱信息发布屏和固定查询终端，为进入服务区的驾乘人员提供交通、旅游等各类信息。

5. 服务区 WIFI

高速公路 WIFI 交通信息服务系统借助应用成熟先进的通信网络技术，使出行者通过安装在服务区等区域的传感器和传输设备，获取道路信息、气象信息、交通事件信息、服务区信息、收费信息、停车场信息等与出行相关的信息，并根据这些信息为出行者推荐理想的出行时间、出行方式和路线。

本项目在各服务区内设置 wifi 控制器，使出行者在停车和慢行中，通过定制 wifi 服务，获取相关路段的出行信息和交通服务信息。

（七）路面长期性能监测系统

本项目在小桩号路段设置路面长期性能监测系统观测点。在观测点安装多种传感器设备采集环境、气候、荷载、路面结构动态响应信息等，并进行相应的数据分析，对道路进行长期使用性能的跟踪观测，为验证和改善路面结构设计、结合本项目实际在总价不变的情况下，做出优化调整，制定养护维修对策、提高养护管理水平提供数据支撑。

（八）重点营运车辆动态信息系统

重点营运车辆安全监管与智能预警系统依托交通运输部重点车辆联网联控系统车辆动态数据、高速公路路段桩号基础数据，结合电子地图、视频监控等系统，实现高速公路重点营运车辆的动态监控、基础数据管理、报警信息查询、数据统计等功能，可向监控分中心、手机 APP 等提供发布接口。主要功能如下。

1. 车辆监控

基于 GIS 地图监控两客一危车辆，在车辆密集区域实现车辆聚合功能，能用不同的图标表示不同类型车辆，如黄色表示危险品运输车辆、绿色表示班线客车及旅游包车、红色表示报警车辆。

2. 车辆定位

分页列出在线车辆信息，提供按路线编号、车牌号检索功能。对列表车辆提供定位、轨迹回放功能。

3. 车辆报警实时提醒

当车辆出现报警信息时，实时显示报警信息列表，能在地图上定位报警车辆，对报警信息进行屏蔽和处理。

4. 历史轨迹查询

便于操作人员查看车辆行驶轨迹。输入查询时间、车牌号、车牌颜色，即可查询车辆行驶轨迹信息，同时提供动画播放功能，可播放、暂停、重新播放、控制播放速度，在播放过程中可查看位置点的定位时间及速度。

5. 路线管理

实现高速公路路线数据、桩号数据、路段数据的管理功能。

6. 停靠区域管理

实现高速公路服务区、停靠带、收费站等停靠区域基本数据的管理功能。

7. 车辆报警查询统计

对车辆超速报警、疲劳驾驶报警、非法停靠报警、凌晨行驶报警信息进行多条件、多维度查询统计。

8. 严重拥堵报警查询

对路段设定严重拥堵预警阈值，达到阈值时进行预警，并基于 GIS 地图进行展示。对于有视频监控设备的路段，可以调用视频查看拥堵情况。

9. 服务区危化品车辆监控

对进出以及停靠服务区的"两客一危"车辆进行实时监控，并实时计算服务区停靠车辆数量，特别是危化品车辆的数量，防止同一服务区停放过多危化品车辆，减少服务区发生危险的概率。

（九）智慧管控平台

广吉高速公路智慧管控平台包括路网监测、信息采集、路网预警、信息发布、应急救援、应急资源、值班值守以及设备控制共 8 个功能模块。

（1）路网监测模块包括路况实时信息、路况信息、设备正常率、告警列表、路况监测、道路设施、结构物监测、路况专题等子功能。

（2）信息采集模块包括设备信息管理、设备数据采集、设施信息管理、危险源采集、交通调查站管理、智慧服务区、图表管理、报表管理等子功能。

（3）路网预警模块包括视频监控管理、交通流预警管理、气象预警管理、视频智能分析、重点运营车辆预警、结构安全预警等子功能。

（4）信息发布模块包括情报板管理、及时提示管理、广播管理、路况信息上报、路况信息上报渠道等子功能。

（5）应急救援模块包括高速公路地图、附近监控、现场图片、APP 通知、情报板、物资调度、预案变更、分流预案、续报、信息发布、新建事件及结束事件等子功能。

(6)应急支援模块包括预案管理、应急保障、物资管理、应急事件、养护巡查车管理等子功能。

(7)值班值守模块包括排班管理、监控日志、设备养护管理、机电系统运行管理、赣通宝报料管理、内部沟通管理、资源管理、机构管理、用户管理、权限管理、基础数据、下载管理等子功能。

(8)设备控制模块包括设备巡检管理、设备控制管理、第三方系统、设备告警管理等子功能。

排水沥青路面在广吉高速公路的修筑技术研究

曹宇鹏[1]　高建平[2]　李　刚[1]　许　斌[3]　白子玉[4]

(1. 江西省高速公路投资集团有限公司　江西　南昌　330008；
2. 江西省九江市公路局湖口分局　江西　九江　332000；
3. 交通运输部公路科学研究院　北京　100088；
4. 中路高科(北京)公路技术有限公司　北京　100088)

摘　要　排水沥青路面在高速公路中已得到广泛使用，它相较传统沥青路面在排水抗滑、降噪、耐久方面具有一定的优势。本文介绍了排水沥青路面广吉高速公路中的应用情况，对排水沥青混合料的级配设计、路用性能和施工技术进行了总结，发现无论室内试验还是室外试验，排水沥青路面的各项路用性能均满足指标要求，能够提升沥青路面排水系统性能，延长我国高速公路沥青路面的使用寿命。

关键词　排水路面；高速公路；路用性能；沥青混合料

一、引言

普通沥青混凝土路面在降雨后存在表面水膜，路面抗滑能力降低，同时导致水漂、溅水、水雾等问题，而这些问题可以通过修筑排水沥青路面得到解决。排水沥青路面是指在不透水结构层上铺设具有大空隙且多孔型沥青混合料层所形成的路面结构，一般具有良好的排水性能、抗滑性能以及降噪功能，可提高行车安全性，在我国具有广泛的应用前景。随着科技的进步，高速公路的大规模发展和通车量的剧增，导致交通噪声问题日益明显。排水沥青路面的出现暂时解决了轮胎和路面产生的噪声，除此之外，由于其特有的大孔隙的路面构造，减少了路面积水的情况发生。

本文总结了广吉高速公路施工过程中排水沥青路面的施工工艺，通过广吉高速公路的实际应用，发现其各项路用性能均满足指标要求，能够提升沥青路面排水系统性能，延长我国高速公路沥青路面的使用寿命，并进一步对其路用性能进行了研究，以期推动我国排水沥青路面的应用与发展。

二、工程技术研究

该工程位于江西省广吉高速公路 CP2 标段 K136 + 600 ~ K155 + 560、JK0 +

000 ~ JK33 +200,此路段采用成本低、噪声小的排水沥青路面,上面层为 PAC - 13,可以提高路面的抗滑和降噪功能以及雨天行车的安全性。

(一)沥青混合料

1. 级配及沥青用量

使用不同的沥青对排水沥青路面的路用性能有重要的影响。普通沥青难以满足排水沥青路面的使用要求,而高黏度沥青可以显著提高排水沥青混合料的抗水损坏能力、抗车辙能力和抗飞散损坏,耐久性好。因此,根据国内外经验、试验研究等情况,考虑到江西省的气候等条件,确定了该项目采用 HVA 高黏度添加剂与 SBS 改性沥青进行复合改性方案,以满足排水沥青路面的高温性能、水稳定性、抗飞散性和耐久性要求,其掺配比例为 HVA 高黏度添加剂:SBS 改性沥青 =8∶92。

根据现有的技术资料,同时考虑该项目集料加工工艺和集料组成特点,确定了混合料级配。参考析漏损失率和飞散损失率的绝对指标,结合广吉高速公路的地理位置、环境及 PAC-13 排水降噪沥青路面上面层结构特点,确定最佳油石比为 4.8%,外掺 0.1% 纤维。混合料级配见表 1。

各档集料筛分及合成级配汇总　　表 1

粒径(mm)	16	13.2	9.5	4.75	2.36	1.18	0.6	0.3	0.15	0.075
C 级配	100	90.6	59.6	18.9	10.7	8.1	6.7	5.5	5	4.4
要求上限	100	100	71	30	20	17	14	12	9	6
要求下限	100	90	40	10	9	7	6	5	4	3
中值	100	95	55.5	20	14.5	12	10	8.5	6.5	4.5

2. 混合料路用性能

为了检验沥青混合料的路用性能,本文通过浸水马歇尔实验、冻融劈裂试验等试验检验了沥青混合料的高温稳定性、低温抗裂性和水稳定性等路用性能,发现均符合技术要求,试验结果见表 2。

沥青混合料路用性能检验结果　　表 2

试 验 项 目	单位	C 级配检测值	技术要求
马歇尔试件击实次数	次	50	双面击实 50 次
毛体积相对密度(真空密封法)	—	2.146	—
理论相对密度	—	2.684	—

续上表

试验项目	单位	C级配检测值	技术要求
空隙率(真空密封法)	%	20.0	20～23
马歇尔稳定度	kN	5.27	≥5.0
车辙试验动稳定度	次/mm	8815	≥6000
浸水车辙试验动稳定度	次/mm	5562	≥3500
浸水马歇尔试验残留稳定度	%	91.4	≥85
冻融劈裂试验强度比	%	90.8	≥80
低温弯曲试验破坏应变	μω	2589	≥2500
透水系数(马歇尔试件)	cm/s	0.29	≥0.20
渗水试验(车辙板)	ml/min	8421	≥5000
短期老化后飞散试验的混合料损失	%	13.1	≤17
长期老化后飞散试验的混合料损失	%	16.9	≤20

(二)施工工艺

1. 防水黏结层的施工

在上面层施工前先设置防水黏结层，该项目采用SBS改性乳化沥青作为防水黏结层材料，施工前准备相关的设备(乳化沥青洒布车、清扫机和加热设备等)并检测下承层的渗水系数。施工时采用乳化沥青洒布车或沥青洒布车，按0.20kg/m^2(纯沥青)对横缝、纵缝、离析处和桥面伸缩缝处、护栏或路缘石边缘处、路肩50cm内等薄弱部位洒布改性乳化沥青，待完全破乳后全幅按0.6kg/m^2(纯沥青)用量分两遍喷洒。

在施工结束后，禁止行人、自行车和各种机动车辆通行。摊铺时运料车在指定地点掉头倒行至摊铺机，限速5km/h，禁止刹车。摊铺上面层前检验防水黏结层的渗水性，确定不渗水(渗水系数为0ml/min)后再继续施工[9]。

2. 混合料的拌和与运输

沥青混合料采用干法拌和，在拌和过程中单独外投高黏度添加剂和纤维至拌和锅中生产沥青混合料，拌和设备采用间隙式沥青混合料拌和机。混合料的全部生产过程由计算机自动控制，配有良好的逐盘打印装置。最后通过试拌确定混合料每缸拌和量和拌缸容积的关系，保证拌和的均匀性。在拌和时，每盘的生产周期为65s，其中先加入集料和纤维干拌10s，然后添加沥青和高黏添加剂拌和15s，2～3s后添加矿粉，拌和37～38s。

排水性沥青混合料生产温度按照表3控制。

排水性沥青混合料生产温度控制(单位℃) 表3

<table>
<tr><th>沥青品种</th><th>改性沥青</th><th>测量部位</th></tr>
<tr><td>沥青加热温度</td><td>165~170</td><td>沥青加热罐</td></tr>
<tr><td>矿料温度</td><td>185~200</td><td>热料提升斗</td></tr>
<tr><td>混合料出厂温度</td><td>175~185</td><td rowspan="3">运料车</td></tr>
<tr><td>混合料废弃温度</td><td>低于下限值170℃或高于上限值195℃</td></tr>
<tr><td>混合料运输到现场温度</td><td>不低于170</td></tr>
<tr><td>摊铺温度</td><td>不低于165</td><td>摊铺机</td></tr>
<tr><td>初压温度</td><td>不低于155</td><td>摊铺层内部</td></tr>
<tr><td>复压温度</td><td>不低于140</td><td>碾压层内部</td></tr>
<tr><td>终压温度</td><td>70~90</td><td>碾压层表面</td></tr>
</table>

排水性沥青混合料具有较高的空隙率,热量散发较快,运送沥青混合料时应注意保温。运料车用篷布覆盖,施工过程中因当地气温低于20℃,故采用棉被及篷布双层覆盖运料车,运输时间为2h。在运输车中使用隔离剂(如植物油和水的混合物),底板涂薄层隔离剂。对排水沥青混合料的到场温度进行逐车检测,测得混合料出厂的平均温度为181.2℃,到场后的平均温度为175.5℃,温度衰减未超过10℃,均满足施工要求。施工过程中运料车在摊铺机前方等候卸料,开始摊铺时在施工现场等候卸料的运料车为4辆,保证混合料的连续摊铺。混合料温度检测情况见表4。

排水性沥青混合料温度检测表(单位℃) 表4

<table>
<tr><th>序号</th><th>车牌号</th><th>出场温度</th><th>摊铺温度</th><th>碾压前温度</th><th>碾压结束温度</th></tr>
<tr><td>1</td><td>皖 NF1225</td><td>175</td><td>165</td><td>161</td><td rowspan="3">75</td></tr>
<tr><td>2</td><td>皖 NF2897</td><td>176</td><td>169</td><td>165</td></tr>
<tr><td>3</td><td>皖 NF0786</td><td>177</td><td>168</td><td>164</td></tr>
<tr><td>4</td><td>皖 N73967</td><td>175</td><td>171</td><td>165</td><td rowspan="3">81</td></tr>
<tr><td>5</td><td>皖 N21810</td><td>178</td><td>165</td><td>160</td></tr>
<tr><td>6</td><td>皖 NF2430</td><td>175</td><td>165</td><td>161</td></tr>
<tr><td>7</td><td>皖 NF1942</td><td>175</td><td>165</td><td>161</td><td rowspan="2">77</td></tr>
<tr><td>8</td><td>皖 NF2419</td><td>173</td><td>166</td><td>161</td></tr>
<tr><td>平均</td><td>—</td><td>175.5</td><td>166.75</td><td>162.25</td><td>77.67</td></tr>
</table>

3. 混合料的摊铺与碾压

采用非伸缩式摊铺机进行摊铺作业，排水沥青路面履带式摊铺机、受料斗和螺旋等部位喷洒无腐蚀性油水隔离剂；摊铺机横向螺旋前端加装防滚落粗集料挡板。摊铺前根据松铺厚度，纵横坡度调整好摊铺机。摊铺机开始摊铺前对熨平板预热至125℃，排水沥青混合料平均摊铺温度为166.75℃。摊铺过程中开动熨平板的振动捶击等夯实装置。夯锤振动频率开至90%，松铺系数控制为1.22。摊铺过程中发现局部油斑、离析、波浪、裂缝等异常现象时采取措施人工清除，用热料换补，一起碾压。路缘石、中沟、集水井、护栏等其他结构物的接触面上均匀涂刷改性乳化沥青，然后紧靠接触面摊铺沥青混合料。现场面层摊铺见图1。

图1　现场面层摊铺

使用12t双钢轮压路机及30t轮胎压路机并列成梯队的方式碾压，按初压、复压和终压（包括成型）3个阶段进行。初压在混合料摊铺后紧跟进行，平均压实温度为162.25℃，采用钢轮压路机静压2遍。复压应紧接初压进行，采用双钢轮压路机压实3遍。终压应在路表温度为80℃左右时进行，使用胶轮压路机碾压2遍，最后采用双钢轮压路机静压收光至无轮迹印。

在弯道或交叉口，先用铰接转向式压路机作业，从弯道内侧或弯道较低一边开始碾压（以利于形成支承边）。在没有支承边的厚层上，选择离边缘35cm处开始碾压作业。

4. 接缝施工与其他

排水沥青面层施工接缝的处理，应不妨碍路面内部水分的流通，同时保证紧密、平顺，以免为路面损坏留下缺陷。在该项目中，横缝采用平接缝，摊铺前采用接缝专用加热器对接缝面加热，使之新铺与已铺密切结合。采用“冷＋热”平接缝时，摊铺前对周边黏结物或铣刨的四壁人工涂刷改性乳化沥青3遍，摊铺后充分压实，使连接平顺。纵向接缝采用热接缝，避开车道的轮迹带位置，且与下面层纵向接缝错开25cm。施工后，在纵向接缝处喷洒改性乳化沥青等材料进行补强。待摊铺层完全自然冷却、混合料的表面温度低于50℃后方可开放交通。需要提早开放交通时，可洒水冷却降低混合料温度。为防止污染路面，试验段排水性沥青混凝土面层施工后封闭交通，紧急情况通行时禁止刹车和急转。交通管制见图2。

图2 交通管制

在桥面排水降噪沥青路面边侧设置10cm宽的导水槽以增加排水效率。在上面层施工时，用同样尺寸木块设在防撞墙旁边，摊铺碾压后把木块抽出形成导水槽。

三、结语

(1)排水沥青路面具有优异的降噪和排水性能，其成本低廉的特性符合我国节能减排的交通发展趋势。

(2)该项目使用HVA高黏度添加剂与SBS改性沥青进行复合改性。通过浸水马歇尔实验、冻融劈裂试验等试验检验了沥青混合料的高温稳定性、低温抗裂性和水稳定性等路用性能。试验结果表明，高黏度改性沥青是一种完全满足排水沥青路面使用要求的沥青结合料，可以有效提高排水沥青路面的抗车辙、抗水损坏与抗飞散性能，能够提升沥青路面排水系统性能，延长我国高速公路沥青路面的使用寿命。

(3)本文通过广吉高速公路中排水沥青路面的技术应用，对排水沥青混合料的级配设计、路用性能和施工技术进行了总结,以期推动我国排水沥青路面的应用与发展。

参考文献

[1] 许斌. 排水沥青路面预防性养护技术研究[D]. 大连:大连理工大学,2016.

[2] 罗琪. 降噪排水沥青路面设计与工程应用[D]. 广州:华南理工大学,2014.

[3] 谭利,易文,何贤锋,等. 防滑降噪沥青路面施工工艺及质量控制[J]. 中外公路,2017(2):41-45.

[4] 蔡晓芳,董元帅,刘莲娟,等. 排水降噪沥青路面施工技术要点[J]. 路基工程,2013(6):120-122 + 127.

[5] 李良,王文奇,王泽,等. 排水沥青路面用于公园道路的案例分析[J]. 四川建材,2015(2):12-126.

[6] 郑求才,袁迎捷,郑竞友,等. 不同高黏沥青对排水路面性能的影响研究[J]. 中外公路,2008(3):144-147.

[7] 邢明亮. 排水路面沥青混合料的胶浆特性与矿料组成研究[D]. 西安:长安大学,2010.

[8] 王仕峰,马庆丰,李剑新. 排水路面用高黏度改性沥青的研究与应用进展[J]. 石油沥青,2012(1):1-8.

[9] 邵素仿. 新型沥青路面施工工艺与质量控制[J]. 交通世界(建养、机械), 2012(9):291-293.

第三篇

品 质 工 程

激光—超声波双控桁架摊铺机在桥面铺装的应用

闫少泽

（中交路桥建设有限公司　北京　101149）

摘　要　随着我国公路路网的不断完善，新建公路不断向山区等欠发达地区延伸，公路建设中桥梁比重不断增加，而桥面铺装作为桥梁路面施工的重要工序，其施工质量的控制对后续的沥青面层使用寿命以及行车舒适度都有着非常重要的作用。本文介绍了新型激光—超声波桁架摊铺机整幅桥面铺装施工工法的应用，可为桥梁桥面铺装提供借鉴。

关键词　桥面铺装；质量控制；提质降本；绿色施工

一、概述

传统的桥面铺装利用人工或半机械施工，存在工期长、自动化程度低、压实效果差、振捣不密实、材料消耗大、效率低、提浆、整平效果差等缺点，而激光—超声波桁架分体辊轴摊铺机能准确设定坡度及高程，全面提升了混凝土铺装的平整度、解决了人工摊铺的不确定因素，自动化程度高，大大节省了人工，降低了施工成本，提高了工作效率，使混凝土的振捣、提浆、整平效果更佳。新型双控桁架分体辊轴摊铺机，实现了激光与超声波互换的双控系统，关键技术成熟可靠，应用后效果佳，并获得国家专利。本文基于中交路建广吉高速公路 A6 标项目建设过程中的实践应用，针对施工进行的一些创新探索而形成的经验总结进行介绍，为后续的桥面混凝土摊铺施工提供相应的意见与参考。

二、激光—超声波双控桁架摊铺机的技术特点

（一）技术介绍

新型双控桁架分体辊轴摊铺机是在悬挂桁架分体辊轴摊铺机基础上，安装激光、液压控制系统，能够准确设定双面水坡坡度和高程，同时靠液压系统调整高低，轨道平整度不再受防护栏平整度的影响，全面提升混凝土铺装的平整度，解决了人为操作施工带来的不确定因素，同时针对竖曲线混凝土铺装，配备了超

声波控制系统,实现激光与超声波互换的双控系统,解决了混凝土竖曲线桥面高程横坡难以控制的难题。

(二)主要特点

(1)在悬挂桁架分体辊轴摊铺机上安装激光和液压控制系统(直线桥和平曲线桥面),能够提前设定坡度和高程,同时靠液压系统调整高低,全面提升混凝土铺装的平整度,解决了人工摊铺的不确定因素,施工范围 300m 内,高程偏差控制在 ±2mm 以内。

(2)在激光摊铺机基础上安装了超声波控制系统,实现了双系统共同运行在同一摊铺机上,在竖曲线或砸道曲面桥上,可直接以按键切换成超声波控制系统,在桥面上做感应线,通过控制器感应标程线的传输方式,直接传输给液压系统,来调整桁架辊轴的高低。

(3)摊铺过程中通过辊轴击打式振动实现自动修偏,产生高激振力,振捣深度及提浆效果大大优于传统施工方法,提高了摊铺压实效果。

(4)自动化程度高,与传统施工方法相比,节省了人工、降低了成本、提高了效率。

(5)摊铺机可调整辊轴及框架,安装成不同摊铺宽度,适用于不同类型的桥梁桥面铺装,运输拆卸简便。

(6)彻底消除了传统桥面铺装中采用混凝土高程带产生的错台、混凝土搭接缝等问题。

(7)采用液压驾驶抹光机进行混凝土收面抹平作业,能有效消除桥面铺装混凝土的干缩裂缝。

(三)工艺原理

1. 激光控制系统

在悬挂桁架分体辊轴摊铺机的基础上安装激光和液压控制系统,采用激光控制发射器设定高程,激光信号接收后,能够准确设定双面水坡坡度和高程,传输给液压控制系统,用液压装置自动调整高程,保证高程的精准度,去除了人为因素做轨道所产生的误差,全面提升混凝土铺装的平整度,解决了人为操作施工带来的不确定因素,适用于直线或平曲线桥面。

2. 超声波控制系统

在激光摊铺机基础上安装了超声波控制系统,实现了双系统共同运行在同一摊铺机上。在竖曲线或砸道曲面桥上,可直接以按键切换成超声波控制系统,超声波控制系统的使用需在桥面上做感应线,通过控制器感应标程线的位置高程,直接传输给液压系统,来调整桁架辊轴的高低。系统中所使用的 MOBA-matic 控制器是当今世界一种先进的控制系统,内置传感器适用于测量距离和坡度,它操作方便、可靠,对水泥摊铺机控制更加简便、有效。该系统采用了最先进的微处理器技术,工作方式实现软件化,被称作是"CAN-bus"(网络区域化控制),代表了机电领域最先进的技术,因此工作时,可以保证最大程度的系统安全。此套系统解决了桥面在竖曲线弯道或匝道桥面的铺装问题,实现曲面平顺精度的要求。

(四)适用范围

适用于高速公路、快速公路、普通公路的各类桥梁桥面混凝土摊铺作业。

三、激光—超声波双控桁架摊铺机的实践应用

中交路建广吉高速公路 A6 项目于 2017 年 7 月份在江西省范围内第一次引进使用激光—超声波桁架分体辊轴摊铺机,该套设备为克服人工摊铺及桁架辊轴摊铺机的缺点,采用激光与超声波互换的双控系统,关键技术成熟可靠,并获得国家专利。中交路建广吉 A6 项目于 2017 年 9 月份至 2018 年 7 月份采用该设备完成合同内 13 座桥梁桥面铺装,设备性能稳定,操作简便,并取得了良好的效果。

(一)工艺流程

工艺流程图如图 1 所示。

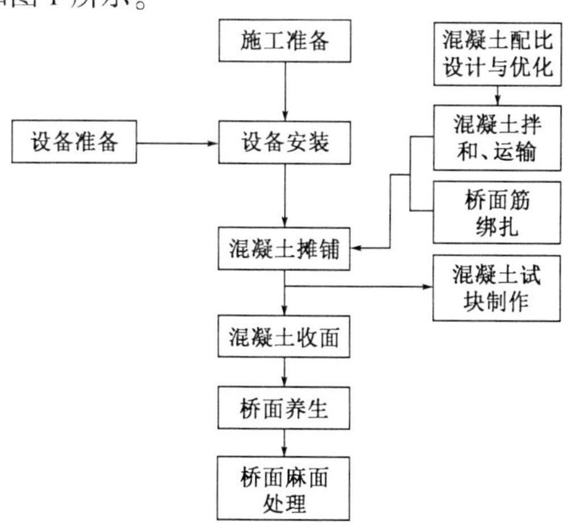

1　激光—超声波桁架分体辊轴摊铺机施工工艺流程图

(二)操作要点

1. 桥面板清理(图2)

通常架梁之前,梁板经过拉毛或刷毛处理,若表面粗糙度不够,会影响上面混凝土铺装层的黏结力。所以架梁之后。我们对梁面进行机械凿毛处理,去除梁板的浮浆,使其表面达到一定粗糙度,增加其黏结力。将凿毛后的浮浆清理干净,必要时用水进行冲洗,以保证浇筑后的混凝土与梁体整体一致性,有很好的黏结力。

2. 测量放样及钢筋网绑扎(图3)

由测量人员对桥面板顶面高程进行复测,与桥面铺装高程进行比较,在保证铺装层厚度的基础上微调高程。高程确定后,测量人员依据桥梁中线对每块钢筋焊网的安装位置进行弹线放样,指导焊网安装人员施工。

根据焊网放样墨线进行钢筋焊网铺设,焊网搭接采用平接法,在伸缩缝处设置板端加强筋,保证纵向钢筋在上 3 ~ 5cm 净保护层。两片焊网搭接接头位置应相互错开,横桥方向避免搭接通缝。钢筋网片表面不得有油迹及其他影响使用的缺陷。

图2 桥面板清理

图3 测量放样及钢筋网绑扎

3. 设备安装—摊铺机行走方式选择

采用激光—超声波桁架辊轴摊铺机施工,可采用两种方法进行轨道放置。

(1)护栏做好以后进行铺装的,以护栏作为支撑,上面铺上方钢或木板即可。在铺装施工前需做好成品保护,对桥梁防撞护栏内侧覆盖塑料薄膜,防止施工造成护栏的污染,如图 4 所示。

(2)护栏未做之前进行铺装的,在地面用做好的轨道支撑架可灵活移动,不再采用打钢筋支点的方式,便捷、节省做轨道人工,如图 5 所示。

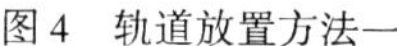
图4　轨道放置方法一

图5　轨道放置方法二

4. 高程控制方式选择

1)激光控制系统(图6)

钢筋网铺设后,在直线桥或平曲线桥面可选用激光控制系统。采用激光控制发射器设定高程,激光信号接收后,传输给液压控制系统,用液压装置自动调整高程,保证高程的精准度,去除了人为因素做轨道所产生的误差,保证混凝土铺装厚度符合设计规定。

图6　激光控制系统

操作流程:

(1)架设激光扫平仪(图7):将激光发射器架设在有利于的施工角度(如摊铺作业方向),使用一个发射器施工时,可预先在每个防撞墙上做好高程刻线,每次挪动发射器时均可以此线为调整基准(如果施工时风力过大导致仪器可能产生振动而影响施工精度,尽量缩短施工长度50~70m)。打开三脚架调整水平点到中间位置,安装激光扫平仪,发射器尽可能架设在无施工区域架设高度必须超过人的头顶,高度1.8~2.5m,纵向Y轴对准与施工路面平行的位置,打开激光扫平仪电源。

(2)安装手持接收器:打开手持接收器电源,把手持接收器安装到手持杆上,手持杆的底面对准给定的高程向上500mm位置,调整手持接收器到0点位置,调整时看准手持接收器的水平点,保证测量出的高程准确,测量好的手持接收器记录手持杆底面到手持接收器中心位置。

(3)测量高程坡度:激光扫平仪设定到设计的坡度,先用卷尺测量10m或50m长度,用手持接收器测量给定的高程是否存在误差,如有误差需进行调整。

(4)摊铺辊轴调整:整机框架上有一条高程向上500mm的高度线,用手持接收器标杆的底部对准高度线,打开电箱(图8)上的按钮(油泵开),油泵打开时保证按钮在(手动)位置,通过电箱上的(左升)(左降)按钮调整左侧油缸直至到0点位置,右侧调整同上,两侧依次调整2~3次直到两侧测量无误差,然后长按(定位)按钮3~5s直到激光接收器光标显示为一条直线,打开(自动)按钮,点动(左升)(左降)(右升)(右降)松开以后观察激光接收器是否回位到0点。

图7　架设激光扫平仪　　　　图8　电箱

(5)摊铺作业:机器运行中的前进后退通过电箱的按钮操作,左右分别有一套行走装置,摊铺混凝土时先打开(油泵开)按钮—(自动)—(摊铺正)—(前进)依次打开即可,当机器偏离轨道时可通过(左开)(左关)(右开)(右关)按钮调整机器的行进方向,采用设备的变频调速系统,根据混凝土的坍落度情况可适当调整行进速度,当机器运行时要及时观察激光接收器信号是否正常,如发现异常及时排除故障。

2)超声波控制系统(图9)

钢筋网铺设后,在竖曲线或砸道曲面桥上可选用超声波控制系统,在桥面护栏内侧上做感应控制线,通过控制器感应标程线的传输方式,直接传输给液压系统,来调整桁架辊轴的高低。

图9　超声波控制系统

操作流程:

(1)高程感应线安装:混凝土摊铺前在防撞护栏的预留孔上安装感应线支架,根据铺装层设计高程向上反算出一条高差30~50cm的平行控制线,确定高度后将支架固定牢固,随后将钢丝感应线拉紧安装在支架上。

(2)桁架辊轴高程调整:超声波感应器悬挂在摊铺机两侧感应线上方,在感应系统启动后,会通过发射超声波感应控制线高程,将数据实时传送至液压控制系统,自动对桁架辊轴的横坡及高程进行调整。

(3)摊铺作业:同上。

5.混凝土施工

(1)混凝土布料前,对T梁顶面混凝土进行喷水充分湿润,以便两层混凝土更好地结合。采用泵送混凝土均匀地撒布在桥面上,混凝土布料纵横向均由低侧到高侧、人工摊平均匀布料。考虑混凝土振捣后有一定的压缩量,布料时要比控制高度略高,然后开启桁架摊铺机进行匀速摊铺,如图10所示。

(2)混凝土摊铺整平初凝前,收面工作及其重要。本工法采用驾驶液压抹光机进行提浆收面(图11),操作轻便,反应灵敏。采用圆盘提浆,其工作重力使混凝土的密实度好,工作效率高。

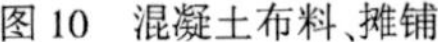

图 10　混凝土布料、摊铺

图 11　驾驶液压抹光机提浆收面

6. 桥面养生

混凝土抹面以后要及时养生，覆盖无纺布透水性能好的材料，定时洒水，养生期必须保证湿润。铺装混凝土成活后的桥面，严禁人员上其表面踩踏，造成桥面铺装表层出现脚窝，要切实做好成品保护。

四、激光—超声波双控桁架摊铺机的应用优势

(一)技术优势

传统的桥面铺装利用人工或半机械三辊轴施工，存在工期长、自动化程度低、压实效果差、振捣不密实、材料消耗大、效率低、提浆及整平效果差等缺点。而激光—超声波桁架分体辊轴摊铺机施工工法能准确设定坡度及高程，全面提升了混凝土铺装的平整度、解决了人工摊铺的不确定因素，自动化程度高，使混凝土的振捣、提浆、整平效果更佳，大大节省了人工，降低了施工成本，提高了工作效率。

(二)经济效益

以广吉高速公路 A6 项目为例，13 座桥梁累计 8130m(共 71 联)的 10cm 厚 C50 现浇混凝土桥面铺装，采用激光—超声波桁架分体辊轴摊铺机摊铺技术，取消了传统桥面铺装作业方式中的高程带施工，直接节省模板(10 槽钢)300m，每次施工节省 3 名模板工 3h 作业时间，节省 5 名混凝土作业人员 3h 作业时间，累计节省人工 213 工，缩短工期 39 天；每联桥面铺装现浇施工可节省 2 名振捣作业人员，并节省混凝土振捣作业时间 3. 5h，累计节省人工 62 工；初凝前采用 4 名人员进行人工收面抹光作业需要 3h，采用 2 人驾驶液压抹光机进行抹光作业仅需 2h 即可作业完毕，累计节省人工 71 工；按工人工资平均 200 元/(工・日)，

槽钢 4400 元/t 计算，直接节约经济成本 82400 元。

五、结语

综上所述，采用激光—超声波桁架辊轴摊铺机应用于桥面铺装施工代替人工作业，大大减少了人工成本，提高了工作效率。由于设备自动化程度较高，解决了大面积混凝土施工难题，达到了桥面平整度的高质量精准控制。作业过程中混凝土摊铺、振捣、整平一次成型，大幅加快了施工进度，有效缩短施工工期。从人工成本、施工周期、质量提升等多方面考量，该工法取得了良好的经济效益和社会效益。随着公路建设标准化不断提高，机械化、智能化设备使用范围不断扩展，激光—超声波桁架辊轴摊铺机的使用也会逐渐得到普及，特别是对于目前我国农民工老龄化、人力资源匮乏、人工成本不断增加的现状，通过新技术、新设备优化施工工艺，并达到提质降本减人工的效果具有积极而深远的意义。

参考文献

[1] 谢冬梅. 全自动桁架式辊轴摊铺机的原理及应用[J]. 路桥工程，2017，11(2).
[2] 张珑. 全自动桁架式辊轴摊铺机和驾驶磨光机在桥面铺装中的应用[J]. 江西公路科技，2014(1).
[3] 师依发，李佳楠，康海龙. 新型激光桁架摊铺机在桥面铺装整体应用[J]. 公路交通科技，2018(8).

桥梁 BIM 协同管理系统研发与应用

朱海涛　陈　国　魏林金

（江西省交通设计研究院有限责任公司　江西　南昌　330002）

摘　要　本文介绍了桥梁 BIM 协同管理系统的研发及应用思路。桥梁 BIM 协同管理系统对集成了桥梁项目各种信息的桥梁 BIM 模型进行全生命期的管理。桥梁 BIM 工程模型不只是三维桥梁模型加数据，桥梁 BIM 协同管理系统是一种新的理念及其相关的理论、方法、技术、平台、软件和系统的集成。

关键词　BIM；多维模型；管理系统

一、引言

BIM 是一种新理念、新技术，它改变了设计师的思维方式和维度，把人们对工程项目进行全方位全生命周期的优化和管理这一愿望变为了可实现的目标。BIM 技术的应用范围越来越广，已经从建筑行业逐步扩展到交通、水利等行业。项目的各参与单位有必要对基于 BIM 技术的桥梁工程 BIM 模型系统有一个全面的了解，才能在项目初期的工作中就充分考虑 BIM 技术在该项目全生命周期应用的需求和价值。

二、桥梁 BIM 工程模型

BIM 技术的核心是全生命期应用和信息共享。基于 BIM 技术的桥梁工程模型是以三维数字技术为基础，集成了工程项目全生命期各种相关信息的工程数据模型，是对工程项目设施实体与功能特性的数字化表达。

桥梁 BIM 协同系统不是狭义的模型或管理技术，而是一种新的理念及其相关的理论、方法、技术、平台、软件和系统的集成。桥梁 BIM 工程模型不只是三维模型加数据，因此在项目初期的设计建模工作中就应该充分考虑 BIM 技术在该项目全生命周期应用的需求和价值。

（一）桥梁 BIM 工程模型的特点

桥梁 BIM 工程模型特征：①基于三维几何模型；②以面向对象的方式表示建筑构件，具有可计算的图形及资料属性，可识别、可操控构件；③构件包括可描述其行为的数据，支持分析及其他流程；④数据一致且无冗余，如构件信息更改，会表现于构件及其视图中；⑤模型所有视图都是协调一致的。

桥梁 BIM 工程模型包含了空间、非空间信息关系。空间信息包括组件的空间位置、大小、形状及相互关系等；非空间信息包括结构类型、材料、荷载属性等。

桥梁 BIM 工程模型有以下特性：①完整性：包含工程对象 3D 几何信息及拓扑关系，包含完整的工程信息描述，包含之间的逻辑关系等；②关联性：对象是可识别且相互关联的，某个对象发生变化，与之关联的对象会随之更新；③一致性：不同阶段模型信息是一致的，同一信息无需重复输入，没有冗余；④动态性：模型能够演化，动态描述各阶段的过程。

（二）什么不是桥梁 BIM 工程模型

①模型只包含 3D 几何信息，没有或只有几个属性信息；②模型仅能用于图形可视化，无法支持信息整合和性能分析；③模型不支持动态操作；④模型由多个 2D 参照图档组成，无法确保模型是可行、一致、可靠的；⑤模型在单一视图的更改无法自动反映到其他视图中。

三、桥梁 BIM 协同管理系统简介

桥梁 BIM 协同管理系统不是单一的软件，而是多个软件、系统、平台的集成。通过该系统可以实现桥梁工程 BIM 模型在勘察、设计、建设、施工、运维等过程的运用。

（一）桥梁 BIM 协同管理系统的组成

桥梁 BIM 协同管理系统可由以下多个子系统组成：①统一的信息数据库、模型构件库；②参数化建模系统；③动态模拟系统；④算量系统；⑤固定端协同管理系统；⑥移动端管理系统；⑦施工管理系统；⑧运维管理系统等。

（二）桥梁 BIM 协同管理系统的作用

（1）实现建设项目全生命期信息共享，支持项目全生命期各阶段、多参与方、各专业间的信息共享、协同工作和精细管理。

（2）实现建设项目全生命期的可预测和可控制，支持环境、经济、耗能、安全等多方面的分析、模拟，实现项目生命期全方位的预测和控制。

（3）促进建设行业生产方式的改变，支持设计、施工与管理一体化，促进行业生产方式变革。

(4)推动工程行业工业化发展,BIM连接项目生命期各阶段的数据、过程和资源,支持行业产业链贯通,为工业化发展提供技术保障等。

(三)桥梁BIM协同管理系统与大数据

大数据是具有大容量、高增长、多态化特征的信息资产,可通过新型数据处理模式,提高决策力、洞察力与流程优化能力。4V:Volume(海量)、Velocity(高速)、Variety(多样)、Value(价值)。

数据流引领技术流、物质流、资金流、人才流,推动分工协作的组织模式,促进生产组织方式的集约和创新;推动生产要素的网络化共享、集约化整合、协作化开发和高效化利用;建立"用数据说话、用数据决策、用数据管理、用数据创新"的管理机制,实现基于数据的科学决策。

(四)桥梁BIM协同管理系统与GIS

研究BIM与GIS的数据转换和集成技术,将BIM与GIS有机结合,解决区域性、长线或大规模工程的BIM应用。将桥梁BIM模型图形数据通过BIM建模系统导入GIS平台。将模型属性数据从BIM数据库导入平台。

利用BIM+GIS技术实现精细、中观或宏观管理:①施工阶段:实现宏观、中观、微观相结合的多层次BIM施工管理;②运维阶段:实现基于GIS的大型公共建筑项目的区域物业、市政管网、基本设施的信息化管理,基于BIM的建筑物业、设备及设施的精细化管理。

四、桥梁BIM协同管理系统的应用

(一)设计阶段的应用

(1)三维协同设计,能够根据模型自动生成各种图形和文档,并始终与模型相关。各专业系统可从模型中获取所需的设计参数和信息。

(2)利用Revit等软件平台进行BIM建模。基于BIM的设计可视化展示。直观理解设计方案,检验设计的可施工性,提前发现问题。

(3)基于BIM的碰撞检测,进行结构构件及管线综合的碰撞检测和分析,减少设计变更。

(4)基于BIM的性能设计,日照、通风、能耗等分析;灾害模拟、河势分析、地震等模拟;人流疏散及交通模拟等。

(5)基于BIM的工程算量,将BIM模型导入算量软件,进行工程算量。

(6)基于 BIM 的数字化成果交付:BIM 模型、集成测算数据、模型对应的图纸、施工进度计划等。

(二)施工阶段的应用

(1)施工工艺模拟,对建造过程环节及工艺进行模拟。

(2)施工工序模拟,施工方案分析与模拟,建立多套施工进度方案,多方案模拟对比。

(3)基于 BIM 的施工综合碰撞检测分析;进行场地设施与结构以及设施之间的软硬碰撞分析,提前发现安全问题,优化场地布置。

(4)施工进度管理,进度计划用甘特图或网络图展现。区分不同施工工序和状态。当任意施工节点工期发生变化,自动调整后续的计划。展示哪些工作提前完成、按时完成或延误。

(5)场地管理,设施信息查询与分析。施工场地布置,包括红线、围墙、道路、临时房屋、材料堆放、场地、设备等。

(6)动态资源管理,计算工程计划和实际进度,任意节点、施工段在任意时间范围的工程量;计算指定时间段内相应的人力、材料、机械的计划和实际消耗量;提供计划和实际消耗的对比,预测指定日期的消耗量。

(7)协同作业,通过建设单位、监理单位、设计单位和施工单位等的多方参与,在统一信息共享平台、统一的 BIM 数据库系统和统一的流程框架下进行作业,实现高效协同。

(8)施工过程质量管理,将 BIM 模型与现场实际施工情况相对比,相关检查信息关联到构件,明确记录内容,用于统计与日后复查。隐蔽工程、分部分项工程和单位工程质量报验、审核与签认过程中的相关数据均为可结构化的 BIM 数据。

(三)运维阶段的应用

(1)综合应用传感器、物联网等技术,基于 BIM 进行运营阶段的能耗分析和节能控制。

(2)将 BIM 与维护管理系统紧密结合,实现交通设施管理与设备实时监控相集成的智能化和可视化管理。

(3)结合运营阶段的环境影响、结构损伤、材料劣化以及灾害破坏,进行结构安全性、耐久性分析与预测。

(4)利用桥梁 BIM 模型及相应的灾害分析模拟软件,进行灾害应急模拟与应急预案优化,从而有效提高突发状况应对措施,减少人员和财产损失。

(5)将桥梁 BIM 全生命周期中产生的资料进行分类管理,实线图纸与构件关联,有效提高工作效率和管理水平。

五、结语

BIM 技术是一项新兴技术,其发展将由软件工程师、项目设计师、管理人员在加强沟通的基础上共同完成。BIM 技术需要在整个桥梁项目全生命周期的各阶段、各环节应用,BIM 团队建立动态、完备、关联、一致的 BIM 桥梁工程 BIM 模型,并以之为核心建立和应用桥梁 BIM 协同管理系统。通过该系统对 BIM 的应用水平得到很大提升。使之更加高效地适用于实际工作,并推动交通行业 BIM 技术的发展。

参考文献

[1] 刘占省. BIM 技术建筑设计、项目施工及管理中的应用[D]. 建筑技术开发,2013.

[2] 高兴华,张宏伟,杨鹏飞,等. 基于 BIM 的协同化设计研究[J]. 中国勘察设计. 2015(01):77-82.

中小跨径钢—混组合箱梁应用浅析

陶鹏鹏

（江西省高速公路投资集团有限责任公司广吉高速项目办　江西　吉安　343700）

摘　要　本文通过实际案例介绍了中小跨径钢—混组合箱梁的设计、施工流程及施工控制要点。广吉高速公路钢—混组合梁作为江西省高速公路首座中小跨径钢—混组合梁，可为江西省高速公路中小跨径桥梁建设提供参考。

关键词　钢—混组合梁；高速公路；中小跨径

一、引言

钢结构桥在国外应用比例较高，在我国公路桥梁中比例不足1%[1]，其中钢—混组合梁作为钢结构桥一种，所占比例更低，而有研究指出钢—混组合梁具有较好的应用推广前景[2]，这与实际应用情况有一定差异。钢—混组合梁未能大范围推广主要有两方面原因：一是由于我国之前受社会经济发展水平和钢材产能制约，钢材使用受到一定程度限制；二是其结构自重较纯钢桥大，限制了其在特大跨径桥梁的应用，而对于中小跨径桥梁因传统观念束缚导致上部结构梁体选用时偏向于混凝土梁，一定程度上阻碍了钢—混组合结构梁的应用与发展。钢—混组合梁主要具有以下特点[3,4]：

（1）全寿命周期内，回收利用率高，利于节约建筑材料，减少资源消耗，降低环境污染，充分体现了绿色公路的设计理念。

（2）对化解当前钢产能过剩有较大益处，可为国家去产能政策的实施以及国家十三五发展规划的实现做出贡献。

（3）混凝土和钢两种材料以剪力连接件连接共同作用，有利于发挥各自的特长，形成较为高效的组合结构。

（4）采用工厂制造为主，机械化程度高、环境影响少，易于实现工厂化、标准化，质量更易控制，并利于促进工程构件生产工厂化与现场施工装配化的结合。

（5）槽形钢梁和预制桥面板都可以与下部结构施工独立建造，对工期安排更为有利。

（6）减少施工对道路的通行影响。

因此本文通过实际案例介绍钢—混组合梁设计概况及施工方案，以期为高速公路中小跨径桥梁建设提供参考。

二、总体概况

（一）工程概况

广昌至吉安高速公路是交通运输部规划的沈海国家高速公路第七条联络线福建莆田至湖南炎陵（G1517）中的一段，也是《江西省高速网公路规划（2013—2030年）》“四纵、六横、八射”中第三横的中段，并被交通运输部列为第一批“绿色公路建设典型示范工程”。

广吉高速公路宁都北枢纽跨线桥上跨昌宁高速公路，由一座主跨桥和P、Q匝道桥组成（三座桥平行设置），跨径布置均为20+30+30+20（m），2号墩位于昌宁高速公路中央分隔带内。该槽形钢—混组合梁为江西高速公路首座钢—混组合梁，每幅桥梁采用4跨连续等高度钢—混组合梁，单幅为双箱单室槽形钢梁—混凝土板组合截面（图1），组合梁宽12.235m，梁高1.55m（其中钢梁高1.20m，桥面板厚0.25m，承托0.1m）。单幅桥设2片直腹板槽形钢梁，间距6.4m，梁间设箱间横梁。桥面板分两部分，跨中部分预制，墩顶和桥头部分的桥面板现浇施工。其中槽形钢梁共32片，单片梁最大重量为45t；预制桥面板共64块，单块预制桥面板的最大重量为42.6t。组合梁通过设置剪力钉连接槽形钢梁和混凝土板。

（二）细部设计

为有利于施工以及保证产品质量，细部设计重点考虑了以下几方面：

（1）横隔板预留预应力穿束张拉空间，以免影响施工。

（2）墩顶桥面板预应力张拉宜为单端张拉，以减少在钢箱内张拉操作，加快施工进度。

（3）齿板封锚结构尺寸同预制桥面板一致。

（4）桥台处支座设计为拉压球形支座，以提高组合梁桥桥台支座的压力储备。

（5）钢梁竖向肋板的两端宜采用直接焊接连接方式与其他构件相连，以简化工艺并提高结构连接性能。

（6）焊高宜小于板厚，以满足受力要求且可减少板材焊接变形，利于保证焊缝质量。

（7）预制板对应的剪力钉间距、大小直径适当放大，相应的预制板及湿接缝处的钢筋布置调整，以改善预制板安装时同钢梁的位置冲突。

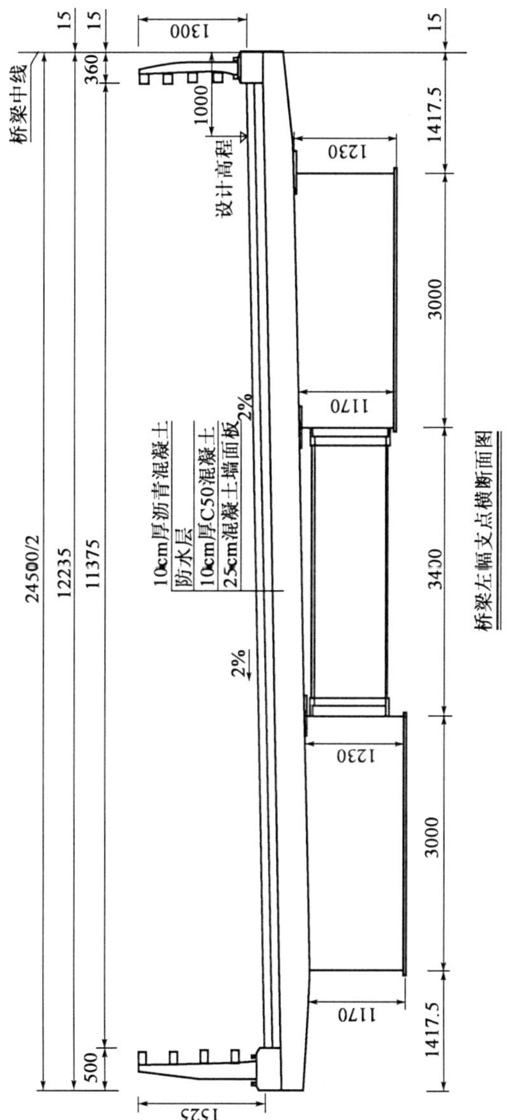

图1　钢—混叠合箱梁半幅横断面图（尺寸单位：mm）

(8)钢梁纵向墩顶对焊处留有足够作业空间,以保证对接焊缝质量。

三、施工方案

(一)施工流程

(1)工厂加工钢梁及现场预制桥面板。
(2)吊装各片钢梁,现场拼接两片槽型钢梁箱间横梁。
(3)现场焊接各孔钢梁形成连续体系。
(4)浇筑槽型钢梁内补偿收缩混凝土。
(5)吊装预制桥面板。
(6)浇筑剪力钉预留槽内混凝土。
(7)现浇墩(台)顶桥面板。
(8)张拉墩顶纵向钢束 N3,灌浆封锚,现浇桥面板间接缝(N2 束处暂不浇)。
(9)张拉纵向钢束 N2,灌浆封锚,现浇 N2 钢束锚固处接缝,张拉通长束 N1,灌浆封锚。
(10)拆除临时支座,完成体系转换。

(二)施工控制要点

1.钢箱梁加工制作

1)为减少现场施工措施以及减少现场焊缝数量,结合实际运输情况,要求出场时钢梁以 30m 和 20m 为一个整节段发运至现场。
2)单元件组拼前,必须彻底清除待焊区域的铁锈、氧化铁皮、油污、水分、车间底漆等有害物,使其表面显露出金属光泽。
3)总拼制造
(1)胎架基础必须有足够的承载力,确保在使用过程中不发生沉降。胎架要有足够的刚度,避免在使用过程中变形。
(2)胎架上及其外部应设置基线、基点,以便检测,控制精度。
(3)每批次梁段下胎后,应重新对胎架进行检测,做好检测记录。
4)焊接施工
(1)严格控制焊接变形,焊接前设置反变形,以减少焊接变形量。
(2)焊后应调校,打磨焊缝。
(3)剪力钉焊接采用直流正接套瓷环焊接,焊接过程中瓷环不得破裂,应保持完整。焊钉根部焊脚应均匀,焊脚立面的局部未熔合或不足360°的焊脚应进行修补。

5)涂装

(1)钢材进场应辊平、除锈清杂后,喷涂车间底漆预处理。

(2)外表面涂装前,须二次冲砂去除车间底漆;内表面涂装前,须去除松动的车间底漆。

(3)涂装施工时,表面不应有雨水和结露,相对湿度不应高于80%。在风沙天、雨天和雾天不应进行涂装施工。

(4)钢梁在出场前应完成全部底漆(中间漆)和至少一道面漆的涂装。

(5)漆涂层间最长涂装间隔时间不宜超过7d,否则应先采用细砂纸将涂层表面打磨成细微毛面再进行涂装。

(6)对局部损伤的涂层,应按规范进行表面处理,并按原设计涂层补涂各层涂料。

(7)每涂完一道涂层应检查干膜厚度,出厂前应检查总厚度,并进行附着力试验。

2. 预制桥面板施工

1)模板设计及安装

(1)底模系统由底模板及钢支墩两部分组成。钢支墩为底模板的支撑结构,其固定于混凝土台座上。

(2)桥面板底模、侧模均采用大块钢模,底模板厚16mm,侧模板厚10mm。

(3)模板要求接缝平顺,板面平整,转角光滑,并定期校正。

(4)模板安装后,对其尺寸、位置、平整度、拼缝等进行检查。其中底模安装平整度不应大于2mm,长宽尺寸应为±3mm;侧模安装对角线长度应为±3mm,钢筋预留槽位置应为±3mm。

(5)应在底模上严格标出剪力槽及该处焊钉位置。

2)钢筋制安

(1)利用定位筋控制钢筋端头线形。钢筋间距偏差不得大于±5mm。

(2)预应力管道位置应定位准确,施工过程中注意对预应力管道保护。

(3)防撞护栏钢筋预埋件在浇筑混凝土前预先埋入,预埋偏差应为±5mm。

3)混凝土施工

(1)采用止浆带进行止浆处理。

(2)混凝土应进行二次收浆。

(3)剪力钉预留槽形钢模应在初凝时拆除;侧模不应过早拆除,且应注意对桥面板成品保护，表面、棱角不受损。

(4)桥面板四周侧面及剪力槽内侧必须采用风动机或高压水枪凿毛处理，凿毛应保证露出粗骨料，凿毛深度不宜小于5mm。

(5)采用土工布覆盖保湿养生。

4)桥面板移位、存放

(1)待桥面板混凝土强度达到85%后才能将桥面板调离预制台。

(2)存放的基座应控制好高程，保证表面平整。

(3)预制板存放临时支点设置在钢梁腹板对应位置。

(4)移位存放时，应轻吊轻放，速度均匀平稳，避免对预制桥面板混凝土及湿接缝钢筋的碰损。

(5)桥面板存放期间，须对外露的钢筋采取刷水泥浆保护措施，确保钢筋不会受腐蚀、损伤。预应力管道需采取方便拆除的封堵措施，确保管道的干燥、干净。

(6)桥面板存放不得少于6个月，以减小混凝土收缩徐变影响。

3. 组合施工

1)钢梁运输及安装

(1)运输及吊装

①运输过程中，应做好防护，保护焊钉，避免焊钉受损；

②钢梁在运输过程中，应在箱内设置剪力撑，防止腹板变形；

③运输过程中损坏的涂层，应在吊装前补涂到位；

④吊装过程中，应轻吊轻放，速度均匀平稳，保证支垫平稳；

⑤吊装作业中遇特殊情况，应将钢梁落至地面，不得悬空；

⑥钢梁起吊接近就位点时，应及时调整对中后方可下落；

⑦钢梁架设时，应严格控制其平面精度和高程，保证就位准确。

(2)钢梁连接

①槽形梁的工地焊缝及损伤部位应做好除锈处理；

②检查对接梁段接头焊接情况，要求相邻接头坡口角度、间隙尺寸及焊接高差符合要求；要求沿焊缝两侧50mm范围内除锈表面清理到位；

③焊缝检测合格后，表面清理到位再进行钢梁补涂装处理。

2)箱内混凝土浇筑

(1)浇筑前，现场各孔钢梁应成连续，焊缝质量检验应合格。

(2)浇筑前，安全措施必须到位，尤其是桥下跨高速公路的安全措施。

(3)箱内应清理干净，待检验合格后方可进行浇筑。

(4)浇筑时,宜从低处往高处一次性浇筑混凝土,并严格控制混凝土落差。

(5)混凝土浇筑过程中应充分振捣密实,不可漏振或过振。

(6)土工布覆盖保湿养护。

3)预制桥面板安装

(1)预制桥面板吊装采用200t吊车装车,500t吊车安装。

(2)由测量人员放出每片桥面板位置,并用墨线弹好梁边线,确保安装准确。

(3)安装前,应清除钢梁上翼缘和连接件上的锈蚀、污垢,保持表面清洁。

(4)安装前必须仔细核对,对号入座,防止误差。安装的桥面板必须对外露的钢筋水泥等杂物清除。安装前应检查每块预制板是否异常,以便及时妥善处理。

(5)在钢梁上翼缘板两侧边缘顺桥向粘贴可压缩的防腐橡胶条,两侧橡胶条之间浇筑环氧砂浆。

(6)每块桥面板设置8个吊点,保证吊梁平衡,受力均匀。

(7)桥面板吊装就位过程须准确、轻缓,不得损坏剪力钉,更不允许因对位不准确而随意切割钢筋或剪力钉。

(8)桥面板安装允许偏差应为±5mm,相邻两板错开量应小于3mm。

4)槽口混凝土施工

(1)剪力钉预留槽混凝土浇筑前,应对变形的连接钢筋予以校正和调直,对损伤的连接件予以修补。

(2)浇筑前,应清除垃圾和杂物,并仔细检查橡胶条有无破损,避免出现漏浆。

(3)采用30振捣棒振捣密实,及时采用土工布覆盖保湿养生。

5)现浇桥面板施工

(1)在桥台及昌宁高速公路中央分隔带2号墩的钢箱室外采用吊模法施工,其余墩台顶采用满堂支架法施工。

(2)吊模施工纵向布置45B工字钢,间距为1m,每根长12m。拉杆沿桥纵向每40cm布置一道。

(3)钢箱室内采用满堂支架法浇筑,支架纵横向间距为60cm×60cm,竖向步距60cm。

(4)底模模板单块平整度及其他质量要求均满足规范要求,安装时的高程应考虑模板承重后引起的弹性变形量。

(5)浇筑前,应清除钢梁上翼缘和连接件上的锈蚀、污垢,保持表面清洁。

(6)预埋件、泄水孔、预应力管道等位置、高程应定位精准,并必须有专人复核。伸缩端的预埋钢筋根据设计规定的伸缩缝型号预埋相应的钢筋，埋设时注意控制好缝宽及间距。

(7)若桥面板钢筋与剪力钉相碰时，桥面板钢筋可适当挪动，但应保证根数不变；所有横向钢筋施工时均采用整根下料，不允许采用短钢筋进行连接。

(8)钢筋现场焊接时，应与模板之间用防火板作局部隔离，防止高温烧伤模板及波纹管。

(9)在振捣混凝土过程中，注意振捣棒不能触碰钢筋与模板，浇筑时确保混凝土振捣密实，并加强检查模板支撑的稳定性和接缝的密合情况。

(10)二次收浆到位，保证无浮浆，表面平整。

(11)拆除过程中应避免损伤钢梁及表面防腐涂料。

(12)及时用土工布覆盖养生。

6)现浇缝施工

(1)浇筑前，应对变形的连接钢筋予以校正和调直，对损伤的连接件予以修补。

(2)湿接缝混凝土浇筑前，应清除垃圾和杂物。

(3)湿接缝模板与预制梁翼缘密贴不漏浆。

(4)浇筑混凝土时，振动棒振捣要均匀密实，要防止漏振、过振。

(5)及时用土工布覆盖保湿养生。

(6)拆模应注意避免碰撞混凝土表面，防止发生掉块、掉角或擦伤混凝土表面现象。

7)预应力施工

(1)预应力张拉时机和顺序应符合规范、设计要求，其中张拉顺序为N3→N2→N1。

(2)应精准控制预应力管道位置，保证衔接顺直，相邻孔道对位高差应为±2mm。

(3)应对孔道用清水进行冲洗，清除孔道内杂物和积水。

(4)钢绞线下料后应编号，确保不交叉扭曲。

(5)检查张拉设备、工具是否符合施工及安全的要求，压力表按规定周期进行检定。

(6)锚具使用前经检验合格后方可使用。

(7)张拉应有完整的原始张拉记录，且应在监理工程师在场的情况下进行。

8)压浆

(1)孔道压浆设备采用智能压浆设备。

(2)压浆后应检查孔道压浆的密实情况,如有不实,应及时进行补压浆处理,以保证孔道密实。

四、结语

(1)广吉高速公路钢—混组合梁的设计充分体现了绿色公路设计理念,紧跟住了新时代发展方向,且细节设计充分考虑了施工实际,与现场施工结合更加紧密,更接地气。

(2)本文所介绍的广吉高速公路钢—混组合梁的施工流程、各工序施工控制要点,为今后同类施工提供了参考依据。

(3)今后根据其他项目实际需要可进一步探索其他形式的钢—混组合梁,从而为高速公路的钢—混组合梁设计、施工提供一系列成熟经验。

参考文献

[1] 中华人民共和国交通运输部.关于推进钢结构桥梁建设的指导意见[C].北京:中华人民共和国交通运输部,2016.

[2] 聂建国,陶幕轩,等.钢—混凝土组合结构桥梁研究新进展[J].土木工程学报,2012,45(6):110-122.

[3] 白先梅,李治学.钢—混凝土组合梁桥的发展概况与运用[J].交通科技与经济,2012,14(04):67-69.

[4] 高光彬,华正阳.钢—混组合结构桥梁的技术特点与应用[J].公路,2017,62(01):112-115.

泡沫混凝土在加宽桥台背回填中的应用及施工工艺

曹宇鹏[1] 高建平[2]

(1. 江西省高速公路投资集团有限责任公司 江西 南昌 330002;
2. 江西省九江市公路局湖口分局 江西 九江 332000)

摘 要 桥头跳车一直是高速公路施工难以根治的质量通病,尤其是在加宽桥的台背回填,由于施工条件限制,难以控制回填质量,本文着重于泡沫混凝土台背回填施工工艺和常见问题的处置方案研究,总结出了各施工环节质量控制参数,为该类型施工提供参考。

关键词 泡沫混凝土;台背回填

一、引言

泡沫混凝土是采用发泡剂发泡,将气体引入混凝土浆体中,经养护后制成轻质混凝土,是一种利废、环保、节能、低廉且具有不燃性的新型建筑节能材料[1],与普通混凝土不同的是泡沫混凝土中加入的是泡沫,而普通混凝土加入的是骨料,其内部有大量封闭、细小、均匀的微小空洞[2]。桥头跳车是高速公路质量通病之一,在高速公路施工中,该问题一直未得到有效根治[3],尤其是在加宽桥的施工中,新老桥台背搭接处回填时,施工机械往往难以有足够工作面进行压实。本文以泡沫混凝土作为加宽桥台背回填材料,利用泡沫混凝土流动性强、可塑性好和施工周期短的优点,解决了加宽桥台背回填难以压实、回填到位的问题,有效地预防了桥头跳车质量通病。本文通过采用泡沫混凝土作为高速公路加宽桥台背回填,总结出了其施工工艺和质量控制方法,同时对常见问题提出处置方案。

二、工程概况

江西省广吉高速公路泰和北枢纽樟山1中桥为广吉高速公路与泉南高速公路加宽匝道桥,桥垮布置为3×16m先简支后连续空心板桥,桥台为肋板式桥台,桥台台背填土高度为9.6m。该加宽桥在施工过程中,泉南高速公路正常通行,桥台肋板施工完成后进行台背回填施工时,工作面狭小,土方施工设备无正常作业空间。尤其是新老高速公路路基搭接处,其回填质量难以控制。采用泡沫混凝土作为台背回填材料，充分利用泡沫混凝土流动性强、可塑性好、有一定强度的特点，台背回填处理如图1所示。

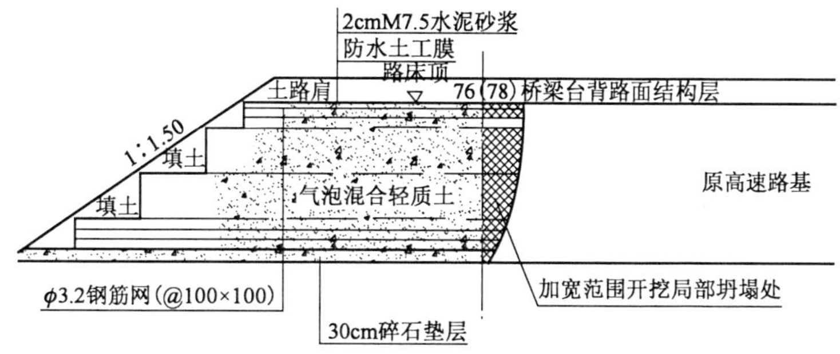

图1　台背回填处理示意图

Φ3.2钢筋网上下分两层布置，分层之间间隔30cm，底层距泡沫混凝土底30cm，顶层距路床顶20cm，铺设长宽距泡沫混凝土边缘10cm，钢筋网不需锚固在泡沫混凝土内，但需铺设安装牢靠，当需接长时，路线纵断面方向搭接30cm。泡沫混凝土填筑体与桥台结构间应设置缓冲层，缓冲层采用30mm厚聚苯乙烯板。

三、泡沫混凝土配合比设计

水泥采用普通硅酸盐水泥P. O42.5；发泡剂应满足稀释倍率大于30倍、标准泡沫密度40~60kg/m^3、消泡率应小于10%的要求。泡沫混凝土设备现场制作的泡沫混凝土为黏稠的流体，其中含有大量的空气和吸附水，湿密度及抗压强度满足表1要求[4]。

泡沫混凝土强度、湿密度及流值技术要求　　表1

位置(m)	施工湿密度 R_{fw}(kg/m^3)	强度等级	7d抗压强度(MPa)	28d抗压强度(MPa)
表层≤0.8	600≤R_{fw}≤650	CF1.2	≥0.6	≥1.2
表层≥0.8	550≤R_{fw}≤600	CF0.8	≥0.6	≥0.8

根据表1要求，配比设计见表2。

泡沫混凝土配合比设计　　表2

距离顶面距离(m)	轻质泡沫混凝土单方材料组分			轻质泡沫(kg/m^3)	水泥浆单方材料组分		水泥浆湿密度(kg/m^3)	水灰比
	水泥(kg/m^3)	水(kg/m^3)	气泡率(%)		水泥(kg/m^3)	水(kg/m^3)		
0~0.8	417	223	66.6	650	1028	668	1696	0.65
>0.8	385	183	72.9	600	1028	668	1696	0.65

四、施工工艺

1.现浇泡沫混凝土施工工艺流程(图2)

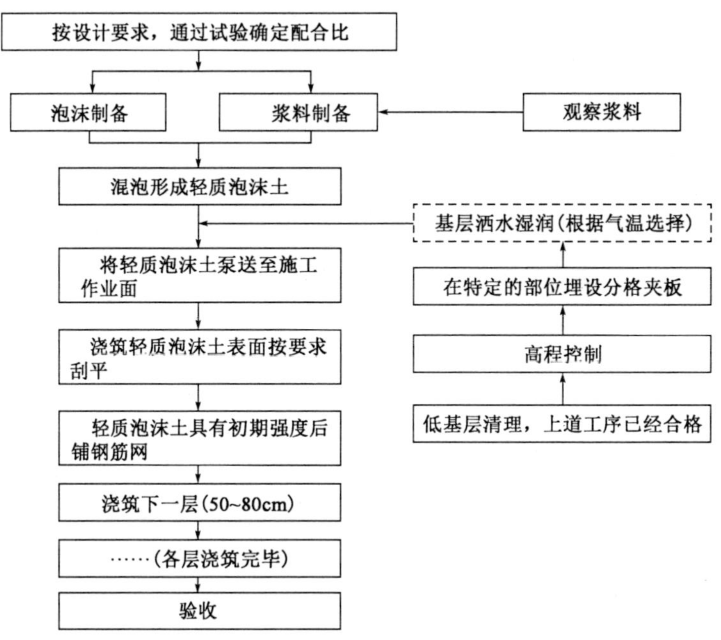

图2 泡沫混凝土施工工艺流程

2.泡沫混凝土应按水平分层浇筑施工,浇筑区及浇筑层的划分应考虑满足如下要求

(1)浇筑区之间采用1~2cm厚的木夹板作为模板进行分割,泡沫混凝土浇筑后木夹板不再取出,分割缝兼作变形缝。单层立模高度1.2~1.5m,当浇筑高度距模板顶部≤30cm时,支护下一层分割模板。为节约工程成本,可采用回收建筑木模板作为分割夹板材料。

(2)泡沫混凝土单层浇筑厚度0.5~0.8m为准,在金属网铺设面必须为浇筑层的分界面。

(3)单个浇筑区内单个浇筑层,从开始浇筑到结束3h内浇筑完毕,且单个浇筑层浇筑方量不超过200m³为控制标准。

3.沉降缝设置应满足如下要求

当填筑体长度超过15m时,应在突变位置增设沉降缝,缝宽不宜小于

10mm,沉降缝填缝材料宜采用20~30mm厚的聚苯乙烯板或10~20mm厚的夹板;当填筑高度小于5m时,应分别在填筑体底部、顶部0.5m以内位置设置一层钢筋网。当填筑高度为5~12m时,应分别在填筑体底部、顶部1m以内位置设置二层钢筋网;当填筑高度大于12m时,还应每隔5m二层钢筋网。相邻两层钢丝网间距宜为30~50cm,搭接部位应错开50cm以上。相邻两块钢筋网的搭接宽度不宜小于20cm,宜采用扎丝绑扎。当填筑体位于计算水位以下部位时,其接触面宜采取防水措施。

4.泡沫混凝土浇筑施工控制要点

(1)泡沫土浇筑施工前,应对浇筑区基底进行检查,确保基底无杂物,无积水。

(2)同一区段上下相邻浇筑层,浇筑间隔时间应以下层浇筑层已经硬化为控制标准,不宜少于6h。

(3)每一浇筑层应在水泥浆初凝时间内浇筑完毕,浇筑时间不宜超过3h;水泥浆自制备完成到开始制备泡沫土的间隔时间最大不应超过3h。

(4)应沿浇筑区长轴方向自一端向另一端浇筑;如采用多条浇筑管浇筑时,则可并排地从一端开始浇筑,或采用对角的浇筑方式。

(5)浇筑过程中,当需要移动浇筑管时,应沿浇筑管放置的方向前后移动,而不宜左右移动浇筑管;如确实需要左右移动浇筑管,则应将浇筑管尽可能提出当前已浇筑泡沫土表面 后再移动。

(6)浇筑过程中,浇筑管出料口离当前浇筑面的高差最大不应超过50cm,应尽量减少在浇筑层中的扰动。

(7)当前浇筑层浇筑接近结束时,应在浇筑层内按规定频率进行湿密度取样检测,当某一测点检测不合格,应找出测点周围界限,进行局部处理。

五、常见问题及质量控制

(1)泡沫混凝土浆体成型时容易产生泌水、离析、分层、冒泡甚至塌模。可加入高分子添加剂,通过改变稠度、流动度和保水性来解决上述出现的问题。

(2)强度偏低。泡沫混凝土的强度随着引入泡沫而产生的孔隙率的增加而降低,引入泡沫越多,孔隙率越大,容重越小,但是强度下降幅度就越大。要使其强度与其特殊性能之间平衡,也就是说要在降低容重的前提下,最小限度地降低泡沫混凝土的强度。提高泡沫混凝土的强度可以考虑以下几个技术途径:①选择适宜的配合比;②掺合料采用适宜的颗粒级配;③采用不同的掺合料复合使用;④控制适宜的水灰比;⑤采用优质高效发泡剂;⑥采用外加剂改性;⑦加强泡沫混凝土的早期养护,优化养护制度、加强早期保水;⑧减小泡沫混凝土的收缩、掺加适量的膨胀水泥、憎水剂,防止开裂和吸水。

(3)出现软弱透镜体。浇筑施工时,泡沫混凝土浆料湿密度控制不稳定导致的质量不均匀现象。在施工中采用自动化程度较高的泡沫混凝土专用生产设备,并在浇筑过程检查浆料湿密度,避免浆料湿密度不均匀的现象发生。

(4)泡沫混凝土现浇中发泡方式为压缩气体发泡。发泡剂质量的好坏直接影响到泡沫混凝土的质量,能产生泡沫的物质有很多,但并非所有能产生泡沫的物质都能用于泡沫混凝土的生产。只有发泡倍数够大、在泡沫和料浆混合时薄膜不致破坏具有足够的稳定性、对胶凝材料的凝结和硬化不起有害影响的发泡剂,才适合用来生产泡沫混凝土。

六、结语

泡沫混凝土有流动性强、可塑性好、有一定强度的特点。高速公路加宽桥台背回填施工,由于施工条件限制,其回填质量难以控制,通过采用泡沫混凝土对高速公路加宽桥进行台背回填的施工。总结了泡沫混凝土台背回填施工工艺及质量控制参数,同时针对常见问题给予处置方案,为同类施工提供参考。

参考文献

[1] 闫振甲,何艳君. 泡沫混凝土实用生产技术[M]. 化学工业出版社,2006.

[2] 潘帅. 加砂泡沫混凝土本构关系的研究[D]. 吉林建筑大学,2016.

[3] 程宇,卢伟. 泡沫混凝土在路桥过渡段的应用及监理质量控制要点[J]. 城市建筑,2012(22):68-68.

[4] 蒋晓曙,李莽. 泡沫混凝土的制备工艺及研究进展[J]. 混凝土,2012(1):142-144.

深水浅覆盖层钢栈桥加固设计及验算

曹宇鹏[1]　梁　华[1]　魏金晶[2]　李　刚[1]

(1. 江西省高速公路投资集团有限公司　江西　南昌　330008；
2. 江西省交通工程集团有限公司　江西　南昌　330008)

摘　要　涉水钢栈桥作为大型桥梁的施工重要通道，其在服役期的安全性至关重要。在大流量河域，随着汛期、枯水期的变化，河床地质不断被扰动，造成钢栈桥基础嵌入深度不满足要求，为保证钢栈桥在荷载耦合下的稳定性和安全性，对其进行加固设计是非常必要的。本文以江西某跨越赣江钢栈桥为例，在其出现基础嵌入强风化岩层深度不足的病害后，采取抛填袋装沙砾土和增设抗滑加固锚桩的方法进行加固。通过该加固方法对钢栈桥的强度和稳定性验算，验算结果表明，钢栈桥的强度和稳定性满足规范要求，并通过长期对钢栈桥位移的观测表明，该加固方法取得良好效果。

关键词　钢栈桥；加固；强度验算；稳定性验算

一、引言

钢栈桥在涉水桥梁施工应用广泛，是施工资源运输的重要通道，其优点是将水上作业转化为陆上作业，极大地方便了施工，提高了施工效率[1]。在涉水桥梁施工中，钢栈桥的安全性显得尤为重要，在国内外桥梁施工中，钢栈桥垮塌的案例屡见不鲜，造成经济损失不可估量。钢栈桥通常服务于一些结构较复杂桥型的施工，且施工周期长，常为两年甚至更久，而作为临时工程，其服役期的安全性往往不被重视。在服役期的钢栈桥往往要经历汛期、枯水期等循环。尤其是在流量较大河域，河床地质情况复杂且不断变化，主要体现在人为的河道开采砂石、河水冲刷、水位变化等原因，造成河床地形和地质构造被扰动，并造成钢管桩嵌入深度不够，导致钢栈桥基础不稳。在水流冲击作用、施工荷载及车辆荷载等作用耦合下，极易导致钢栈桥结构失稳[2]。通常河床表面沙砾、粉质黏土等覆盖层被冲刷时，往往难以及时发现，即使通过常规检测手段进行检测，例如某一根钢管桩基础被掏空也很难被发现。通常钢栈桥的监测主要以经常性的沉降、位移监控为主，这并不能完全反映钢栈桥服役状态是否良好。同时，在钢栈桥出现病害后，采取经济、可靠的加固方式是非常必要的。本文以江西某跨越赣江的河床浅覆盖层的钢栈桥为例，经水下人工检测得知河床覆盖层被掏空，钢管桩嵌入深度不满足要求,并对该钢栈桥进行加固设计。通过进行设计验算和后期对钢栈桥位移观测表明,该加固方法取得了显著效果。

二、工程概况

广吉高速公路泰和北赣江特大桥跨越赣江,全长1075m,主桥为63m + 110m + 110m + 63m预应力混凝土变截面连续箱梁,引桥采用40m先简支后连续预应力混凝土T梁。桥址位于某航电枢纽库区,长年水深9 ~ 12m。栈桥主梁采用普通321型贝雷梁,面板采用10mm花纹钢板,分配梁为工12.6,下横梁为工40a。由于通航需要,钢栈桥分为东西两侧,其西侧钢栈桥总长210m,位于主河道位置,其跨径布置为15m + 3 × (4 × 15) m + 15m,采用双排钢管桩布置,每排设置3根ϕ630 × 10mm钢管桩。钢栈桥设计情况如图1、图2所示。

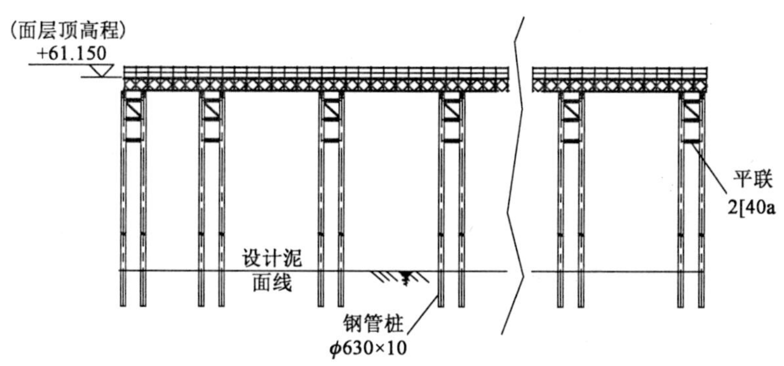

图1 钢栈桥立面示意图

钢栈桥桥址处原地质情况为:①粉质黏土、沙砾层;②强风化泥质粉砂岩;③中风化粉质泥沙岩。钢栈桥施工完成后,经历了一个汛期,其过程中库区多次泄洪,泄洪时水流速急剧加大,反复冲刷河床,导致河床表面粉质黏土、沙砾覆盖层已近乎消失,甚至局部强风化层也被冲刷严重。为保证钢栈桥的结构安全,采取水下人工检测的方法检测各钢管桩的实际嵌入深度。根据钢栈桥设计文件要求,钢管桩嵌入强风化泥质粉砂岩不小于0.75m,再根据特大桥设计地质文件,可得出钢管桩设计须嵌入河床的最小深度。各管桩实测嵌入深度检查结果如图3所示,钢管桩编号为纵横向编号。

从钢管桩水下人工检测结果对比图反映出,原河床覆盖层(粉质黏土、沙砾层)部分已消失,甚至部分钢管桩嵌入强风化岩层深度不满足设计要求,钢栈桥存在较大安全隐患,须对其进行加固,提高服役期的安全性。

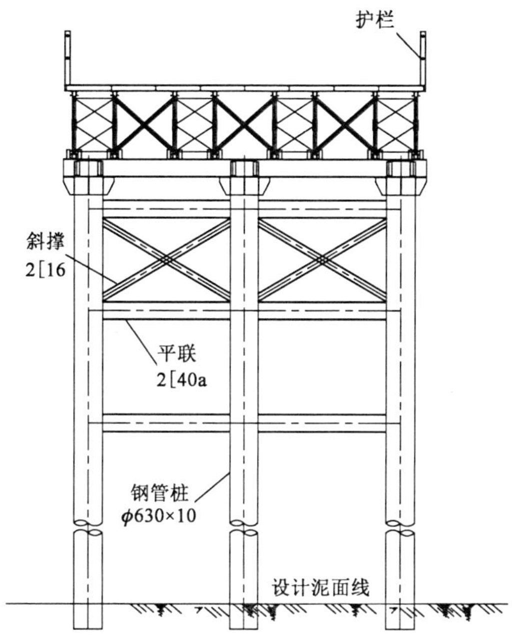

图2　钢栈桥断面示意图

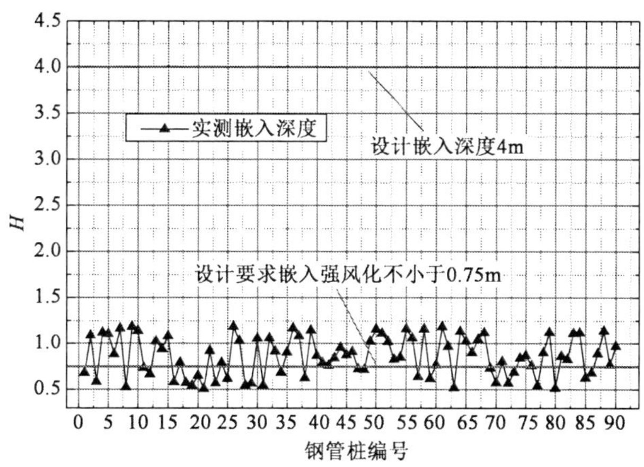

图3　钢管桩检测结果对比图

三、钢栈桥加固设计

根据钢管桩的检测结果，钢栈桥在使用过程中，其安全性无法保障。根据现场情况，需要围绕以下几个方面来对钢栈桥进行针对性加固[3]。

(1)目前钢管桩嵌入河床约1m,根据文献[4]中的4.2.4-4式,钢管桩轴向抗压承载力降低,不能满足钢栈桥设计和正常使用承载要求,且随着河床不断冲刷,钢管桩存在被完全掏空的风险。

(2)后期库区再次泄洪时,水流速急剧增大,钢管桩抵抗水流冲击力,即存在钢管桩侧向抗推稳定性问题。

(3)在水流冲击力、施工荷载、车辆动载的耦合下,存在钢栈桥整体稳定性问题。

此外,钢栈桥加固设计需综合考虑工程地质水文情况以及经济性、施工工期、场地条件等各个方面的因素[5]。

根据钢栈桥设计文件,钢栈桥需嵌入河床不小于4m,因此在加固设计中考虑采用抛填袋装沙砾土的方法,如图4所示,保证钢管桩嵌入不小于设计要求深度。

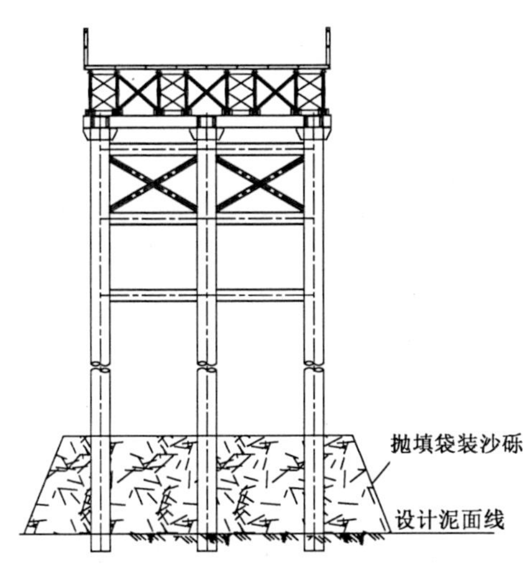

图4　抛填袋装沙砾加固

另外,钢管桩被冲刷后,需增强钢栈桥的整体稳定性。采取每联钢管桩上游侧增加2根抗滑加固桩,加固桩布置如图5~图7所示。其中,嵌岩加固桩与钢

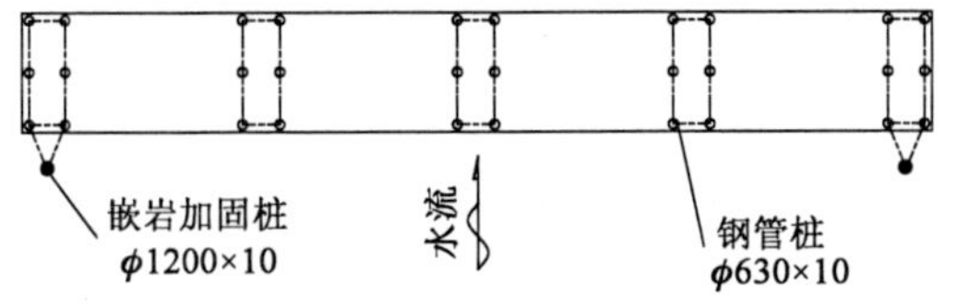

图5　嵌岩加固桩布置示意图

管桩的间距为3.5m,采用$\phi1200\times10$mm钢管。利用1m冲击锤,冲孔至强风化岩层深度不小于5m,放置10m钢筋笼后,灌注不小于10m深C30水下混凝土。加固桩与钢栈桥平联之间设置3道连接,并形成60°夹角。

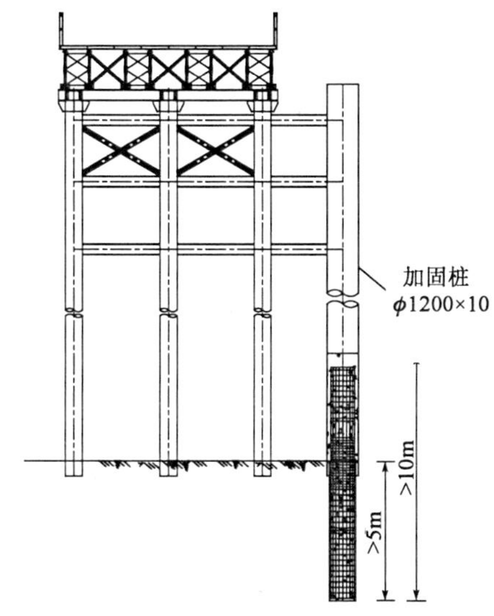

图6 嵌岩加固桩立面示意图

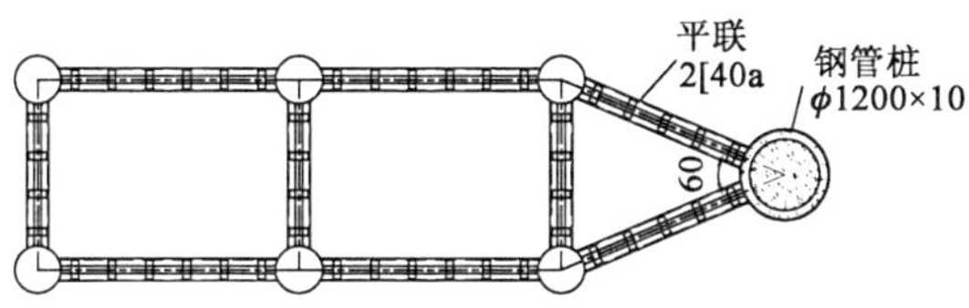

图7 嵌岩加固桩断面示意图

四、加固设计验算

1. 荷载取值

荷载取值:50t履带吊,自重50t考虑,最大吊重33t,履带着地面积为4.7m×0.76m,工作时中心距为3.54m,水流力根据文献[6],计算得前排钢管桩12kN,后排钢管桩8.5kN,加固桩22.8kN,作用点离河床底8.3m。

2. 工况分析

加固设计验算主要考虑钢栈桥工作状态和非工作状态的受力情况,计算中履带吊考虑行走及侧吊,侧吊须在桩顶区域进行。根据文献[7]中进行荷载组合,工况如下所示。

(1)工况1:自重+履带吊(侧吊/行走)+水流力。

(2)工况2:自重+水流力。

荷载组合考虑标准组合和基本组合。其中,标准组合计算结果用来评价刚度指标,基本组合计算结果用来评价结构强度及稳定性指标。工况1、2荷载组合如下。

(1)基本组合:1.2×自重+1.4×履带吊(侧吊/行走)+1.5×水流力。

(2)标准组合均考虑1.0的系数。

3. 模型建立

采用midas civil有限元软件建立三维仿真模型,对结构进行分析计算。

边界条件:钢管桩抛填4m袋装沙砾土后,采用土弹簧模拟($m = 8000\text{kN/m}^4$)模拟,加固桩采用固结模拟,钢管桩与下横梁、贝雷梁与下横梁、分配梁与贝雷梁均采用铰接方式,平联、斜撑与钢管桩固结。取一联钢栈桥计算模型如图8所示。

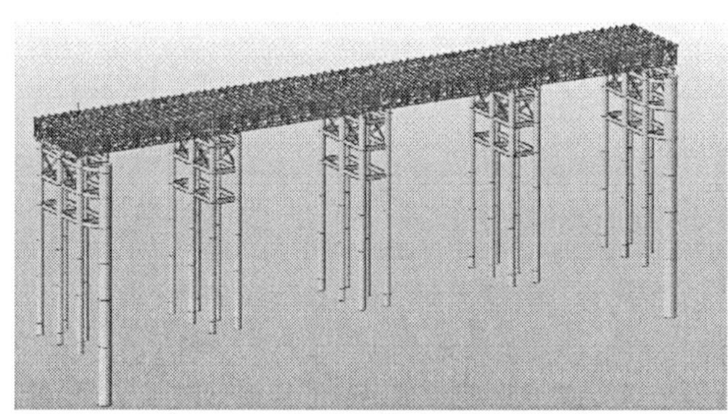

图8　钢栈桥计算模型

4. 强度验算

基本组合作用下,钢栈桥应力云图如图9所示,应力计算结果汇总见表1。

图9　钢栈桥应力云图(单位:MPa)

钢栈桥强度计算结果　　表1

构　　件	类　　型	工况1	工况2	备注
ϕ630×10mm 钢管桩	组合应力(MPa)	72	50	基本组合
	轴力(kN)	462	128	基本组合
	弯矩(kN·m)	164	164	基本组合
ϕ1200×10mm 加固桩	组合应力(MPa)	134	134	基本组合
	轴力(kN)	144(受拉)	140(受拉)	基本组合
	弯矩(kN·m)	1477	1473	基本组合
下横梁2I40C	组合应力(MPa)	55	12	基本组合
	剪应力(MPa)	42	5	基本组合
平联2[40a	组合应力(MPa)	108	104	基本组合
	轴应力(MPa)	16	16	基本组合
斜撑2[16a	组合应力(MPa)	33	33	基本组合
	轴应力(MPa)	20	20	基本组合
贝雷梁	弯矩(kN. m)	189	23	标准组合
	剪力(kN)	200	15	标准组合

基本组合下,最大组合应力170MPa $< f = 215$MPa,最大剪应力42MPa $< f_v =$ 125MPa;标准组合下,贝雷梁最大弯矩189kN·m<788kN·m,最大剪应力200kN<245kN,故主栈桥强度满足要求。

5.位移计算结果

标准组合下,钢栈桥位移图如图10所示,位移计算结果汇总见表2。

图10　钢栈桥位移图

最大位移为顺水流向

54mm $< L/150 = 100$mm,钢栈桥刚度满足要求。

钢栈桥位移计算结果(单位:mm) 表2

类 型	工况1	工况2	备 注
顺水流向	54	54	标准组合
逆水流向	3	3	标准组合
竖向	2	8	标准组合

6. 钢管桩稳定性验算

根据有限元模型计算结果,基本组合下,$\phi630\times10$mm 钢管桩轴力为462kN,弯矩为164kN·m,根据文献[8],得钢管桩在弯矩作用下平面内稳定性按式(1)计算。

$$\frac{N}{\varphi_x A}+\frac{\beta_{mx}M}{\gamma_x W_x(1-0.8N/N'_{Ex})}<f \tag{1}$$

其中 $A=19478\text{mm}^2$,$W_x=2971922\text{mm}^3$,计算长度 $l_0=\mu l=11\text{m}$,$\gamma_x=1.15$,$\beta_{mx}=1.0$。查表可得 $\varphi_x=0.855$。

可得 $\sigma=77\text{MPa}<f=215\text{MPa}$,因此 $\phi630\times10$mm 钢管桩在弯矩作用平面内稳定性满足要求。

根据文献[8],得钢管桩在弯矩作用下平面外稳定性按式(2)计算。

$$\frac{N}{\varphi_y A}+\eta\frac{\beta_{tx}M_x}{\varphi_b W_{1x}}<f \tag{2}$$

$\varphi_y=0.855$,其中钢管桩为闭口截面,则 $\varphi_b=1.0$,$\eta=0.7$。

可得 $\sigma=70\text{MPa}<f=215\text{MPa}$,因此 $\phi630\times10$mm 钢管桩在弯矩作用平面外稳定性满足要求。

五、位移监测

钢栈桥加固完成后,对其进行长期观测位移观测。共设7个观测点,其观测点的初始坐标见表3。各观测点各时间段位移情况如图11所示。

各测点初始坐标(单位:mm) 表3

观测点	X	Y
GC1	2973997.317	485086.308
GC2	2973995.970	485054.87
GC3	2973994.450	485019.66
GC4	2973.992.77	484980.58
GC5	2973991.370	484947.87
GC6	2973990.210	484920.92
GC7	2973988.730	484886.49

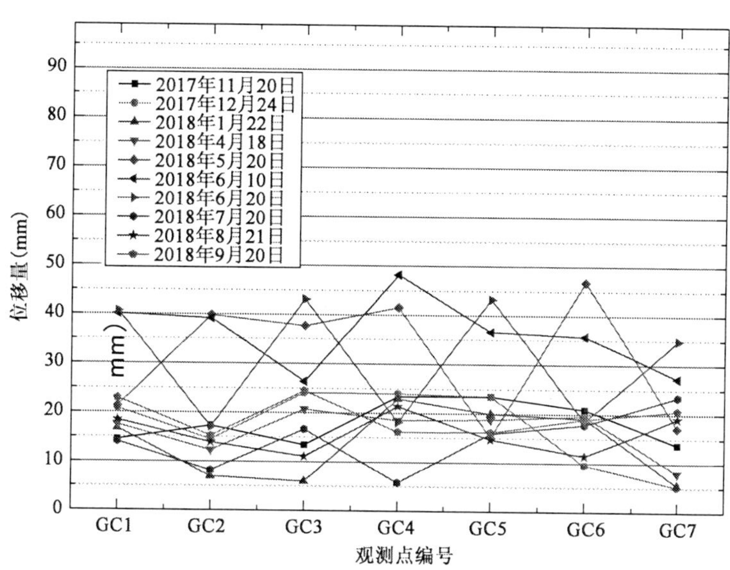

图 11　钢栈桥各测点位移观测结果

2018 年 5 月和 6 月为赣江汛期,库区多次泄洪。从观测数据表明,在 2018 年 6 月钢栈桥观测点最大位移量为 46mm < $L/150$ = 100mm。观测结果表明,钢栈桥稳定性符合规范要求,也可反映该加固方法取得良好效果。

六、结语

通过以上可知,在河床地质情况被扰动后,水下人工检测获知深水浅覆盖层钢栈桥产生基础冲刷病害,钢管桩嵌入深度不满足要求。为保证服役期钢栈桥在荷载耦合作用下稳定性和安全性,对钢栈桥进行抛填袋装沙砾和每一联钢栈桥增设两个抗滑加固桩的方法进行加固设计。采用 midas civil 有限元模拟,对其进行强度和稳定性验算。通过验算结果表明,加固后钢栈桥的强度和稳定性满足规范要求。钢栈桥加固后,对其进行位移观测,观测结果表明,该加固方法取得良好效果。

参考文献

[1] 李程远,肖长华,杨威. 彬江袁河特大桥临时钢栈桥施工技术[J]. 施工技术,2014(12):75-78.

[2] 宋小军. 跨河钢栈桥施工要点及浅覆盖地层钢管桩加固措施[J]. 铁道建筑技术,2016(5):42-44.

[3] 杜月林. 长原线红旗大桥施工便桥加固方案浅析[J]. 山西建筑 2009,35(34):316-317.
[4] 中华人民共和国行业标准. JTS 167-4—2012　港口工程桩基规范[S]. 北京:中华人民共和国交通运输部,2012.
[5] 鲁承刚. 桥梁钢栈桥施工技术研究[J]. 公路交通科技(应用技术版), 2017(11).
[6] 中华人民共和国行业标准. JTS 144-1—2010　港口工程荷载规范[S]. 北京:中华人民共和国交通运输部,2010.
[7] 中华人民共和国国家标准. GB 50158—2010　港口工程结构可靠性设计统一标准[S]. 北京:中华人民共和国住房和城乡建设部,2010.
[8] 中华人民共和国国家标准. GB 50017—2017　钢结构设计规范[S]. 北京:中华人民共和国住房和城乡建设部,2017.

高速公路抗滑桩施工技术研究

梁　华

（江西省高速公路投资集团有限公司　江西　南昌　330008）

摘　要　本文针对江西省广昌至吉安高速公路C4合同段JK14+580～JK14+720处右侧路堑边坡滑塌抗滑桩施工，探讨了高速公路抗滑桩的特点、适用条件、施工工艺流程、施工难点及施工注意事项，可为后续高速公路抗滑桩施工提供参考。

关键词　高速公路；抗滑桩；施工工艺

一、高速公路抗滑桩的特点及适用条件

高速公路边坡处治工程中的抗滑桩是通过桩身将上部承受的坡体推力传给桩下部的侧向土体或岩体，依靠桩下部的侧向阻力来承担边坡的下推力，而使边坡保持平衡或稳定的一种柱形构件。

单桩是抗滑桩的基本形式，也是常用的结构形式，其特点是简单，受力和作用明确。当边坡的推力较大，用单桩不足以承担其推力时可采用排桩。排桩的特点是转动惯量大，抗弯能力强，桩壁阻力较小，桩身应力较小，在软弱地层有较明显的优越性。排桩能承担更大的滑坡推力，可用于特殊的滑坡治理工程或特殊用途的边坡工程。

抗滑桩的施工采用打入时，应充分考虑施工振动对边坡的影响，一般是全埋式抗滑桩或填方边坡可采用，同时下卧地层应有可打性。抗滑桩施工常用的是就地灌注桩，机械钻孔速度快，桩径可大可小，适用于各种地质条件，但对地形较陡的边坡工程，机械进入和架设困难较大。另外，钻孔时的水对边坡的稳定也有影响。

二、工程概况

JK14+485～JK14+720段右侧路堑边坡原设计为四级边坡，坡率第1～4级依次为1∶1、1∶1、1∶1.25、1∶1.25。防护形式：第1级拱形骨架护坡，第2级为框格锚杆护坡，第3～4级为挂网喷播。补勘地质报告显示：该边坡位于侏罗纪罗坳组（J2la1-2）和白垩纪赣州群周田组（K2zlt）两个地质年代交界处，表覆为红棕色底液限黏土，呈硬塑状。边坡开挖深范围内土层主要为全风化泥质粉砂岩，

其自身稳定性较差，且该岩土层抗风化能力弱，开挖暴露后，易风化，吸水易膨胀，在雨水的冲刷和地下水的浸泡软化作用之下，其物理力学性质还将进一步降低。加之该段边坡地下水较为丰富，导致产生牵引式错台滑移、边坡失稳滑塌。边坡防护施工过程中边坡土体已发生滑塌，路床起拱，为确保边坡稳定同时消除通车后运营安全隐患，项目业主邀请省内专家和四方会议研讨，最终采取削坡卸载和抗滑桩加固的方案如图1所示。在JK14＋580～JK14＋660段右侧一级边坡平台降低2m，于二级边坡坡脚处增设一排抗滑桩，桩径2.0m，桩长24m，桩中间距4m，如图2所示。桩顶采用系梁连接铰接成整体受力。

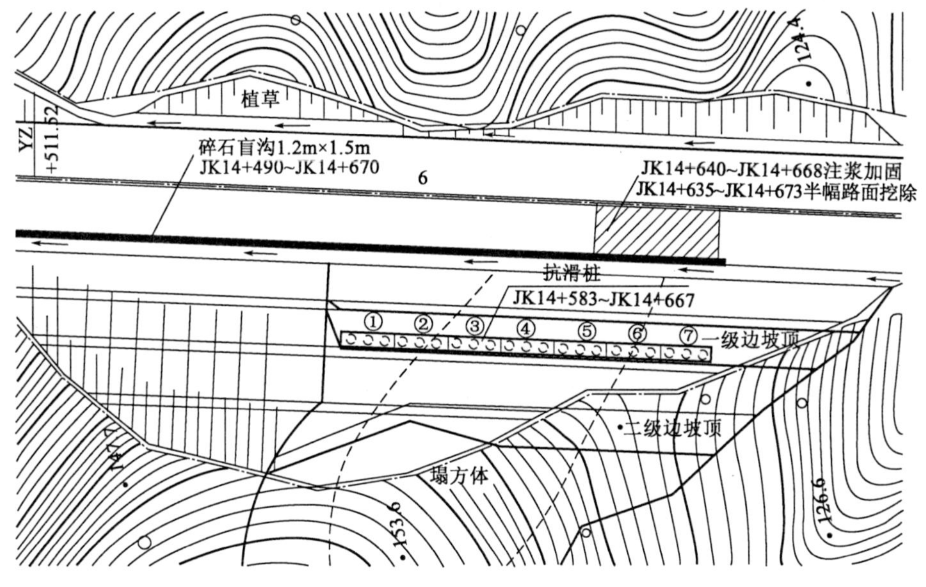

图1　抗滑桩平面布置图

三、抗滑桩施工工艺

根据项目业主的工期要求、地质情况和施工条件，综合考虑选取钻孔灌注桩的施工方案。施工工艺流程如图3所示。

(1)施工场地平整：利用挖掘机将一级边坡降低2m，开挖部分二级边坡，确保一级边坡平台宽度达到8m，作为抗滑桩施工工作平台，并将场地平整到位。

(2)孔位测放：用全站仪进行轴线测放，用钢尺量出孔位，并在孔中心位置打桩且编号。

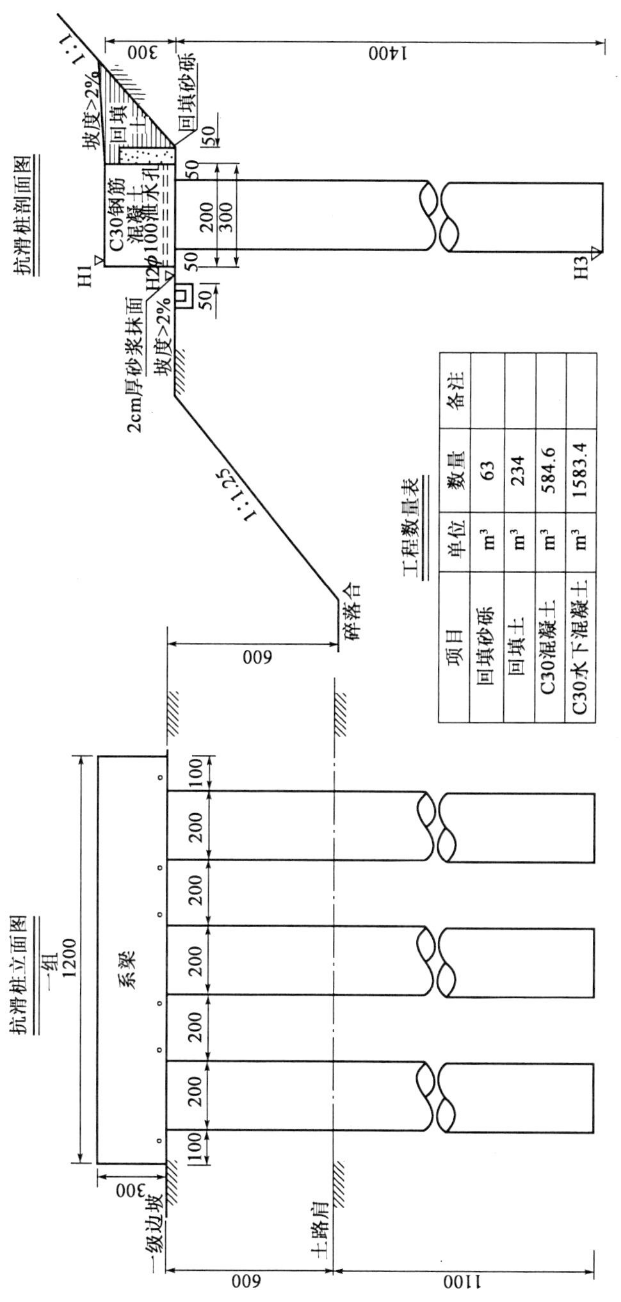

工程数量表

项目	单位	数量	备注
回填砂砾	m^3	63	
回填土	m^3	234	
C30混凝土	m^3	584.6	
C30水下混凝土	m^3	1583.4	

图2　抗滑桩立面图(尺寸单位：cm)

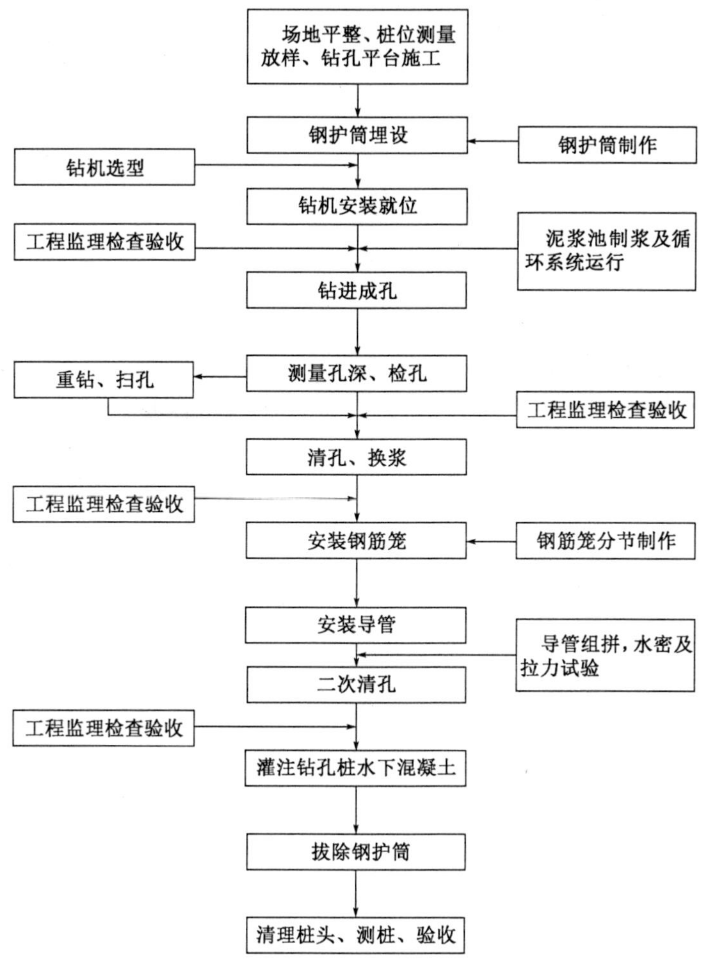

图3 抗滑桩施工工艺流程图

(3)根据初步放样的桩位结果,制定好桩基施工作业平台的搭设和处理方案,规划好桩基施工顺序、泥浆池及废浆池设置位置和排放方式。

(4)钢护筒制作埋设:根据桩定位点拉十字线钉4个控制桩,以4个控制桩为基准准确埋设钢护筒。护筒中心竖直线与桩位中心线误差在1.0 cm以内。护筒高出原地面30~50cm。为确保钢护筒的稳定,护筒埋设前,先用人工开挖直径大于护筒40cm、深度大于护筒埋设深度50cm的基坑,然后回填50cm黏土,安装护筒。护筒周围用黏土或水泥土夯实,以确保护筒的稳固。

(5)钻机就位:要求钻头中心线对准护筒中心点(即两轴护桩十字交叉中心

点),其偏差值 <20mm。

(6)泥浆制作及循环:采用不分散、低固相、高黏度的 PHP 膨润土泥浆做护壁泥浆,以确保良好的护壁效果。泥浆的配合比和配置方法通过试验确定,确保其性能与钻孔方法、土层情况相适应。钻孔过程中,随时对孔内泥浆的性能进行检测,不符合要求时及时调整。泥浆池采用自流回灌式泥浆循环系统,它由造浆池、沉淀池、循环池组成。泥浆池容积为桩孔容积的 2 倍以上。在泥浆制作过程中,泥浆池施工范围外的周边用围栏将其围住,并在泥浆池四周摆放醒目的警示牌,确保泥浆制作过程中的安全。

(7)钻孔、成孔:在钻进过程中将根据孔内情况随时调整钻进参数,每次提钻时仔细检查钻头合金磨损情况,如有磨损及时更换,保证钻进速度。一般开始钻孔时先轻压慢速,待正常以后再加速。钻孔连续进行,确保不中断。每钻进 2m(接近设计终孔高程时,应每 0.5m)或在地层变化处,在出渣口捞取钻渣样品,洗净后收进专用袋内保存,标明岩类和高程,以确定终孔高程出渣是否与设计相符。钻孔时及时填写钻孔记录,判别土层变化,以便与地质剖面相核对。当与地质剖面图严重不符时,及时向监理工程师汇报,并按照监理工程师的指示处理。通过测量计算,钻孔达到设计高程后检查孔深和孔径。如果符合孔深、孔径要求,我们将及时上报监理,待监理检测认可后再进行清孔。清孔原则采取二次清孔,即成孔检查合格后立即进行第一次清孔,并清除护筒上的泥皮;清孔采用换浆法,用黏性好、含砂率低、比重小的泥浆逐步替换钻孔时的泥浆,将孔中的泥浆指标控制在比重 1.03~1.10,含砂率小于 2%,支撑桩孔底沉淀层厚度不大于 5cm。在终孔和清孔后,对孔径、孔形和倾斜度进行检测。一般采用外径等于钻孔桩钢筋笼直径加 100mm(但不得大于钻头直径),长度不小于 4~6D(D 为钻孔桩直径加 100mm)的钢筋检孔器吊入钻孔内检测,待检测器检测合格后再进行下一道工序。

(8)钢筋笼起吊就位:钢筋笼起吊就位采用 25t 汽车吊机。本次灌注桩钢筋笼采用 25t 汽车吊,起吊时采用两点起吊的方法确保钢筋笼骨架不变形,直到骨架垂直地面,再检查是否顺直。钢筋吊放的偏差严格按照《质量检验评定标准》。钢筋笼入孔后,采用临时支托将骨架竖直固定在孔口,然后再吊装第二节骨架,使上下两节骨架位于同一竖直线上;两钢筋笼用套筒连接,接头完成后,稍提骨架,抽去临时支托,将骨架牢固地固定在护筒四周,偏差不宜大于 20mm;报请监理工程师验收,验收合格后,依次类推安装下一节钢筋笼。

(9)检测管:用 U 形钢筋固定在主筋和架立钢筋圈上,等距离设置 4 根,底口钢板封底,灌水后上口钢板封口。

(10)导管安装:导管在安装前进行试拼,对其进行水密、承压和接头的抗拉试验,进行水密试验的水压不应小于孔内水深1.3倍的压力,即3.5个大气压以上。导管检查、试验合格后对每节导管长度进行测量,加以编号、标记;导管安装前根据孔深认真计算导管总长度,计算时导管底部悬空高度宜控制在约40cm,同时安装导管时须根据编号顺序逐一进行,防止出错。导管安装时必须安排专业技术人员全过程旁站控制,检查密封圈良好状况,丝口拧紧牢固程度。

(11)二次清孔。混凝土灌注前再次报请监理工程师现场检测孔深及泥浆指标。本次所测孔深值与拆钻前所测孔深值的差值即判定为孔底沉淀层厚度,当超过以上要求时必须进行二次清孔。二次清孔方法为:用泥浆泵的接口直接固定在导管上,利用泥浆泵压力对沉淀的泥浆进行搅动,带动沉淀泥浆自然溢到指定泥浆池,直至沉淀层厚度、泥浆各大指标满足设计及规范要求,即为清孔合格。

(12)混凝土灌注。混凝土灌注时,料斗容积首灌结束导管埋置深度约为1.5m,初灌结束立即测探孔内混凝土面高度确定导管首灌埋深,同时做好记录。当第一批混凝土灌注后,应紧凑地、连续地进行第二次第三次混凝土灌注,严禁无故中途停止。若因机具或其他原因造成混凝土灌注中途停顿时,必须集中所有人力、物力迅速恢复灌注,并在混凝土灌注记录中认真记录和分析。混凝土灌注时导管必须与孔深相对应,随着混凝土的继续灌注,孔内混凝土不断上升,应随时测量混凝土面的高程,详细记录、计算导管的长度和已灌注混凝土数量,确保导管自始至终埋入混凝土内的深度2.0~6.0m为宜,防止埋入过深发生堵管、埋管事故。若埋入过浅会导致管内剩余压力较小,以致浮在混凝土面上的泥浆等沉淀物挤入导管,造成桩心不密实和夹渣,甚至产生断桩,影响桩的质量。另外,每次拆除导管时应适当加配人手,一次拆管时间宜控制在10min内。为防止钢筋骨架上浮,当灌注的混凝土顶面距钢筋骨架底部约1m时,应降低混凝土的灌注速度,当混凝土拌和物上升到骨架底口4m以上时提升导管,使其底口高于骨架底部2m以上,即可恢复正常灌注速度。混凝土灌注后期,为保证混凝土浇筑有足够冲击力,从而确保所灌注的混凝土有足够的密实性,混凝土灌注时应适当抬高料斗高度。

(13)桩基检测:桩身质量按照桥梁桩基标准进行检测,桩身经检测无质量问题后,方可进行系梁施工。

四、抗滑桩施工难点及注意事项

(1)抗滑桩施工通常工期紧、施工作业平台较窄,正确、恰当地选择设桩工艺,才能保证施工质量和施工工期。

(2)桩基钻孔应间隔施工,尽量减少桩侧扰动,桩基施工应严格按操作规程进行,严防断桩、缩颈、卡钻、坍孔等质量事故发生。

(3)应充分考虑施工振动对边坡稳定的影响,钻孔时的水对边坡的稳定也有影响,因此需做好边坡的稳定性观测,做到实时监控。

(4)抗滑桩是一项质量要求高,施工工序较多,必须在短时间内连续完成的地下隐蔽工程。施工应按程序进行:备齐技术资料,编制施工组织设计,做好施工准备;应按设计要求、有关规范、规程及施工组织设计,建立各工序的施工管理制度;施工、监理、设计和业主各方应管理到位、监控到位、技术服务和技术跟踪到位,保证施工有序、快速、高质地进行。

(5)声测管底部用薄钢板焊接封闭,同根声测管连接时用钢套管焊接,上端用木塞封闭,管内无异物,连接处光滑,不漏水。管口应高出桩顶 100 mm 以上,声测管管口高度应一致。

(6)施工现场挂设安全标志,特别是主要施工部位、作业点和危险区域。施工机械设备随机挂设安全操作规程。

五、结语

该路段路堑边坡抗滑桩自 2018 年 10 月下旬开始施工,历时约 2 个月,完成了抗滑桩 21 根,单根长 24m。该处抗滑桩施工作业条件差(工期紧、作业面窄),施工工序复杂多样,涉及多专业、多工种,平行交叉作业。因此,施工场地的合理布置、施工安全的有效管控、工程质量的严密控制、施工工序的有效衔接等是抗滑桩施工管理的关键。

参考文献

[1] 潘博博. 抗滑桩在高速公路边坡施工中的应用[J]. 建筑工程技术与设计,2018(2):1223.

[2] 王朝武. 浅谈抗滑桩的施工方法和技术[J]. 中华民居,2013(21):21-22.

[3] 高璐煜. 浅谈抗滑桩的施工方法与技术[J]. 中小企业管理与科技,2010(12):174-175.

[4] 黄梅. 基于抗滑桩施工技术在山区高速公路滑坡灾害中的应用[J]. 建材发展导向,2010,8(6S):375-376.

浅谈广吉高速公路高填路基边坡滑坡处置方案的选择

刘大鹏[1] 闫光福[2]

(1. 江西省高速公路投资集团有限责任公司 江西 南昌 330025;
2. 中铁二十一局集团第三工程有限公司 陕西 咸阳 710000)

摘 要 该文结合广吉高速公路边坡滑坡处置,对各种方案从施工工期、建设费用、环境的影响、技术可靠性、施工难易、施工安全性6个方面进行对比分析,从而确定了经济实用的最佳方案。

关键词 高填软基;滑坡;方案;选择

一、引言

路基滑坡是高速公路常见病害,而穿越丘陵区,由于软基地质情况隐蔽,地质勘探覆盖不足,受雨水下渗、填土自重加大等影响,路堤填筑易形成不均匀沉降和开裂造成滑坡,为确保工程质量、降低工程成本,特对各种处治方案对比分析进行选择。

二、工程简介

在建广吉高速公路 K14 + 340 ~ K14 + 460 为软基路基,该边坡最大填土高度 22.80m,位于山涧谷底之间,场区处为丘陵地貌,丘坡较陡。设计边坡坡率为:第一级 1∶1.5,无平台,第2级 1∶1.75,平台 2.0m,第三级 1∶2.0。原设计方案为高性能压路机增强补压 + 土工格栅,地基采用换填 80cm 开山石渣。

三、现场施工情况及边坡滑移垮塌原因分析

现场施工情况,先是清除 80cm 表层软土,露出黄土层,用压路机进行碾压后,用 80cm 开山石渣进行换填,换填压实后 + 土工格栅进行路基分层填筑,并采用每填筑 2m 用 32t 压路机进行增强补压。路基填高约达 11m 时,该段的路基右幅出现了沉陷滑移,路基最大沉陷处 3m 多深,同时右侧路基往外推移,呈现半圆形、宽约 20cm 的裂缝,造成该段路基坡脚处往外近 30m 范围的农田隆起和推移,电线杆倾斜,农作物呈倒伏。经设计单位补充地质钻探,该段地基土层

自地表以下 4.6 ~ 11m 处存在淤泥质土夹层，地基土层从上到下依次为可塑粉质黏土、淤泥质土、可塑粉质黏土及硬塑粉质黏土，与原设计不符。根据补充勘察，路堤边坡按照变形破坏前的设计坡率建立地质模型，采用反复剪参数进行计算，反映该层土在极限状态下的力学强度。填高 12m 已经不稳定，填高 22.8m 更不稳定。若不经过进一步软基处理，直接进行路基填筑，将造成路堤不均匀沉降及失稳。

四、处置初步方案

为了保证该段高填路基成型后的稳定性和强度，保证通车后的行车安全，需将已填筑的土体挖除进行卸载，之后对该段软基进行加固处理。具体处理各方案如下：方案一素混凝土桩方案；方案二水泥搅拌桩 + 支挡桩方案；方案三桥梁形式跨越。

（一）方案一：素混凝土桩方案

（1）在进行素混凝土桩施工前，需对已填筑的路堤开挖，保留 1m 填筑土作为素混凝土桩施工平台。挖除回填土总量约 5.6 万 m^3。

（2）素混凝土桩桩径为 0.4m，间距 1.1m，矩形布设，桩长 14m，处理面积约 11357m^2。

（3）在 1m 原状土顶部设置 0.5m 碎石垫层 + 土工格栅，引导上部地下水顺利排出，避免下渗，破坏地基持力层力学性能。

（4）素混凝土桩桩身强度、刚度，整体性优于水泥搅拌桩、碎石桩，并且施工质量易于控制。但由于桩体数量巨大，并需跳桩施工，施工工期较长。

（5）本方案预算增加造价约 1496.19 万元。

（二）方案二：水泥搅拌桩 + 支挡桩

（1）在进行水泥搅拌桩施工前，需对已填筑的路堤开挖，保留 1m 填筑土作为素混凝土桩施工平台。挖除回填土总量约为 5.6 万 m^3。

（2）水泥搅拌桩处理面积共约为 7598m^2。桩径为 0.5m，间距 1.3m，三角形布设，桩长 14m，处理面积 5537m^2；桩径为 0.5m，间距 1.5m，三角形布设，桩长 11m，处理面积 2061m^2。

（3）在实测裂缝周界范围内边坡二级平台处布设一排圆形支挡桩，布设桩号范围 K14 +359 ~ K14 +460，直线型布设，桩长 24m，桩径 1.2m。桩间设置系梁，总计 43 根。

(4)在 1m 原状土顶部设置 0.5m 碎石垫层 + 土工格栅,引导上部地下水顺利排出,避免下渗,破坏地基持力层力学性能。

(5)桩后设置反压护道及灌溉渠,宽度 8m,采用 1:2.0 坡度放坡。

(6)水泥搅拌桩 + 支挡桩组合方案,解决了路基滑移的侧向应力和路基地基承载力不足的问题,较素混凝土桩更加经济,且素混凝土桩的抗剪效果较支挡桩效果差很多。

(7)本方案预算增加造价约 701.36 万元。

(三)方案三:桥梁方案

(1)桥梁方案通过桩基础克服软弱地基造成的不良影响,充分利用浅层、深层土的侧摩阻。

(2)全桥共 2 联,4×20 + 4×20m;上部结构采用预应力混凝土(后张)小箱梁,先简支后连续;下部结构采用柱式墩,墩台采用桩基础。

(3)桥梁方案整体安全性可靠,施工质量可控,后期维护费较少。

(4)本方案预算增加造价约 1149.38 万元。

五、方案比选

采用层次分析法对定性指标定量化的 1~9 标度评分,标度越大越好,越能令人满意。通过百分制计算三种方案最终得分,得分最高为最优方案。具体定性指标定量化评分如图 1 所示。

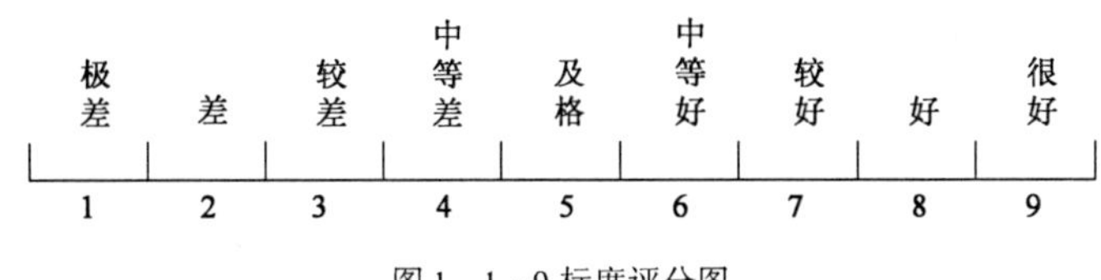

图 1 1~9 标度评分图

在对三种方案性能分析的基础上,作功能分析和整理,根据重要性给予不同的权重指标,权重分配如下:施工工期 0.3、建设费用 0.2、环境影响 0.2、技术可靠性 0.1、施工难易 0.1、施工安全性 0.1。

(一)施工工期方面

方案一周期较长,约 4 个月,由于桩体数量巨大,并需跳桩施工,施工工期较长;方案二周期短,约 3 个月,水泥搅拌桩与支挡桩可同时施工;方案三周期一般,约 3.5 个月,上下部可同时施工。

（二）建设费用

方案一预算增加造价约 1496.19 万元；方案二预算增加造价约 701.36 万元；方案三预算增加造价约 1149.38 万元。

（三）对环境的影响

方案一噪音污染严重，泥浆易污染周边场地，混凝土要用到砂石材料，需求量较大，开采破坏生态环境；方案二噪音污染较少；每延米只需用水泥 50kg，只有桩基用到少量混凝土；方案三噪音污染严重，泥浆易污染周边场地，桩基、梁板要大量用到混凝土，砂石地材需求量很大，且因原设计本标段内土方填挖平衡造成了弃方，极大地破坏了生态环境。

（四）技术可靠性方面

方案一地基承载力可满足质量要求，但抗剪性能不佳；方案二既可满足路基土体荷载要求，又可满足抗剪要求；方案三采用摩擦桩处理软基效果明显，可满足要求。

（五）施工难易性方面

方案一施工工艺运用较少，操作性不强；方案二施工工艺较成熟，可操作性强；方案三施工工艺较成熟，操作性强。

（六）施工安全性方面

方案一危险源较少，无重大危险源；方案二危险源较少，无重大危险源；方案三危险源较多，墩柱，盖梁施工高空作业、预制梁架设吊装有重大危险源。方案对比见表 1，方案最终得分见表 2。

方案对比　　表 1

方案名称	施工工期	建设费用	环境影响	技术可靠性	施工难易	施工安全性
方案一	周期较长，约 4 个月	预算增加造价约 1496.19 万元	噪音污染严重，泥浆易污染周边场地等	地基承载力可满足质量要求，但抗剪性能不佳	施工工艺运用较少，操作性不强	危险源较少，无重大危险源

续上表

方案名称	施工工期	建设费用	环境影响	技术可靠性	施工难易	施工安全性
方案二	周期短，约3个月	预算增加造价约701.36万元	噪音污染较少等	既可满足路基土体荷载要求，又可满足抗剪要求	施工工艺较成熟，操作性强	危险源较少，无重大危险源
方案三	周期一般，约3.5个月	预算增加造价约1149.38万元	噪音污染严重，泥浆易污染周边场地等	采用摩擦桩处理软基效果明显，可满足要求	施工工艺较成熟，操作性强	危险源较多，有重大危险源

方案最终得分 表2

方案名称	评分						
	施工工期(0.3)	建设费用(0.2)	环境影响(0.2)	技术可靠性(0.1)	施工难易(0.1)	施工安全性(0.1)	最终得分
方案一	21	15	15	7.5	7.5	9	75
方案二	25.5	18	17	8.5	8.5	9	86.5
方案三	22.5	16	15	8.5	8.5	8.5	79

根据以上三种方案，从对施工工期、建设费用、环境的影响、技术可靠性、施工难易、施工安全性进行对比分析，通过百分制计算三种方案最终得分，最高分是方案二，从而确定了方案二是最佳方案，水泥搅拌桩+支挡桩组合方案。

六、工完检测

水泥搅拌桩施工完成后，委托有资质的第三方检测单位，由建设、监理、施工单位共同随机选取确定了9个点进行复合地基静载荷试验(慢速维持荷载法)，实测复合地基承载力特征值均不小于150kPa，满足设计要求。复合地基静载荷试验结果见表3。

复合地基静载荷试验结果 表3

序号	试验点号	承压板面积(m^2)	最大加载量(kPa)	对应沉降量(mm)	复合地基承载力特征值(kPa)	对应沉降量(mm)
1	右K14+364.7-7#	1.69	300	6.35	≮150	1.95
2	右K14+377.7-9#	1.69	300	9.21	≮150	3.26
3	右K14+392-16#	1.69	300	17.82	≮150	5.21

续上表

序号	试验点号	承压板面积（m^2）	最大加载量（kPa）	对应沉降量（mm）	复合地基承载力特征值（kPa）	对应沉降量（mm）
4	右 K14 +402 −19#	1.69	300	23.88	≮150	10.12
5	右 K14 +418 −22#	1.69	300	19.04	≮150	6.12
6	右 K14 +428.4 −25#	1.69	300	16.73	≮150	7.06
7	右 K14 +441.4 −13#	1.69	300	17.92	≮150	4.68
8	左 K14 +368.5 −10#	2.25	300	16.22	≮150	6.15
9	左 K14 +398.5 −8#	2.25	300	8.77	≮150	2.75

土方填筑至路床高程，经过 6 个月沉降观测结果表明该段软基工后沉降 3.2cm，符合设计控制在 4cm 以内的要求，满足工程建设要求。

七、结语

综上所述，采用水泥搅拌桩 + 支挡桩的组合方案，是一种可靠的较优方案，每延米只需用水泥 50kg，避免了大量使用混凝土，避免了弃方，极大地保护了生态环境，为国家节约投资，低耗高能，少投多产，取得了良好的社会效益和可观的经济效益，值得推广应用。

参考文献

[1] 魏永丰，罗强，邱延峻. 斜坡软弱地基填方工程技术研究与实践[M]. 北京：人民交通出版社，2011.

[2] 北京交科公路勘察设计研究院有限公司. K14 + 340 − K14 + 460 软基变更施工图设计[Z]. 江西. 2017.

第四篇

创 新 驱 动

BIM 项目管理系统与 BIM + 技术的应用研究

朱海涛[1]　刘礼辉[2]　许　兵[2]　曹宇鹏[2]

(1. 江西省交通设计研究院有限责任公司　江西　南昌　330000；
2. 江西省高速公路投资集团有限责任公司　江西　南昌　330002)

摘　要　随着信息技术的发展,在各类工程项目管理中,对于精细化和信息化的要求日益增高。传统工程管理模式已不能满足现代化的信息需求。为了更好地提高工程信息化和管理效率,需采用全新的信息系统,BIM 系统应运而生。BIM 项目管理系统是建立在各种模型及数据基础之上的信息管理系统,能够通过各种工程项目模型和数据的建立对工程所需要的各类信息进行虚拟构建。通过与 BIM + 技术的融合应用,BIM 项目管理系统能够更好地协助各类工程的设计和施工,且对后续的运营维护环节进行统筹。

关键词　BIM 项目管理系统;工程管理;BIM + 技术

一、引言

随着现代化的深入发展,传统的土木工程行业已经发生了翻天覆地的变化,这种发展现状,对于建筑行业以及相关行业的从业者来说既是机遇也是挑战。在激烈的市场竞争中必须紧紧抓住机遇,通过行业的可持续发展来实现自我完善。在工程管理过程中,有许多东西必须引起我们的注意,若不能对这些方法复杂的信息进行统筹,极有可能影响到后续的工程设计和施工,会给企业带来极大的危险。为了提升工程管理的力度,我们采用了 BIM 系统,希望通过信息协同的技术来帮助企业进行施工和运维。

二、BIM 系统概念与特性

(一)BIM 系统的概念

BIM 是建筑信息模型(Building Information Modeling)缩写,这种建筑信息模型通过工程项目各阶段所产生的各种模型和数据进行虚拟,以软件三维立体的方式呈现在人们面前。从目前建筑信息模型的发展前景来看,不仅能够帮助企业降低生产成本与时间,而且还能够通过信息协同和技术分析项目工程在施工过程中可能遇到的各种风险,从而达到规避风险,提高项目工程质量的目的,有利于提升企业竞争力。

(二)BIM 系统的特性

BIM 系统的应用可以提升工程行业的技术特性,也可以通过 BIM 系统的参数和运算来提升工程项目的准确性,以下将对 BIM 系统的特性进行简述。首先 BIM 系统可以通过科学、准确的计算帮助建筑系统规避风险,从而提升工程设计以及工程施工的安全性。其次,BIM 系统在系统呈现上具有 3D 漫游功能,可以为建筑施工提供实时的数据,并且也可以通过数据的信息共享来提升建筑的科学性。第三,BIM 系统还具有模拟施工的功能,可以帮助施工人员在进行设计以及在进行施工之前预测过程中可能会出现的问题,从而制定出更加科学、合理的方案,减少建筑成本。最后,BIM 系统还具有强大的数据统计和信息协同的功能,可以将施工过程中所产生的各类数据以及相关资料进行存档和交互,在有需要的时候随时可以调出。

三、现阶段项目管理存在的不足

传统的工程管理模式已经不能适应现阶段的项目管理。项目工程设计阶段的数据无法有效传递到施工阶段,项目工程施工工期过长一直是施工的一个特点,而且在施工的过程中会与很多相关部门各专业打交道,这种发展现状也就使得各个部门之间不能够实现信息的及时共享,甚至会造成重复施工的情况很容易形成资源浪费,并不符合目前工程管理的理念。传统的工程管理模式中,项目工程的施工和运维也无法和信息技术、物联网技术、人工智能技术有效结合,这都需要更好地研究和利用 BIM 项目管理系统。

四、BIM 项目管理系统应用研究

(一)工程项目造价、物料、设备管理

BIM 系统技术可以通过系统科学的计算来对工程项目造价进行可靠的预测,从而对各种建筑材料、建筑成本等进行估算,对工程设备进行管理。工程造价主要会受到施工质量和建筑材料两方面因素的影响,而传统的工程管理模式很难对工程造价进行合理的计算,也并不能确保在施工过程中可能遇到的问题。但是 BIM 系统技术的引入,可以通过各种数据的统计进行虚拟建模,也能够通过科学的计算对项目的工期、项目的成本,以及项目过程中可能遇到的风险进行科学计算。BIM 系统虚拟建模功能也能够让施工人员在施工前对项目整体进行掌握,即使在施工前出现不符合常理的部分,也可以提前对这些数据进行核实,

从而保证施工的质量与安全。

(二)工程项目的进度、质量管理

项目工程在施工的过程中面临最大的问题就是施工工期过长,工期一旦变长,在施工的过程中就会受到多种因素的干扰,所以在建筑施工之前就可以通过BIM 系统技术来提升项目施工的效率和质量。因此在项目施工之前,就必须对项目过程中遇到的各种问题进行有效的预测,从而保障项目工程的施工进度和施工质量。传统的项目工程施工管理方法已经难以满足现在复杂的工程施工项目的要求,为了适应现在复杂的项目工程项目要求,最终行业者将目光集中在了BIM 系统技术之上,可以通过虚拟施工的功能,发现并完善项目的设计、规避项目的风险。与此同时还可以通过各种信息数据的交互及联合的指导,对项目施工的质量进行严格的把关。

(三)工程项目安全、文明施工管理,监控与管理系统的结合

项目动态信息管理系统也可以和监控系统结合使用,利用项目动态信息的交互,模型数据与实际情况对比,可方便地对项目安全和文明施工情况进行管理。

(四)工程项目竣工及运营维护管理

竣工之时也存在大量的数据资料需要核对,BIM 系统技术可以对大量的数据进行计算,能够对各种数据进行清晰的透明化处理,更有利于项目的完整性、准确性,并可以将完整的数据提交到运营维护管理阶段。

五、BIM 项目管理系统与 BIM + 技术的融合

(一)BIM + 移动互联网技术

BIM 技术作为土木行业的热点,已被广泛应用于设计、施工、运营维护等各个阶段。由于 BIM 数据信息量的巨大,BIM 技术与互联网的结合有效地解决了BIM 技术实施过程出现的数据存储难、数据处理慢、信息孤岛等问题,为建设项目的各参与方搭建一个信息共享的协同工作平台。基于互联网的 BIM 云平台,能够以快速、简单和可扩展的方式创建和管理大型、复杂的数据。其具有存储功能强大、数据处理迅速,有效解决了目前 BIM 软件本身和 BIM 工程资料数据庞大以及工程建设实施后期繁杂数据的处理。

(二)BIM + GIS 技术

BIM 技术和 GIS 技术的整合应用领域很广阔,包含城市和景观规划、桥梁方案设计、建筑设计、环境模拟、热能传导模拟、灾害管理、国土安全、车辆和行人导航、训练模拟器、移动机器人、室内导航等。BIM 和 GIS 结合带来思路的转变、成本的降低以及效率的提高。

(三)BIM + 物联网技术

BIM 技术的出现,加快了物联网技术运用到工程建设中,是对工程建设行业的推动和促进。BIM 是物联网应用的基础数据模型,是物联网的核心和灵魂。物联网应用不能脱离 BIM。没有 BIM,物联网的应用就会受到限制,就无法深入建筑物的内核。因为许多构件和物体是隐蔽的,存在于肉眼看不见的深处,只有通过 BIM 模型才能一览无遗,展示构件的每一个细节。这个模型是三维可视和动态的,涵盖了整个建筑物的所有信息,然后与项目控制中心集成关联。在整个建筑物的生命周期中,建筑物运行维护的时间段最长,所以建立建筑信息模型显得尤为重要和迫切。BIM 与物联网二者的结合,将智能建筑提升到智慧建筑的新高度,开创智慧建筑新时代,是下一个重要的发展方向。

(四)BIM + VR 技术

现在设计、建模软件已可以在工程施工前就做出来非常真实的 BIM 建筑信息模型了,但是目前这种可视化的三维模型有很大的局限性,它给使用者带来的大部分都是看上去的感觉。将 BIM 与 VR 技术相结合,可以让使用者不仅可以看到这个模型,还可以深入其中,身临其境,通过 1 比 1 的虚拟现实环境,真实的感受身处模型之中。随着 VR 技术的发展,BIM + VR 还可以让体验者触摸到这种模型。可以在施工前就看到施工后的工程状态,可以在施工前就能详细地了解施工过程中可能会发生的某个事件。无论是对于设计方还是施工方,都能够得到充足的指导,避免很多很可能发生的事故、问题。无论是在成本、进度还是管理上,都可以让工程变得更加合理。

(五)BIM +3D 打印技术

在建筑工程领域,融合了三维建模、可视化、仿真、数据交换等技术,迎来了新一轮围绕 BIM 和 3D 打印等的技术变革。目前,世界上很多国家都非常重视 BIM 和 3D 打印技术的利用和改进,推广其在建设工程领域中的广泛应用,尤其是在产品设计和研发阶段。在我国 BIM 和 3D 打印也受到了很多关注,并开始在一些大型复杂工程的设计和施工中应用。

(六)BIM + AI 技术

人工智能成为新一轮产业变革的核心方向。如今,越来越多传统制造企业在新旧动能转换中,将人工智能作为发展的新动力,不断创造出新的发展机遇。建筑业也不例外。通过 BIM 技术搭建起建筑构件库,为建筑构件实现数字化生产和销售提供了技术上的可能性。为实现智能制造,打造智慧工厂,建设智慧工地,推动传统建筑行业进入人工智能时代。

(七)BIM + 激光扫描技术

三维激光扫描技术是整个三维数据获取和重构技术体系中的最新技术,其实现了直接从实体进行快速逆向获取三维数据及模型的重新构建。在工程施工阶段,将 BIM 模型用于现场管理需要集成有效的技术手段作为辅助。三维激光扫描技术可以高效、完整地记录施工现场的复杂情况,与设计 BIM 模型进行对比,为工程质量检查、工程验收带来巨大帮助。三维激光扫描与 BIM 模型的结合是指对 BIM 模型和所对应的三维扫描模型,进行模型的对比、转化和协调,从而达到辅助工程质量检查、快速建模、减少返工的目的。

(八)BIM + 数字加工技术

BIM 与数字化加工集成,意味着将 BIM 模型中的数据转换成数字化加工所需的数字模型,制造设备可根据该模型进行数字化加工。目前,主要应用在预制混凝土板生产、管线预制加工和钢结构加工这三个方面。

六、结语

综上所述,BIM 系统在工程勘测、设计、施工及运维等环节都有着重要的信息处理和协同交互的作用,更有效地帮助工程行业进行项目风险预测,从而提升项目工程效率,是符合目前工程项目需求的技术。通过与 BIM + 技术的融合应用,BIM 项目管理系统能够更好地协助各类工程的设计和施工,且对后续的运营维护环节进行统筹。大数据时代数据是资源、是资本,BIM 系统技术也是我国工程管理体系向信息化迈进的一大步,在今后的发展过程中 BIM 系统还需要继续的完善,最终才能够将其效用达到最大化。

参 考 文 献

[1] 张建平,梁雄,刘强,等.基于 BIM 的工程项目管理系统及其应用[J].土木建筑工程信息技术,2013(04):35-43.

[2] 朱海涛,许兵,钟昆志.桥梁项目管理系统中 BIM 构件编码的应用研究[J].公路交通科技,2018(1):229.

[3] 朱海涛,王韶翔,李刚.基于 BIM 技术的工程多维模型管理系统研究[J].基层建设,2017(30):126.

海绵服务区关键技术应用研究

——以广吉高速公路绿色公路为例

张　彤[1]　赵晓琳[2]

(1. 江西省交通设计研究院有限责任公司　江西　南昌　330052;
2. 江西农业大学林学院　江西　南昌　330045)

摘　要　本文探讨了新型服务区——“海绵服务区”的关键技术手段,描述了“海绵服务区”与“海绵城市”的关系并以广吉高速公路绿色公路为例,提出国内服务区存在的问题,从雨水花园、雨水收集和湿地污水处理三个主要方向给出了解决方法,证明了海绵服务区的概念具有很好的应用前景。

关键词　海绵服务区;高速公路;雨水收集;生态湿地

一、引言

我国是一个以公路运输为主的大国,大力发展的公路交通带动了我国经济的快速发展。与此同时,服务区作为公路的重要服务设施,在道路网络中也占据了十分重要的地位。在高速公路网络发展壮大的大背景下,公路沿线的生态环境也不可避免地遭到了影响和破坏。因此打造绿色、可持续发展、资源节约型的“海绵服务区”将成为国内高速公路发展与建设的迫切需求。

广昌至吉安高速公路是《国家公路网规划(2013—2030 年)》规划的沈海高速公路第七条联络线福建莆田至湖南炎陵(G1517):湄洲湾—莆田—三明—建宁—广昌—吉安—泰和—井冈山—炎陵中的一段,也是《江西省高速公路网规划(2013—2030 年)》“四纵、六横、八射”公路网主骨架中第三横的中段。广吉高速公路主线路线经江西省三市六县区,路线全长约 155km。此线路建设旨在促进福建、江西、湖南三省的经济往来,改善交通出行条件,落实振兴发展策略,促进区域经济社会协调发展。

本文以广吉高速公路绿色公路为例,阐述方案设计中的生态举措及关键技术,在满足安全、生态恢复的前提下,顺应自然、利用自然、融入自然,并引入海绵城市的新概念,将广吉高速公路打造成为交通运输部第一批“绿色公路”建设典型示范路。

二、服务区现存问题

(一)雨季道路表面积水严重

服务区内道路积水严重的问题主要在两方面,首先该项目区的气候类型是典型的亚热带季风气候,四季分明,夏季短而秋冬季长,冬季冷而夏季热,春季湿而秋季干,4~6月降水量约占全年降水量的40%~70%。因此会出现春夏汛期严重,雨量过大,道路排水系统不畅的情况,雨季短时间内的强降雨对道路及其周边地区加大了冲刷,不仅如此,暴雨还会引起视觉不适等不利的环境效应[1],影响高速公路的行车安全。

另一方面在于服务区道路自身存在的问题。服务区内的常见车流多为超重的货运汽车,为了承载这些汽车的重量,服务区内大面积的土地都是不透水的硬质铺装结构,沥青路面也是其中非常常见的一种。一般情况下,沥青道路由于养护不当就会出现层间水、孔隙水,甚至是出现深层水等问题。路面积水不但会破坏高速公路的沥青路面,导致沥青路面出现病害,而且还会影响高速公路的整体结构稳定性,对高速公路的安全使用具有重大威胁[2]。

(二)服务区内用水紧张

服务区的用水紧张问题可以从两个方面来分析:首先服务区的外部供排水与城区内情况不同,作为远离城市相对独立的小型集散中心,地处偏远郊区且相对分散,服务区内的排水系统不能做到与市政排水管网一样纵横交错,无论是供水还是排水都受到制约。对比市政供排水,服务区的供排水系统相对独立,因此水资源的利用就会相对紧张。

另一方面,服务区供水收集来源——雨水,收集不足。目前国内服务区对雨水资源的利用也十分有限。大量雨水资源就以这种方式流失,有研究显示高速公路服务区有70%以上面积是不透水的表面铺装,主要分布在屋面、混凝土、沥青铺面的降雨量将形成地面径流[3],没有得到利用。所以如果能充分利用雨水资源来缓解服务区内水资源的缺乏问题,也将是一个十分有效生态举措。

(三)污染物排放、处理不当

高速公路建设过程中,由于施工周期长,在施工过程中有些机械设备会发出巨大的噪音,造成噪声污染,影响附近居民的正常生活环境[4];同时还带来了难处理的建筑垃圾,空气中的粉尘和废气也会污染周边环境。公路建成之后车流量剧增带来的汽车尾气中含有水蒸气、一氧化碳、二氧化碳、碳氮化合物、硫化物、甲烷、乙烯、醛和铅颗粒等污染物，这些污染物排放到大气中，渗透到水、土壤中，并逐渐累积，会对沿线的人类动植物产生不良影响。这种污染程度会随着公路营运时间的增长及交通量的增加而不断加重[5]。

高速公路对周边水环境的影响很大，尤其对地表水和地下水水质影响较为明显[6]。服务区内人流产生的生活污水大多时候会直接排放到外界环境中，这些污染排放都会对环境造成严重破坏。又因服务区位置特殊，车流和人流具有很大的不确定性，导致了高速公路服务区污水具有随机性和分散性。一般来说，服务区内的常驻人数有限，污染物浓度较低，污水处理规模小[7]。

三、海绵服务区

海绵服务区这个概念思路源自于海绵城市，是将海绵城市的相关理念运用于服务区的建设。“海绵城市”在我国属于新兴理念。2003 年北京大学俞孔坚和李迪华教授共同出版的《城市景观之路：与市长交流》中最早用“海绵”的概念比喻自然湿地、河流对城市旱涝灾害的调蓄能力[8]。海绵城市的雨水处理措施则更为强调雨水的自然循环过程，旨在保护和修复水生态系统的基础上有效缓解城市水安全、水资源、水环境问题[9]；旨在下雨时吸水、蓄水、渗水、净水，需要时将蓄存的水释放并加以利用，加大城市径流雨水源头减排的刚性约束。

“海绵服务区”建设的提出是考虑到高速公路服务区的位置特殊，供排水受影响较大的因素。如果能像“海绵”一样有弹性，在雨季通过屋顶、地面截流储存住大部分的降雨，同时收集部分生活污水通过生态系统的净化改变为可以二次利用的水源，就可以节省用于绿化淋灌、服务区道路浇洒及卫生间的冲洗用水。广吉绿色高速公路的服务区设计就秉持“海绵服务区”这个理念来贯彻落实。

四、“海绵服务区”关键技术应用

广吉高速公路绿色公路设计方案中融入了雨水花园、雨水收集系统和湿地污水处理景观展示区等设计形式，提出全程湿地生态净化理念。全程设计了 20～30 处湿地系统，做到了通过收集广吉高速公路排放的污水及雨水，再由公路周边的绿地系统过滤污染物，降解化合物，达到服务区的生态水循环。

生态设计技术主要体现在以下三个方面。

（一）雨水花园设计

为了解决服务区雨季路面雨水量大，地表径流流失；旱季雨水不足，绿地系统缺乏活力的问题,雨水花园吸附储存的生态系统就能改善当前存在的难题。雨水花园于20世纪90年代在美国马里兰州乔治王子县最先投入使用,随后在其他地区得到积极推广,用于住宅区、商业区以及道路两侧等不同地点的雨水处理[10]。雨水花园的设计主要运用海绵城市开发中的雨洪滞蓄设施,整个系统收集来自地面的雨水,通过土壤和植物的过滤作用使之净化,并将雨水暂时蓄留其中,之后慢慢渗入土壤中。

泰和北服务区为广吉高速公路的重点建设服务区。定位为绿色服务区。雨水花园最重要的部分是它的介质层和蓄水层,蓄水层在雨水花园结构层的表面位置,起到截流地表径流的作用;介质层是各种填料,用来存储慢慢下渗的雨水径流。为了预防道路积水问题的出现,在服务区南北两侧的停车区域和建筑的周边绿地均融入了雨水花园的设计。首先停车场的铺装没有选择不透水的硬质铺装,而是选择了可以植草的嵌草砖,嵌草砖下就是蓄水层,通过植物和蓄水层的收集和拦截,即便遭遇了特大暴雨也能比之前的铺装吸收更多的降雨量;其次通过竖向设计在停车区域的中间位置和一侧设计了雨水花园,通过厚砂土层、排水层、滤料层、隔离层、蓄水层和覆盖层构建了雨水蓄积系统,能最大限度地将短时间的强降雨蓄积在这个结构当中,缓解地表径流。雨水花园做法见图1。雨水花园内植物的选择尽量以当地的乡土植物为主,既耐寒又可以短期内耐淹根系发达的多年生植物。

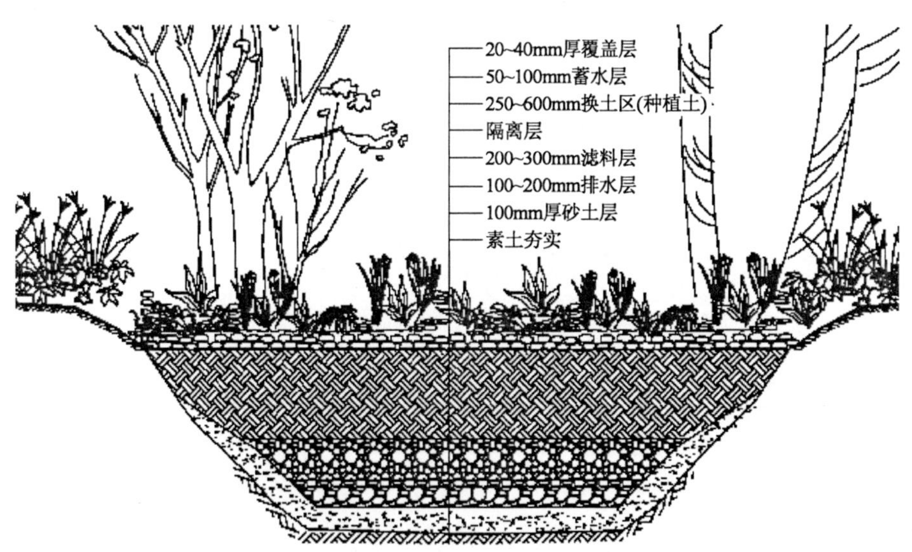

图1　雨水花园做法详图

(二)雨水收集系统

雨水收集是雨洪资源化利用的前提,海绵城市建设可通过天然水体及低影响开发设施实现雨水集蓄,而服务区同样也可以通过生态绿地的建设达到雨水积蓄的功能。雨水收集系统一般包括地面雨水收集系统和屋面雨水收集系统。根据现状场地情况,设置生态湿地,道路排放雨水收集后进入湿地,经过净化处理后排入就近支流,进入自然水循环。

1. 地面雨水收集

在没有铺装的绿地系统内,通过对服务区绿地的竖向设计,堆积填埋土方形成微地形,在下沉空间内设计下沉式绿地,通过地势的高低错落来形成天然引水结构层,在地底深处埋入蓄水池收集并储存雨水资源。在下沉绿地的表层填上覆盖材料,其下填充蓄水层积蓄雨水,底部附种植土能够满足植物的正常生理需求,基部夯实地基并填埋上厚砂土层。另外雨水花园内要选择既耐水淹又能耐旱的植物,可以一定程度上过滤掉雨水中的杂质,对雨水进行一定软化处理,随后通入最下层的地埋式蓄水池内。

而在有铺装的区域或是道路系统内,广吉高速公路绿色公路的道路雨水通过径流引导进入碎落台边沟、路堤排水沟的过滤,生态净化后再进入自然水循环中。雨水收集的过程中,尽可能地提高路面的雨水渗透率是十分重要的一步。服务区的地面尽可能地采用了多孔沥青与透水混凝土;硬质地板铺装也选择了透水混凝土砖、彩色透水混凝土和碎石铺地,最大程度上消减雨水径流量,补充地下水,体现了与环境共生的可持续发展理念。另外,服务区内还设有雨水收集房和花池等生态小品,植物的种植池(图2)也采取了基质的改造,运用了雨水花园的基部建设,增加了相应的透水材料,打造全方位的生态建设。

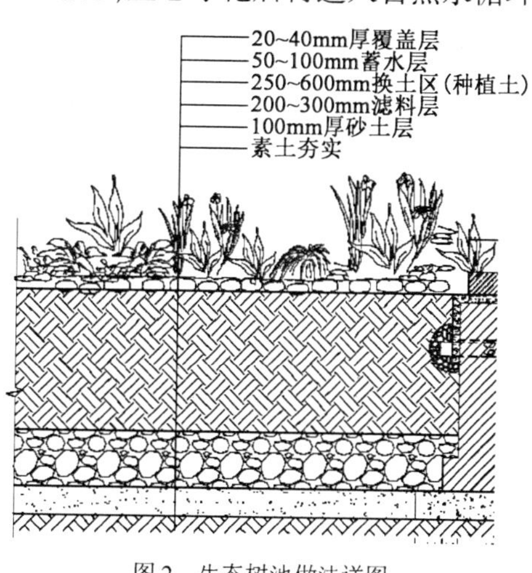

图2　生态树池做法详图

2. 屋面雨水收集

服务区内的屋面雨水收集,雨水经过雨落管流入屋顶花园内的植物浅沟再渗入排水层;屋顶花园内景观小品的雨水通过设置在其侧面的排水渠下渗进入排水层;绿地内雨水的收集分为两部分,没有形成地表径流的雨水直接下渗进入排水层,形成地表径流的雨水就近流入排水渠、植物浅沟或绿地低洼处滞留,再逐渐渗入排水层。所有进入排水层的雨水汇集到雨落管流入地下蓄水池,若蓄水池满则经过溢水口流入周边水体。

(三)生态湿地,污水处理及利用

随着高速公路建设的快速发展以及人们对公路环境问题认识的不断加深,高速公路服务区污水处理问题引起了人们的广泛关注[11]。广吉高速公路沿途江河、水库密布,水系分属江西东部的抚河和赣中的赣江。水资源十分丰富,但路段中也不可避免会有工厂漏油污染、施工料场污染、施工营地污染;服务区建筑用房内的人工污水与修理、停车、洗车处的污水也形成了复杂的污染物;互通枢纽车流量较大,机动车辆运行产生的副产物所带来的污染物如润滑剂、溶剂、废气里的石油烃及清洁剂里的表面活性剂、防冻剂,以及燃油添加剂、车体腐蚀,轮胎和刹车套利的重金属等,这些物质吸附地表和残渣,然后被雨水冲洗带入排水沟、小溪和湖里。因此设计提出的全程湿地净化处理是必要的。在选择植物时应着重考虑吸收和积累烃、铅、锌和总石油烃能力动植物,例如:普通香蒲、蓖草、黄菖蒲、黑三棱等。根据场地实际情况,将互通匝道内部设计为生态湿地景观,营造良好的生态生境。

距离湿地最外端与自然环境接触的系统在进行污水净化时与湿地的净化过程稍有不同,需要通过植物缓冲带来达到污水处理的目的。为了更好与自然环境和谐共处,泰和北服务区的植物缓冲带位置远离绿地系统。如果将污水收集起来统一排放至湿地范围会增加一定的经济困难,运用更生态节能的方式就是建立一条植物缓冲带,将道路雨水系统内的污水自行处理妥当。植物缓冲带详见图3。

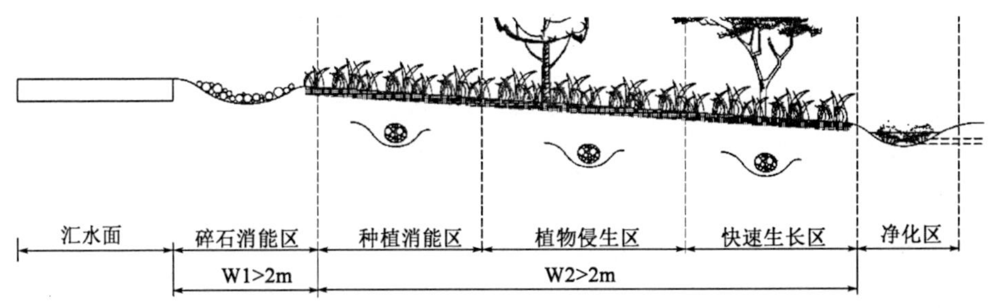

图3　植物缓冲带做法详图

植物缓冲带大致分为3个部分:汇水面、缓冲区和净化区。通过汇水面聚集大部分的地表径流经过缓冲区,缓冲区可以分为碎石,种植消能区和植物慢生、快生区。首先通过碎石和植物的阻力来减弱雨水的部分势能,减少水土流失的可能;植物慢生区种植生长缓慢的乔木、灌木,减缓地表径流同时滞留上一区域残留的污染物;快速生长区和净化区是种植速生植物的滨河区,易种植湿生植物的乔木和芦苇类的植被,稳固河岸河床、净化河水。

服务区湿地调节系统的主要过程为污水先进入调节池,然后用水泵将调节池中的污水抽到预处理设备中,经过简单的预处理后,污水即进入到该处理系统的核心——"生态床"中。生态床是一个由多种生物组成的生态平衡系统,通过光合作用和生化作用,污染物会逐级降解,最终分离出能清洁回用的水,蓄到清水池中。生态调节池详见图4。

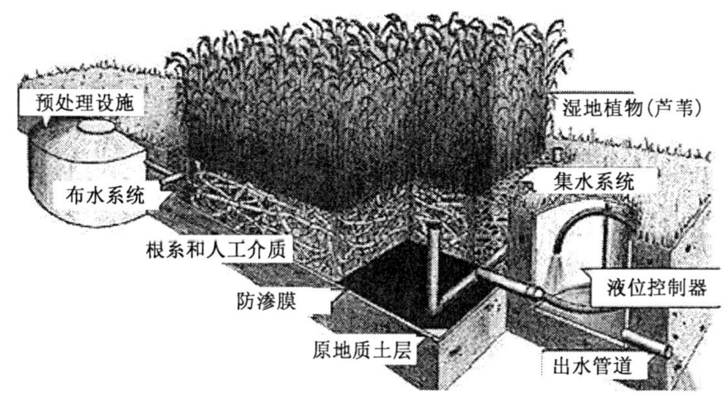

图4　生态调节池示意图

由于湿地植物吸收、微生物代谢以及基质的吸附、过滤、沉淀在人工湿地污染物的去除过程中起着关键作用,其中包含了物理、化学和生物三重效果的共同作用[12]。在湿地植物选择方面,利用芦苇荡、灌木丛等提供隐蔽栖息地引入本地水生植物,投放适量本地鱼类;增加蜜源植物,吸引昆虫;为鸟类提供食物,增加挂果植物,为鸟类在食物匮乏的季节提供食物,满足不同物种的生活需求,完善生物栖息地,构建完整的湿地生态系统。

互通枢纽内的人工湿地一般由人工基质(多为碎石)和生长在其上的水生植物(芦苇、菖蒲等)组成,是一种独特的"土壤—植物—微生物"生态系统。其主要设计参数包括:污水类型、水流负荷、渗滤介质、滞水深度和时间、流路的可控性、植物类型及管理模式等。一般认为,人工湿地成熟以后,填料表面吸附许多微生物,形成大量生物膜,它们协同分布于池中的植物根系,通过物理、化学及生化反应三重作用净化污水。

按照植物的种植特征从陆地到水域将人工湿地划分成边缘区、缓冲区、水域区(包括浅水区和深水区),根据这四个不同区域的功能及环境选出适宜的植物种类并合理配置。

(1)边缘区的植物选择与配置与一般绿地相似,边缘区的植物种类的选择可以根据当地环境条件来选择。

(2)缓冲区应该选择抗冲刷净化能力强和耐水湿的陆生植物和湿生植物。

(3)水域区应选择根系较发达、耐水污染及净化能力强的水生植物。

在满足以上条件与需求后,在广吉高速公路的设计中挑选了适合在人工湿地种植的植物种类。在乔木的选择与配置方面,选择了垂柳、旱柳、金丝柳、水杉、落羽杉、南洋杉、乌桕、紫薇、鸡爪槭、桂花等耐水淹植物;灌木的选择与配置选择了夹竹桃、红叶石楠、南天竹、朱蕉、木槿、海桐等;地被的植物选择是一叶兰、春羽、龟背竹、竹芋、合果芋、葱兰、文殊兰等;水生植物则挑选了旱伞草、美人蕉、水葱、香蒲、荷花、睡莲、慈姑、千屈菜、各类鸢尾等。通过上述的生态系统调节后,高速公路服务区内的污水就能以最绿色生态的方式净化,同时也是一种运行费用少、管理相对简单的措施。

五、结语

海绵服务区的概念及其生态建设模式,能够做到有效缓解服务区的用水紧张问题,同时改善生态环境,绿色环保,推进了绿色服务区再生水源利用,保证高速公路服务区水循环系统的平衡。该项技术日后不仅能给城市规划提供一定的参考价值,也能对给排不当的小型场地的生态建设提供方向。

参考文献

[1] 卓慕宁,李定强,贺新良,等. 论高速公路建设中的水土保持生态恢复[J]. 水土保持研究. 2002,10(4):209-211.

[2] 王磊. 高速公路沥青路面病害分析与养护办法[J]. 山西建筑,2018,44(4):140-142.

[3] 李鹏飞. 高速公路服务区雨水利用技术研究[D]. 西安:长安大学,2011.

[4] 张星. 高速公路施工期和营运期噪声污染防治措施探讨[J]. 山西交通科技,2014(5):83-85.

[5] 张中杰,张兰军. 高速公路营运期对环境的影响及保护策略——以巫山至奉节高速公路为例[J]. 交通建设与管理,2010(5):121-124.

[6] 刘国东,宋国平,丁晶. 高速公路交通污染事故对河流水质影响的风险评价方法探讨

[J]. 环境科学学报,1999,19(5):572-575.

[7] 李立新,周家祥,马贵华,等. 中水回用处理技术在高速公路服务区的应用与分析[J]. 环境与可持续发展,2018,43(3):156-158.

[8] 余孔坚,李迪华,袁弘,等. "海绵城市"理论与实践[J]. 城市规划. 2013(39)06:26-36.

[9] 胡楠,李雄,戈晓宇. 因水而变:从城市绿地系统视角谈对海绵城市体系的理性认知[J]. 中国园林,2015(6):21-25.

[10] 车武,李俊奇. 从第十届国际雨水利用大会看城市雨水利用的现状与趋势[J]. 给水排水,2002,28(3):12-14.

[11] 郑明明,陈硕. 建筑能耗监测平台的研究[J]. 智能建筑与城市信息,2009(10):53-55.

[12] 宋志文,王仁卿,席俊秀,等. 人工湿地对氮、磷的去除效率与动态特征[J]. 生态学杂志,2005,24(6):648-651.

智能连续压实技术在广吉高速公路路基碾压中的应用研究

谢雄伟　刘令君　郝国昌　李振宇

(江西方兴科技有限公司　江西　南昌　330000)

摘　要　针对传统道路压实施工容易欠压、过压,且施工效率较低的问题,研究智能连续压实技术在路基碾压中的应用,实现压实质量的实时、连续、自动化、高精度监测,保证作业质量,提高作业效率。在广吉高速公路的路基碾压施工中部署智能连续压实系统,实践检验了该技术的有效性。

关键词　智能压实;路基碾压;GNSS-RTK

一、引言

压实质量直接影响道路的最终施工质量。传统的压实质量评定主要采用事后现场抽检的方式实现,难以控制全局的碾压质量,且不能实现压实参数的实时监测,容易出现欠压、过压等问题[1]。本文阐释了智能连续压实技术的实现,并在广吉高速公路的路基碾压施工过程中采用该技术对智能压实指标[2]进行实时监测,结果表明该技术可有效提高施工质量,为道路压实的智能监测提供了有益探索。

二、智能连续压实系统设计

智能连续压实系统的设计以系统性、灵活性、可靠性为原则,同时兼顾成本。集成了 GNSS-RTK 厘米级高精度定位技术、碾压度检测技术、网络数据传输技术、数据处理算法以及图形渲染技术等。该系统由多个硬件和软件组成,主要包括 RTK 基准站与车载流动站、碾压度检测仪、车载控制箱、车载终端、无线网络数据通信系统、服务器与客户端软件等。

GNSS-RTK 技术即 GNSS 载波相位实时动态差分技术,通过 RTK 基准站播发差分信号,流动站接收差分信号进行相对定位解算,可实现流动站厘米级定位[3]。RTK 技术在地形测绘、工程放样中发挥了重要作用,在数字化施工领域亦有一定应用[4],在压实系统中采用 RTK 技术可实现车辆高精度定位,实时监测其工作轨迹。碾压度检测技术通过相应传感器等设备实现压实度等数据的实时采集[5]。三维位置和碾压度数据传输到车载控制箱,由控制箱将数据发送给服务器和车载终端显示设备。服务器接收并存储作业数据,对施工数据进行计算并分发计算结果到车载控制箱和客户端,此外,服务器还管理工程和标段的相关数据。服务器端程序在设计开发时充分考虑数据吞吐能力及算法的稳健性等。车载终端实时计算并展示当前碾压机的碾压轨迹、遍数、层厚等信息。客户端软件实现工程管理、碾压计算、成果管理、历史数据回放、报告查看等功能。智能连续压实系统如图1所示。

图1　智能连续压实系统组成

三、智能压实检测原理

智能压实的实时连续检测模块,通过在碾压机械上安装传感器,利用与土壤碾压度密切相关的某些参数来测定土体的碾压程度。随着碾压工作的进行,土的密实度和弹性模量不断增大,土与碾压轮之间的相互作用力也不断增大,所以碾压轮的加速度幅值也在不断增大,从而可以通过检测加速度幅值变化间接测出土体的碾压状况。智能压实指标CMV的计算方法可参考文献[6]。

车载式碾压度检测仪的基本构成如图2所示。

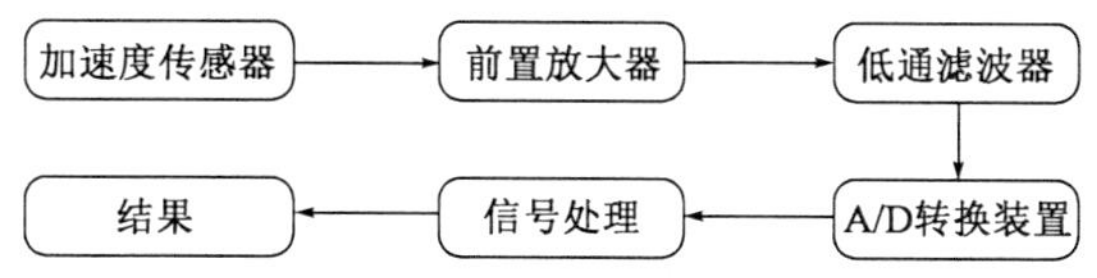

图2　车载碾压度检测仪的构成

四、智能连续压实技术在广吉高速公路路基碾压中的应用

广吉高速公路(广昌至吉安)途经抚州市广昌县、赣州市宁都县以及吉安多个区县,全长约156km。该公路的建成将极大方便相关地区出行,带动经济发展。

路基施工是道路施工的关键环节。路基碾压质量的好坏直接影响道路耐用性。在广吉高速公路项目的路基碾压施工中,为提高压实质量,采用智能压实技术对路基压实数据进行实时监测、分析、存储,避免漏压、过压。为实现压实数据的实时监测,保障系统的稳定运行,对相关软硬件及人员进行如下部署。

(1)RTK基准站的架设。RTK基准站负责播发GNSS差分信号,由车载GNSS接收机接收并实现厘米级定位。基准站架设于环境稳定、便于管理维护、便于供电的位置,为保证车辆定位的稳定性,基准站与施工区域距离控制在15~20km内。

(2)车载硬件。车载控制箱和终端显示设备安装于驾驶室内。压实传感器、温度传感器、车载天线等安装于车辆相应位置。

(3)服务器。服务器及对应程序是系统的核心组件,为确保其24小时正常工作需提供稳定的网络连接,且采用UPS电源确保供电稳定。

(4)人员。对项目中不同职责人员配备不同的操作权限,确保数据安全可靠。

该压实系统可采集、分析、输出多种监测数据。其中最核心的参数为智能压实指标和压实遍数。为体现压实遍数与智能压实指标之间的关系,取桩号K75+844-K75+964之间某日的路基碾压数据为样本,统计压实遍数与智能压实指标均值之间的对应关系。

五、结语

本文阐述了智能连续压实系统的技术基础、软硬件组成等,在广吉高速公路路基碾压中部署该系统对路基碾压质量进行实时监测,为道路压实质量实时监测积累了技术经验,也验证了现代智能连续压实的高效性。随着自动化检测技术的不断发展,智能连续压实技术将在道路、大坝等工程的压实监测中发挥更大作用。

路面施工质量专家辅助决策系统设计

谢雄伟[1] 唐建亚[2] 叶剑勇[1] 刘令君[1] 张海泉[1]

(1. 江西方兴科技有限公司 江西 南昌 330025;
2. 江苏中路信息科技有限公司 江苏 南京 211100)

摘 要 过程动态预警是路面施工质量信息化监管系统中重要的应用,发生预警后如何处理闭环。本文介绍了智能决策支持系统 IDSS、范例推理 CBR 两种方法,认为基于 CBR 实现 IDSS 来实现路面施工质量问题解决是有效的。提出了路面施工质量中专家知识库构建方法、知识检索方法,并设计了专家辅助决策流程,实现了路面施工质量信息化预警问题分级推送,根据问题的具体属性提供辅助决策。

关键词 路面;预警;专家知识库;智能决策支持系统;范例推理

一、概述

随着信息社会的到来,沥青路面施工质量信息化管理日趋成为常态。在应用信息化系统中,其中重要功能就是过程动态预警,即对于路面施工过程中存在的超限行为进行预警,从而实现“事中控制”。预警的形式也多样化,如现场的声光预警、短信推送预警、Web 系统平台预警等。但接收到预警后如何处置,尚没有行之有效的办法,这也成为道路工作者在应用信息化技术时的困惑,也制约了信息化技术在路面质量管理中的进一步推广应用。

本系统在分析了已有的辅助决策方法后,认为路面施工质量的形成,影响因素众多,经验性的咨询建议被认为是行之有效的方法。基于此,将沥青路面施工过程中的问题分模块、分参数进行属性化,根据以往沥青路面咨询工作经验梳理形成专家知识库,设计了基于哈希算法的知识检索方法,及专家辅助决策流程,工程管理人员在接收路面过程质量问题的同时,收到问题解决的建议措施,由此实现了路面质量预警问题的闭环,信息化监管系统切实为工程质量的提高发挥了积极作用。

二、专家辅助决策系统

(一)辅助决策支持系统

智能决策支持系统 IDSS(Intelligent Decision Support System)是决策支持系

统与人工智能技术相结合的产物,以系统信息技术为手段,通过在决策支持系统中集成专家系统,从而可针对某一领域中结构化或非结构化的决策问题,通过问题识别、修改完善模型、提供可行方案、自动比较选优等过程,为决策者在复杂的问题环境中短时间内做出有效的决策提供辅助支持。

智能决策支持系统属于广义的专家系统,即具备专家系统通过知识推理解决定性问题分析的特点,又具有决策支持系绕通过模型计算决策定量问题的优势,做到了定性分析与定量计算的有机结合。其中决策支持系统主要包含人员交互系统(由实例接收器、问题处理子系统构成)、数据库、模型库以及数据库管理系统和模型管理系统几个组成部分,专家系统主要包含知识库、知识库管理系统和推理机三个部分。系统总体体系结构如图1所示。

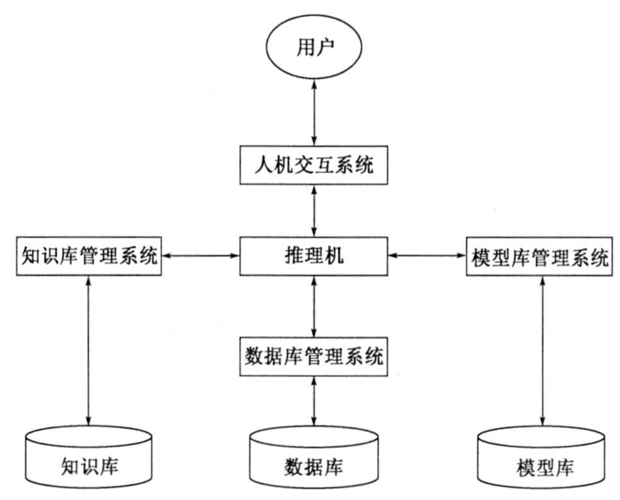

图1　决策支持系统体系结构图

(二)范例推理 CBR

范例推理 CBR(case-based reasoning)是新问题出现时,利用目标范例的信息,在历史记忆中检索获得源范例,再由源范例来指导目标范例求解的一种策略。范例推理是一种重要的机器学习方法,它简化了知识的获取过程,通过对旧知识的复用显著提高了问题求解效率,比较适用于解决难以直接通过公式计算来求解的问题。

范例推理为了寻找一个新问题的解,先去历史经验库中寻找相似的问题,从已发生过的相似的问题出发获得解,之后把这个解作为求解新问题的起点,通过修改而获得针对新问题的解。范例推理的过程包括:①检索(retrieve)、②重用

(reuse)、③范例修正(revise)、④保存范例(retain)四个过程。进而使得范例修正得到确切范例重新存储范例库,此过程为范例推理的学习过程(详见图2)。

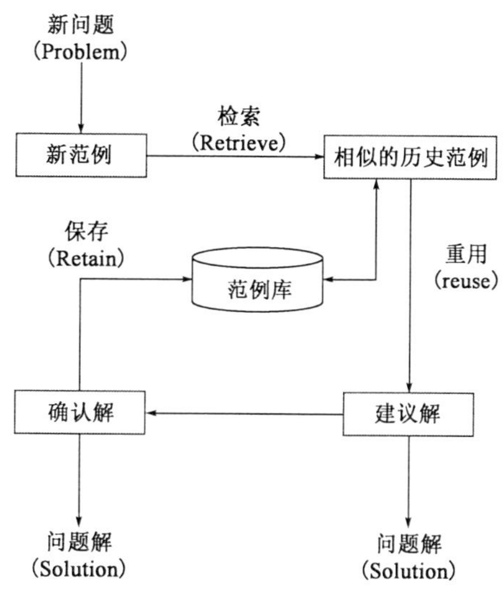

图2　CBR工作流程示例

路面施工质量的形成,影响因素众多,多环节、多工艺,难以确定因果关系,信息往往具有随机、模糊等不确定性,知识表示、因果关系的确定往往非常困难。唯一可以利用的是相关专家在长期的处理问题过程中积累的丰富经验和科研技术成果。

CBR恰恰非常适用于这种不具备很强的理论模型,领域知识不系统、不完全、难以定义或难以形成一致定义的,需要依赖于丰富历史经验的决策环境中的问题决策。另一方面,从决策任务适应性观点分析,路面施工质量的决策信息和决策结果总处于不断变化状态,但针对于不同决策信息的决策结果变化可以完全反映深层次的因果机制,这恰是可以基于CBR实现IDSS来有效实现路面施工质量问题决策、闭环的根本依据所在。

三、专家知识库及决策流程设计

实现路面施工过程质量问题的专家辅助决策,首先是要建立好预警问题类型、知识库,并设计出一套快速的数据检索方法,以实现用户收到问题信息的同时,也获得问题解决的建议方案。

(一)专家知识库的构建

基础数据库包含了完成系统所有辅助决策功能所需的所有知识及运算法

则,根据任务不同,需要构建不同的知识库,具体包含:预警等级判定数据库、预警问题数据库、专家知识修正数据库等,其一般结构如下:

<索引,结论,属性 1,属性 2……属性 n>

除了存储于关系型数据库中的结构化数据外,数据库还包含了与辅助决策相关的所有数据和算法,具体包括预案范例与存储模型转换算法、不同类型数据的索引生成规则、不同预案模型的相似性检索算法、不同预案模型的事件属性权重数据等。

基础数据库建设主要基于大量的沥青路面现场技术咨询服务案例和经验,以及对案例的数据化处理。从沥青路面施工和专项技术咨询角度来说,由于区域化的施工技术水平、原材料水平、气候特征等因素的影响,沥青路面施工质量和整体技术发展水平呈现较大的差异,也就是说区域性特征是路面监控和决策的重要影响因素。对于构建的专家决策系统来说,其也是重点的考虑因素。因此在基础数据库构建的样本来源选择时候,应重点结合选择本区域内的执行沥青路面的典型工程案例,作为数据库样本的主要来源,同时针对典型的路面施工问题,也将补充全国范围内的典型工程案例作为样本。针对路面工程质量控制中常见的波动值,暂梳理于表 1 ~ 表 3 中。

路面施工中预警问题检索库示例 表 1

预警模块	预警类型	属性
沥青混合料拌和生产	出料温度	A1
	油石比	A2
	混合料级配	A3
	…	…

路面施工中预警问题知识库示例 表 2

属性	专家知识库
A1a	①对拌和楼的沥青称量系统进行重新标定
A1b	②对拌和楼的沥青称量系统进行工作稳定性检查
A1c	③对拌和楼的沥青输送进行清理检查
A1d	④对沥青罐的定期检查
A1e	⑤设备开机阶段正常波动,操作可控
A1f	⑥混合料级试验取样
A1g	⑦监控设备发生故障,与现场实际情况不符

案例数字化处理示例　　表3

数据化类型	参数名称	单位	数值
属性参数	项目名称	—	A高速公路
	所处区域	—	A省份
	标段	—	2标
	混合料形式	—	普通沥青AC-20
	施工时间	—	2018.4.12
	……		
原材料参数	沥青针入度	0.1mm	72
	沥青软化点	℃	47.0
	……		
拌和参数	拌和温度	℃	165
	关键筛孔通过率	%	
	沥青含量	%	4.6%
	运输距离	km	20
	……		

(二)数据检索设计

检索算法用于按照规则将输入的属性信息转化为具体知识的索引,根据索引可直接从知识库中提取结论。由于知识属性以结构化的形式存储于关系型数据库中,为提高知识检索效率,采用哈希思想设计知识检索算法,即通过规则将知识属性信息直接转化为知识索引。通过索引直接从知识库中得到结论,由于各知识库中属性数量有限,并且各属性的取值有限,通过分层哈希可以有效避免结果的碰撞。检索过程如图3所示,其中A、B、X、Z为属性标准,ai、bj、xp、zq为各属性取值。

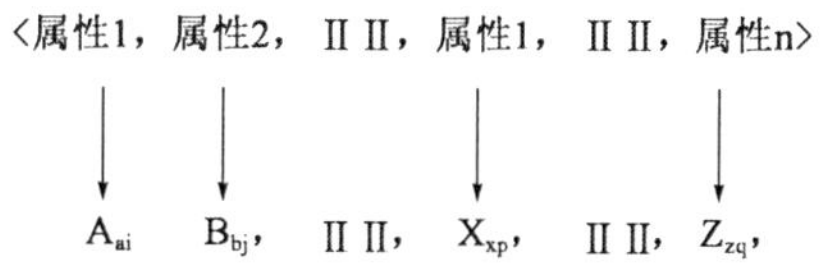

〈属性1，属性2，ⅡⅡ，属性1，ⅡⅡ，属性n〉

A_{ai}　B_{bj}，　ⅡⅡ，　X_{xp}，　ⅡⅡ，　Z_{zq}，

图3　知识索引示意图

(三)决策流程设计

专家决策模块的基本功能体现在对路面信息化监控数据的处理,实现对海量数据的信息与路面施工工艺完善措施的转换,从而实现路面质量的提升。然而从路面质量提升的角度来说,对于沥青路面的控制主要体现在两个层面上:其

一,通过对施工过程中关键控制参数的预警,实时反馈一线现场,调整施工工艺方案,达到控制当前施工质量的目的;其二,通过对既有已完成铺面的质量评价,梳理总结存在的问题,反馈并调整优化下阶段施工工艺方案,达到控制下阶段施工质量的目的。因此,专家辅助决策也可分为过程诊断和质量诊断,质量诊断主要是基于数据稳定性和合格率的施工质量评分。本文仅介绍过程诊断与辅助决策流程。

专家辅助决策流程中首先对于预警的等级进行设定,预警等级根据问题发生频率及超限范围设定,可设定至四级。其次是设置不同的推送对象,即预警问题的处置责任人。在用户接到问题后,又根据问题所包含的属性,如项目所在区域、公路等级、用户选择习惯等,向用户提供专家知识库。最终用户根据系统提供的专家知识库,选择处置,直到预警问题闭环(见图4)。

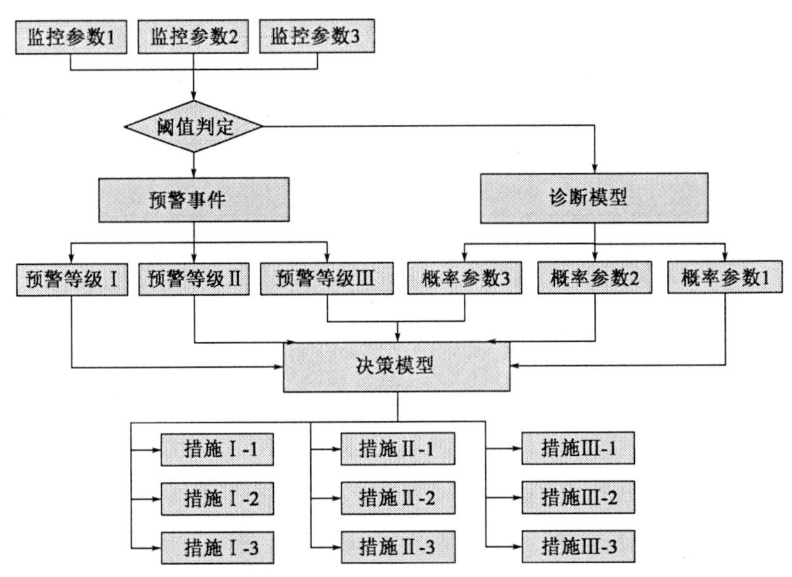

图4 专家决策诊断流程

四、专家辅助决策系统应用

专家辅助决策起始于预警问题的产生,即根据设定的质量控制阈值,产生质量波动的预警信息,该阶段生产的信息包括预警问题的基本信息(如工程项目、所在区域、标段、时间),系统根据预设的字段信息生成一条预警信息,如"K120+100(左幅)ABG-433型摊铺机,AC-13混合料摊铺温度135℃,控制下限

140℃，超出限值5℃”。在预警信息生成后，系统根据预警模块、类型、数值、产生频率等信息，对预警等级进行确定后，将信息推送给指定人员。系统通过基于CBR的IDSS自动生成预警问题的知识库，由此指定人员在接收到预警问题后，还可通过查询界面获取最优的解决措施信息。图5为基于微信公众号开发的预警决策系统，在工程项目中的应用实例。

1）收到预警　　2）多属性的问题描述　　3）专家知识库

图5　专家辅助决策系统应用实例

五、结语

路面专家辅助决策系统，将沥青路面信息化与专家咨询意见进行结合，建立了一般预警质量问题的专家知识库、知识检索方法及辅助决策模型流程。对施工过程预警问题提供了咨询意见，实现路面质量预警问题的闭环，让工程人员享受到信息化带来的便利，保证了工程项目施工质量，使得路面施工质量信息化监管系统更加具备推广应用价值。

参考文献

[1] Standard Practice for Intelligent Compaction Technology for Embankment and Asphalt Pavement ApplicationsPP81-2014[S],(AASHTO).

[2] 中华人民共和国行业标准. JTG F40—2004　公路沥青路面施工技术规范[S],北京：人民交通出版社,2004.

[3] 李政.常州市道路交通应急预案辅助决策系统设计与实现[J].东南大学,2015.
[4] 罗宇恒.基于知识推理的应急群决策支持系统的研究与设计[J].广州大学,2013.
[5] 王宣,唐建亚,邢永忠.基于物联网的智能监控系统在沥青路面施工中的应用研究[J].公路交通技术,2017(6),第33卷第3期:23-28.

基于混凝土放热速度的大体积混凝土温度场模拟

胡双达 李立辉 田 波 权 磊

(交通运输部公路科学研究院 北京 1000880)

摘 要 为了研究大体积混凝土的温度场分布,本文直接测量了水泥混凝土对外放热速度和内能变化量,并按照热力学第一定律,得到了水泥混凝土不同时刻的水化发热量;根据试验测得的水泥混凝土发热量,使用有限元软件,建立了有限元模型,模拟出大体积混凝土在浇筑、成型期间的温度场分布;在室外浇筑大体积混凝土,通过实际测量与模型比较,进一步验证了模拟结果和精度。研究结果表明:基于水泥混凝土放热速度的温度模拟方法可应用于大体积混凝土温度场计算。

关键词 道路工程;温度场计算;放热试验;大体积混凝土;水化热;放热速度

一、引言

混凝土浇筑后,由于水化热的作用,内部温度升高,再加上混凝土为热的不良导体,因此其成型硬化过程中发生的热量绝大部分不能很快消散,被蕴藏于混凝土内部,从而导致混凝土温度升高[1]。根据热传导规律,物体的热量传递与其最小尺寸的平方成正比,因此混凝土体积越大,水化热消散得越慢,温度分布不均造成的温度应力也越大。

水泥的水化热是影响大体积混凝土成型期间温度场的重要因素[3]。目前常用水泥的水化热和混凝土绝热温升来表示混凝土发出的热量。用这两个方法都存在部分问题:水泥在试验中的水化放热和在水泥与砂、石混合后的水化放热有很大区别;混凝土绝热温升只能间接反映混凝土最终的放热量,无法体现出不同养护温度下水泥的发热速度。为此,本文提出了使用混凝土放热速度来进行大体积混凝土温度模拟的方法。

二、测量混凝土放热速度试验

(一)试验装置

通过直接测量的方法来测定混凝土成型期间的放热量。

试验装置如图 1 所示。

热量桶中间放入试验桶以及试块,试验桶与热量桶之间布置了热流计,通过测量两者之间的热流密度来计算混凝土试块的对外放热速度。在试验过程中,热量桶可以选择不同的温度,结合工程的实际情况和操作难度,热量桶温度宜控制在 25℃。

此外,在混凝土试块中心布置了 PT100 型温度传感器,用于实时测量混凝土内部的温度变化情况。

试验桶为特制的钢桶,其直径为 15.0cm,高度为 30.0cm,其中可以用于装混凝土的最大容积为 4.5L。混凝土试块、试验桶和温度传感器如图 2、图 3 所示。

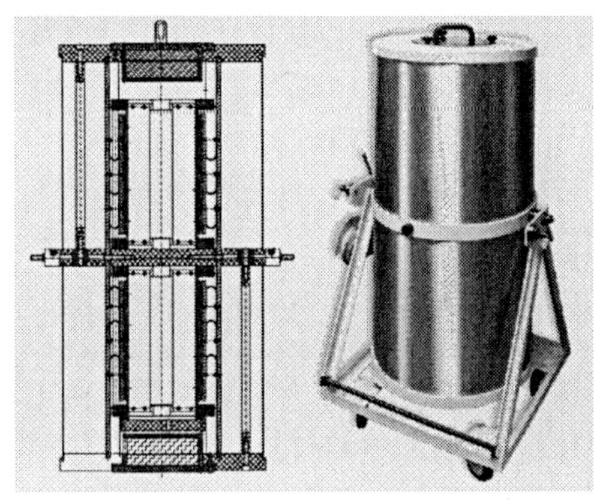

图 1　直接测量混凝土发热量装置

图 2　混凝土试块和试验桶

图 3　试验桶和温度传感器

由于试验中所用的混凝土几何尺寸较小(直径15.0cm),水泥水化过程中的热量可以均匀地分布于混凝土体内,温度分布均匀,故这里用混凝土中心温度传感器测得的温度表示整个混凝土试块的温度。

(二)试验原理

混凝土的放热量 $Q(\tau)$ 可以通过式(1)确定。

$$Q(\tau) = Q_1(\tau) + U(\tau) \tag{1}$$

其中:

$$Q_1(\tau) = \int_0^{\tau} q(t)\mathrm{d}t$$

$$U(\tau) = (c_c m_c + c_b m_b)(T(\tau) - T_0)$$

式中:$Q_1(\tau)$ ——混凝土试块对外放出的总热量;

$q(t)$ ——混凝土试块对外的放热速度;

$U(\tau)$ ——混凝土和试验桶的内能,放入热量桶开始测量时的内能记为0;

c_c、m_c——混凝土的比热容和质量;

c_b、m_b——试验桶的比热容和质量。

试验中,通过直接测量试验桶对外放热速度 $q(t)$ 后,积分得到 $Q_1(\tau)$ 。

(三)试验材料与步骤

在混凝土拌和之前,准备好定比例的原材料试样若干(水泥、水、粗细集料等),放入恒温箱内恒温一天,恒温箱内的温度即是试验温度25℃。如果拌和过程中环境温度低于25℃,可提高恒温箱温度,或是将砂、石放入烘箱加热。试验中的混凝土配合比见表1。

试验用混凝土配合比(kg/m^3) 表1

混凝土强度等级	水泥	水	砂	石	粉煤灰	矿粉	减水剂
C30	230	180	735	1100	50	100	6.9
C40	290	160	715	1075	50	100	8.7
C50	350	150	695	1045	50	100	10.5
C60	390	140	670	1020	60	110	11.7

开始试验之前,打开设备与软件,将热量桶温度控制在25℃,并保持稳定至少3h。

在试验桶桶壁抹油后称重。

取出恒温箱中的材料,将已经准备好的定比例材料搅拌后倒入已经称过重的试验桶,再次称重得到试验中混凝土的用量。

将试验桶放入恒温的热量桶中,测量混凝土内部温度和对外放出的热量。

三、混凝土放热速度试验结果

(一)散热情况和内能变化

以表1中C50混凝土为例,水泥混凝土放热试验结果如图4、图5所示。

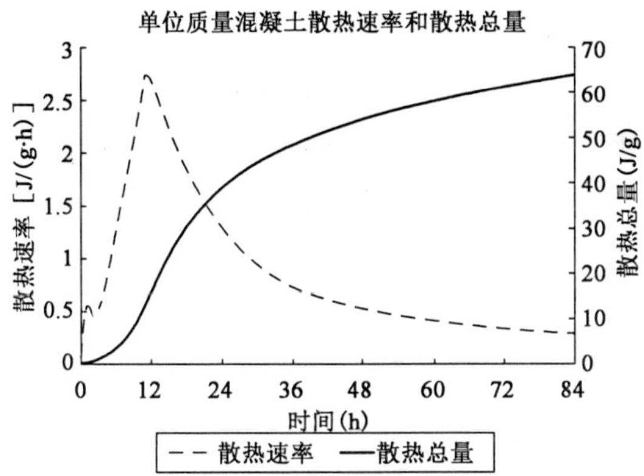

图4　单位质量混凝土散热速率和散热总量

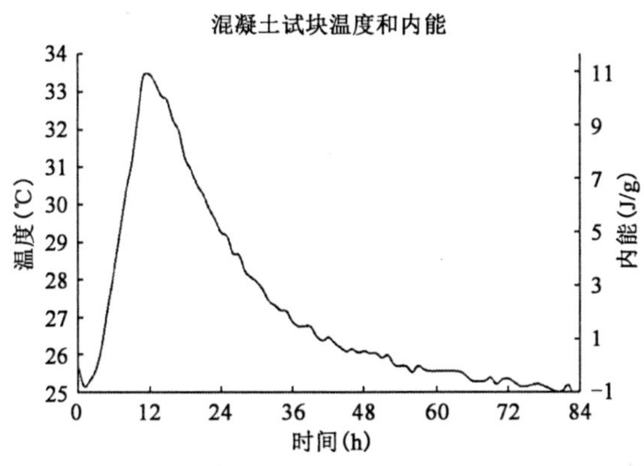

图5　混凝土试块内部温度和内能

试验测得混凝土试块对外散热情况如图4所示。混凝土的散热速率峰值出现时间为成型后的第11个小时,其最大散热速率为 q_{max} = 2.72J/(g·h)。之后,混凝土散热速率开始下降。同时,混凝土和试验桶的温度变化如图5所示。将初始状态时混凝土和试验桶的内能记为0, $U(\tau)$ 曲线和温度变化曲线走势相同,混凝土的最高温度为 $T_{max}=33.5℃$,出现在加水拌和后的第 12 个小时。

(二)总发热量

将混凝土的散热曲线和内能增加的曲线叠加,即得到混凝土的总放热曲线,如图 6 所示。

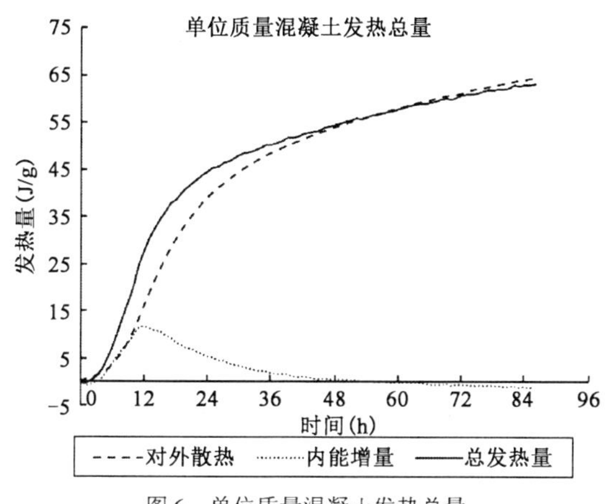

图 6　单位质量混凝土发热总量

当混凝土成型时间为 10h,混凝土的发热速率达到最大,为 4.40J/(g·h),在此之前,混凝土已经放出的热量为 20.58J/g。该配合比水泥混凝土的 3d 发热量为 60.64J/g。

(三)发热曲线拟合

参照水泥水化热和混凝土绝热温升的常用拟合公式,对混凝土发热曲线的拟合做如下的假设:

(1)在成型 h 小时以内,水泥和水未充分反应,混凝土发热速率由慢至快,考虑到该部分放热不大,假设混凝土在这阶段均匀放热。

(2)成型 h 小时,即混凝土发热速率达到峰值。

(3)成型 h 小时之后,混凝土发热速率逐渐下降,发热量曲线和水泥水化热、混凝土绝热温升曲线相近。

拟合曲线可以用以式(2)表示。

$$Q(\tau)=\begin{cases}\dfrac{Q_h\tau}{h},\tau\leqslant h\\[2ex]\dfrac{(Q_0-Q_h)(\tau-h)}{\tau-h+n}+Q_h,\tau>h\end{cases}\tag{2}$$

式中：h——发热峰时刻；

Q_h——至发热峰时混凝土发出的热量；

Q_0——$\tau \to \infty$时，混凝土最终发出的热量。

在热峰时间前，认为混凝土发出的热量随时间呈线性增加；在热峰时间之后，混凝土的发热量与时间呈双曲线关系。

采用 Levenberg-Marquardt 方法，对热峰时间后的曲线进行拟合，此时目标函数为不同时刻计算得到的放热总量和实测得到的放热总量之差的平方和，即

$$F(Q_0,n) = \sum_{\tau=h}^{t}[Q_\tau(Q_0,n) - Q_\tau^0]^2 \tag{3}$$

式中：Q_0,n——需要拟合的混凝土热学参数；

$Q_\tau(Q_0,n)$——计算得到的τ时刻混凝土放热总量；

Q_τ^0——τ时刻实测混凝土放热总量。

从热峰时间$\tau = h$后开始计算，共有t个数据点。

为使拟合结果与实测值最为接近，要求目标函数取到最小值，即

$$\mathrm{Min}F(Q_0,n) \tag{4}$$

编写函数，求解上述非线性拟合问题。

得到拟合曲线如图 7 所示。

拟合参数为：$h = 10\mathrm{h}$，$Q_h = 20.58\mathrm{J/g}$，$Q_0 = 70.13\mathrm{J/g}$，$n = 15.36\mathrm{h}$。

按照上述方法，测得其他 3 组配合比混凝土发热曲线和拟合结果如图 8 ~ 图 10 所示。

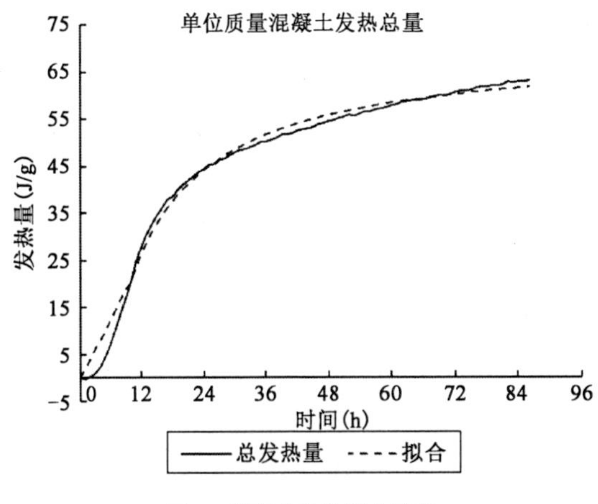

图 7 混凝土发热拟合结果

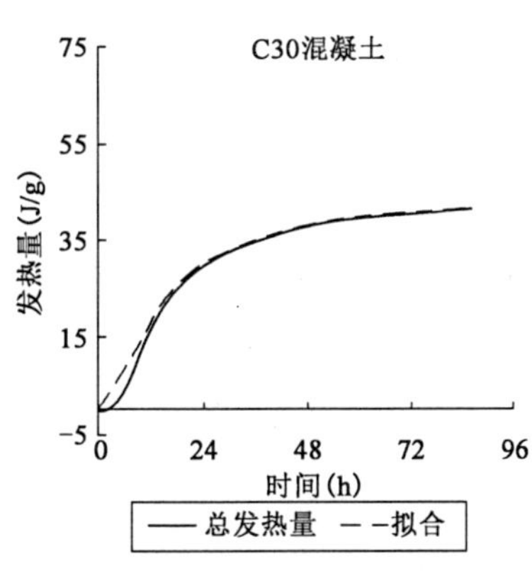

图 8 C30 混凝土拟合结果

拟合参数为：$h = 10\text{h}, Q_h = 14.35\text{J/g}, Q_0 = 47.15\text{J/g}, n = 14.27\text{h}$。
拟合参数为：$h = 10\text{h}, Q_h = 17.46\text{J/g}, Q_0 = 57.76\text{J/g}, n = 14.62\text{h}$。
拟合参数为：$h = 10\text{h}, Q_h = 22.44\text{J/g}, Q_0 = 77.94\text{J/g}, n = 15.42\text{h}$。

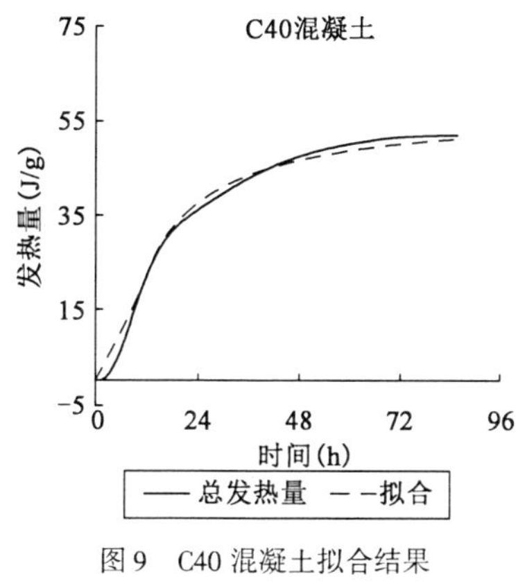

图9　C40 混凝土拟合结果

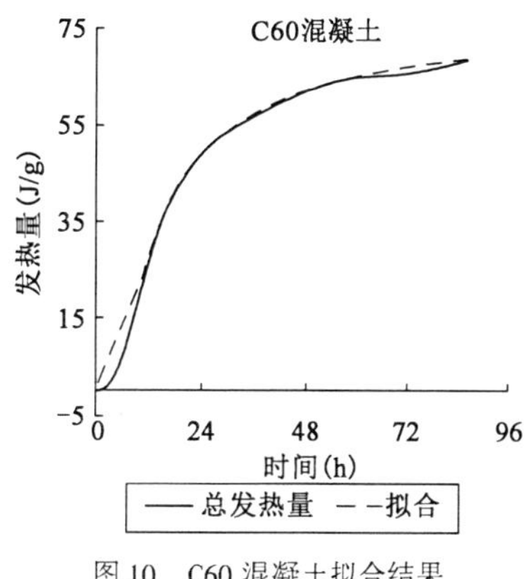

图10　C60 混凝土拟合结果

四、试验有限元模拟

(一)绝热情况下基于放热速度的温度场模拟

在理想的绝热情况下，混凝土中各处的温度保持不变，温度仅随时间变化，热传导方程为

$$\frac{\mathrm{d}T}{\mathrm{d}\tau} = \frac{q}{c\rho} = \frac{1}{c\rho}\frac{\mathrm{d}Q}{\mathrm{d}\tau} \tag{5}$$

其内热源 Q 已在二中(三)节中拟合得到，放热速度 q 可通过对发热总量 Q 求导得到。

对于上述4个配比的混凝土，在边界条件是绝热情况下，使用有限元软件建立相应模型，混凝土密度 $\rho = 2.4 \times 10^3\ \text{kg/m}^3$，比热容 $c = 1.0 \times 10^3\ (\text{J} \cdot \text{kg}^{-1} \cdot ℃^{-1})$，其温升随时间的变化图11所示。

(二)大体积混凝土温度场实测

室外试验采用和一中(三)节中相同配合比、相同原材料的C50水泥混凝土，试块大小为2.20m×2.20m×2.20m。在混凝土内部放置钢筋笼，每根钢筋长2.0m，钢筋外侧保护层厚度为10cm。在钢筋结点处绑上温度传感器，钢筋笼平面图和节点编号如图12所示(中心节点编号为A3)；在中间节点处埋设温度传感器,实时监测温度场变化情况,如图12所示。

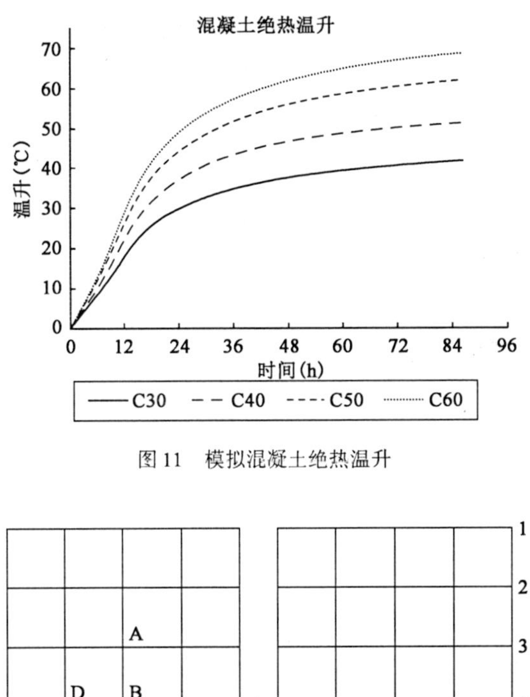

图11　模拟混凝土绝热温升

A
D B
F E C
钢筋笼俯视图
1
2
3
4
5
钢筋笼侧视图

图12　钢筋笼及传感器布置图

试块边界条件如下:

试块整体位于2.2m深的坑中,上表面放置厚度为3cm的聚苯保温板;四周为1cm厚木质模板、3cm的挤塑聚苯保温板以及土体;下表面直接与土体接触。挤塑聚苯保温板导热系数为0.10kJ/(m·h·℃)。土壤为粗粒土,比热为0.840×10^3J/(kg·℃),天然密度1.80×10^3kg/m^3,导热系数0.864kJ/(m·h·℃)。环境温度以及土壤温度均为5℃。出料时,混凝土温度为15℃。

试验块中间位置处,A列的温度如图13所示。

试验中测得大体积混凝土试块中的最高温度为75.3℃,温度峰值在浇筑后50~53h。

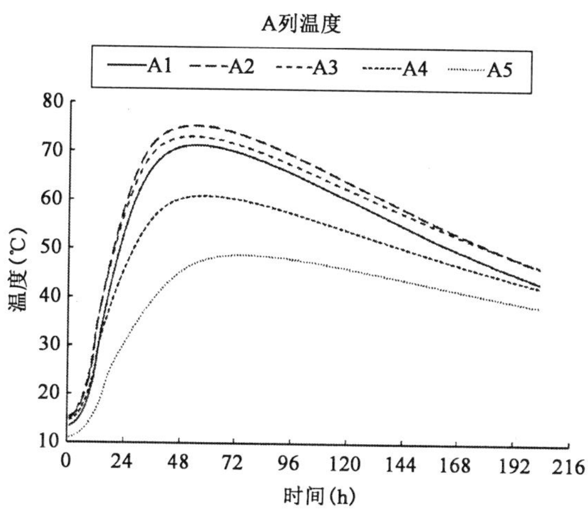

图13　试验块A列各点温度

(三)大体积混凝土温度场模拟

在有限元软件中建立上述模型,混凝土表面边界条件如下:

(1)上表面:混凝土上表面覆盖有一层30mm厚的挤塑聚苯保温板λ_i = 0.10kJ·m^{-1}·h^{-1}·℃$^{-1}$;环境温度5℃;固体在空气中放热速度为β = 82.2 kJ·m^{-2}·h^{-1}·℃$^{-1}$。属于第三类边界条件,等效放热系数为$\beta_s = \dfrac{1}{\dfrac{1}{\beta}+\dfrac{h}{\lambda}} =$ 3.20 kJ·m^{-2}·h^{-1}·℃$^{-1}$

(2)下表面:混凝土下表面直接与土壤接触,土壤温度5℃。考虑到混凝土直接浇筑在土体上,两者之间充分接触,接触界面上温度连续分布,热流也连续分布,属于第四类边界条件中接触良好的情况。

(3)四周:混凝土四周有30mm厚的挤塑聚苯保温板,保温板外侧才与土壤相接触。由于存在保温板,混凝土与土壤之间存在温差,但热流仍然连续,属于第四类边界条件中接触不良的情况,等效热阻$R_c = \dfrac{h}{\lambda} = 0.30\mathrm{m^2h℃/kJ}$。

(4)土壤远处:在土壤无穷远处,土壤的温度为5℃,属于第一类边界条件,$T = 5℃$。在实际建模中,四周土壤宽度为3m,土壤厚5m。

混凝土和土壤的热力学参数见表2。

混凝土和土壤的热力学参数 表2

	混凝土	土壤
密度($10^3kg/m^3$)	2.40	1.80
比热容($kJ\cdot kg^{-1}\cdot ℃^{-1}$)	1.00	0.840
导热系数($kJ\cdot m^{-1}\cdot h^{-1}\cdot ℃^{-1}$)	8.37	0.864
导温系数($10^{-3}m^2/h$)	3.475	0.5714

使用有限元软件建立上述模型,混凝土的发热量由拟合的结果给出,52h后,大体积试块温度达到峰值75.93℃,其中间截面温度云图如图14所示。

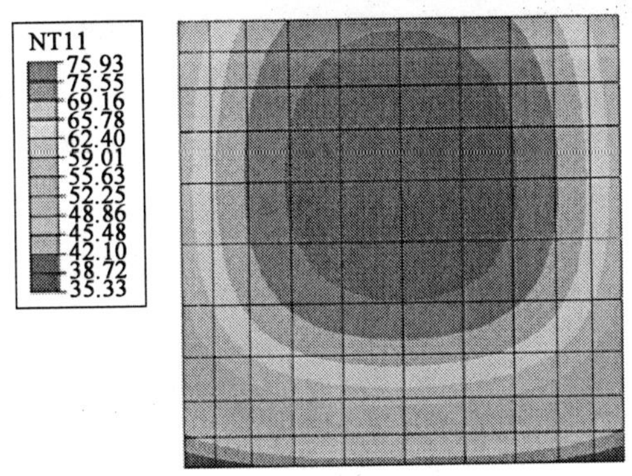

图14 温度分布云图

将模型A列各点温度与实测温度进行比较,情况如图15~图19所示。

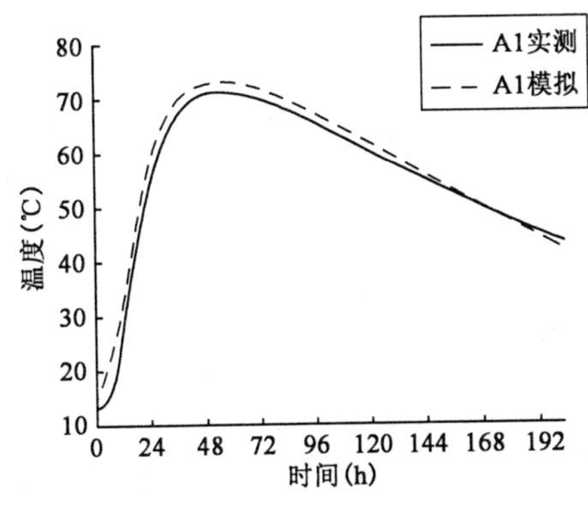

图15 A1实测、模拟温度对比

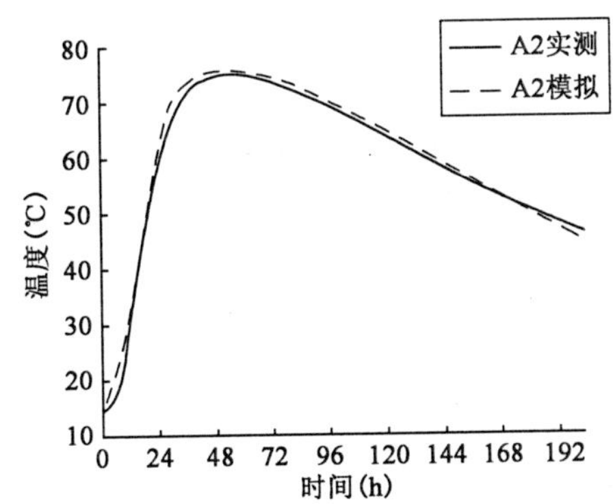

图16 A2实测、模拟温度对比

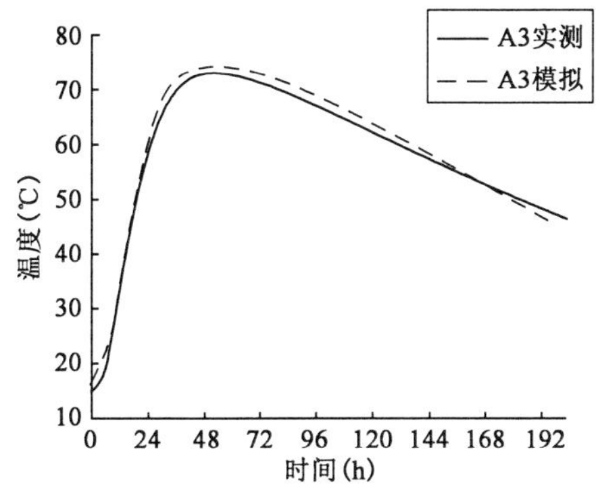

图 17 A3 实测、模拟温度对比

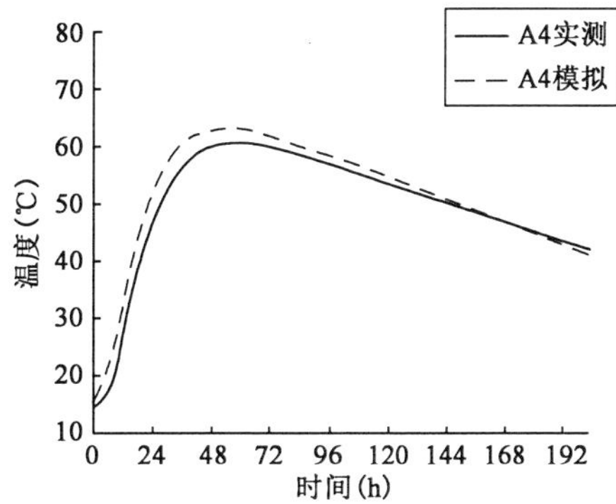

图 18 A4 实测、模拟温度对比

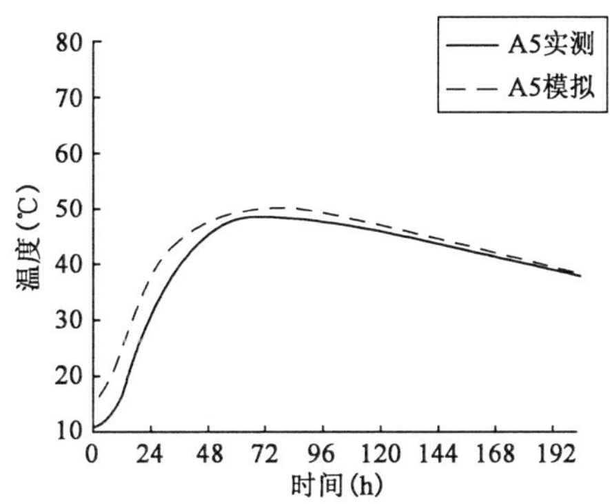

图 19 A5 实测、模拟温度对比

由于试块底部直接与土壤接触,热传导速度较大,而顶部盖有挤塑聚苯保温板,与空气的热对流较小,保温效果比底部好,因此,大体积试块最高温度并未出现在正中心 A3 处。试验中,A2 测得的温度要高于中心点 A3,在成型 50 ~ 53h 时,最高温度为 75.2℃。通过有限元模拟,在混凝土成型 52h 后,混凝土内部温度最高,最高温度的点位于 A3 正上方 0.34m 处,为 75.93℃。

使用直接测量水泥混凝土放热量的数据,与室外大体积混凝土温升试验结果保持一致,这表明基于混凝土放热速度的实验可以准确地描述水泥混凝土在成型期间内,各时刻的温度场。

五、结语

本文提出的基于水泥混凝土放热速度的温度模拟方法可应用于大体积混凝

土温度场计算，这可为大体积混凝土在温度预测及降温处理方面起指导作用。

参考文献

[1] 朱伯芳.大体积混凝土温度应力与温度控制[M].北京:中国水利水电出版社,2012.

[2] 栾尧,阎培渝,杨耀辉,等.大体积混凝土水化热温度场的数值计算[J].工业建筑,2008(02):81-85.

[3] Barrett P R, Foadian H, James R J, et al. Thermal – structural analysis methods for RCC dams[C]. ASCE, 1992.

[4] 王甲春,阎培渝,韩建国.混凝土绝热温升的实验测试与分析[J].建筑材料学报,2005(04):446-451.

[5] 朱伯芳.混凝土热学力学性能随龄期变化的组合指数公式[J].水利学报,2011(01):1-7.

[6] Gilliland J A. Thermal and shrinkage effects in high performance concrete structures during construction[M]. Univer sity of Calgary, 2000.

[7] 张威.大体积混凝土水化热温控分析[D].华中科技大学,2012.

[8] 林鹏,胡杭,郑东,等.大体积混凝土真实温度场演化规律试验[J].清华大学学报(自然科学版),2015(01):27-32.

[9] Choi S, Cha S W, Oh B H, et al. Thermo-hygro-mechanical behavior of early-age concrete deck in composite bridge under environmental loadings. Part 1: temperature and relative humidity[J]. Materials and structures, 2011,44(7):1325-1346.

“微创新”在广吉高速公路品质工程建设中的实践

钟昆志 吴 洋 刘礼辉

(江西省高速公路投资集团有限责任公司吉安管理中心 江西 宁都 342809)

摘 要 广吉高速公路作为全国第一批绿色公路建设典型示范工程项目,对绿色公路品质工程长抓不懈,在项目开工时即明确“智慧创新、绿色品质、独运匠心、追求卓越”为项目建设理念,在工程建设过程中积极推进小创意、小方法的应用。在2017年5月份的生产调度会上,项目办即动员全线施工单位集思广益,归纳推广项目“微创新”成果。2017年9月,国家质量监督检验检疫总局联合相关部门共同开展主题为“大力提升质量、建设质量强国”的全国“质量月”活动,“微创新”亦作为“质量月”活动的主要载体。广吉项目办也积极响应,适逢其时地开展广吉“微创新”成果评选活动。全线施工单位共提交48项“微创新”成果,通过评比,A6标《龙门吊安全悬浮滑接输电装置》等14项微创新成果分获一、二、三等奖和优秀奖。“微创新”活动的开展不仅调动了参建各方争优创先的积极性,也总结推广了项目建设过程中的“微创新”成果,为广吉高速公路绿色公路品质工程建设添砖加瓦。

关键词 广吉高速公路;绿色公路;品质工程;微创新

一、引言

广昌至吉安高速公路建设项目(以下简称“广吉高速公路”)作为交通运输部第一批绿色公路建设典型示范工程项目[1],在项目开工时即明确“智慧创新、绿色品质、独运匠心、追求卓越”为项目建设理念。广吉项目办(以下简称“项目办”)通过积极谋划,将创新驱动、科技创新和绿色低碳交通建设融入项目建设过程中,积极推进广吉绿色公路科技示范工程建设。

科技示范工作的开展既需要从引进新技术、新成果着手,也需要在工程实践中注重小创意、小方法的推广。项目办除了注重科技课题的应用外,在工程实践中也积极鼓励施工单位应用以往施工过程中的小经验及好方法,并在2017年5月份的生产调度会上,动员施工单位将这些小经验和好方法归纳总结,进行“微创新”成果集成工作。

2017年9月,国家质量监督检验检疫总局为贯彻落实《质量发展纲要(2011—2020年)》的要求,推进建设质量强国,联合相关部门共同开展主题为

“大力提升质量、建设质量强国”的全国“质量月”活动[2]。同时,交通运输部办公厅印发《关于开展2017年公路水运工程建设领域“质量月”活动的通知》,要求在建国省干线公路、大中型水运工程项目,农村公路、小型水运工程项目开展以“匠心聚力,打造公路水运品质工程”为主题的“质量月”活动,“微创新”亦作为“质量月”活动的主要载体[3]。广吉项目办积极响应,适逢其时地开展“微创新”成果评比活动。

二、广吉绿色公路科技示范工程建设

自广吉高速公路被选为交通运输部第一批绿色公路建设典型示范工程项目以来,项目办积极探索,力图将广吉高速公路建成一条绿色路、示范路、科技路。为提高项目绿色公路科技示范水平,项目办积极引进工程建设的新技术、新成果。例如,在K1－K71应用橡胶沥青路面技术,在泰和北赣江特大桥应用BIM技术,在CP2标应用排水沥青路面技术等。同时,为了保证上述新技术的成功应用,项目办投入1000多万元建设资金,与交通运输部公路科学研究院、东南大学、武汉理工大学等知名科研院所合作开展《广昌至吉安高速绿色公路建设适宜性技术研究与示范应用》《多雨地区高速公路双层排水沥青路面关键技术研究》等科研课题。

除了引进新技术、新成果外,项目办在日常管理中也注重对创新的推广应用。如在开工时印发的《项目管理大纲》中,即明确推进项目管理创新、技术创新,并制订创新管理制度进行奖励。在日常巡查过程中,项目办也积极和参建各方沟通,推进新技术、新方法的应用,同时也鼓励施工班组、作业队伍将小创意、小方法应用到施工实践中来。

三、“微创新”的定义

目前“微创新”主要有两个定义:一个是周鸿祎在2010年中国互联网大会“网络草根创业与就业论坛”提出的“微创新”互联网定义,周鸿祎提出“用户体验的创新是决定互联网应用能否受欢迎的关键因素,这种创新叫‘微创新’,‘微创新’引领互联网新的趋势和浪潮”。微创新也是面向知识社会的下一代创新发展环境下,创新2.0模式在互联网创新创业领域的生动阐释和实践[4];另一个是以“减法策略”、“除法策略”、“乘法策略”、“任务统筹策略”和“属性依存策略”五大策略为代表的产品创新定义[5]。从定义来看,本文的“微创新”更倾向于第二种。

具体到工程实践中,广吉项目办将“微创新”细化为工艺、设备、工法、管理上的小创意、小方法,并积极鼓励施工队伍、作业班组将创新想法落到实处,让

“哪怕是一点点改变，也是在进步、也是在创新！”深入人心。例如，在月度检查过程中发现B2标一名梁场工人自己加工的钢筋切割定位装置简单实用，当场即对他进行了表扬、鼓励；在A6标桥面铺装时发现其使用激光摊铺机技术摊铺的桥面铺装平整度好、效率高，也立即在全线推广使用。此外，他山之石，可以攻玉，项目办也将在其他项目应用的好的工艺、方法积极推广到项目建设过程中来。例如，将从武汉沌口大桥项目学习来的“龙门吊安全悬浮滑接输电装置”应用到项目梁场建设中，并最先在A6标应用；将从九江长江二桥项目学习来的“清水混凝土技术”推广到项目混凝土构件施工中，并每半月进行一次混凝土外观评级等。

在2017年5月的生产调度会上，项目办动员施工单位将这些小经验和好方法归纳总结，进行“微创新”成果集成工作。待2017年9月交通运输部“质量月”活动一经开展，项目办也立即开展了广吉“微创新”评选活动。

四、广吉“微创新”活动的开展

全线各施工单位共提交48项“微创新”成果，项目办组织全线监理单位对提交的微创新成果进行了集中展示，并现场进行了评比。通过两轮无记名打分，A6标《龙门吊安全悬浮滑接输电装置》、《预应力钢绞线整体穿束》以及A4标《液压夹轨器在架在龙门吊运行过程中的应用》等14项微创新成果分获一、二、三等奖和优秀奖。现将《龙门吊安全悬浮滑接输电装置》、《预应力钢绞线整体穿束》的原理介绍如下。

（一）龙门吊安全悬浮滑接输电装置

梁板预制梁场电缆的传统布置方式是采用大转盘圈着走，这种方式容易造成的电缆损伤，导致出现电路短路的情况，影响梁场施工的连续性，因此这种电缆布置方式需要经常检查维修，费时费力。而采用安全悬浮滑接输电装置消除了传统行吊电缆用大转盘圈着走容易造成的电缆损伤，避免漏电短路问题发生，提高了梁场整齐美观，大大降低了电力检修维护费用。

从经济效益看，电缆的传统大转盘布置方式需要每月检修一次，每半年更换电缆一次，而采用安全悬浮滑接输电装置可避免以上成本的发生，由项目开工至完工，可节省人工费、材料费累计约15万元，同时也大大降低安全风险。

（二）预应力钢绞线整体穿束

预应力钢绞线穿束一般都是采用人工进行，完成一片梁需要三四个工人花费半天的时间,并且经常发生多根钢绞线在波纹管内发生缠绕的情况,一方面穿束效率低,另一方面无法保证张拉时钢绞线均匀受力。而采用牵引拉线网套将多根钢绞线整体束紧后,用穿束机进行整体穿束,可有效避免多根钢绞线在波纹管内发生缠绕,保证钢绞线张拉应力分布均匀,并在钢绞线进口处设置水平导向轮,将钢绞线滚送至波纹管内,防止钢绞线牵引过程中摩阻过大造成的断丝损伤。

从经济效益来看,每片T梁一般有3个预应力孔道,若采用人工穿束,一个人独立完成一片梁的钢绞线穿束需要3.5h,采用钢绞线整体穿束则只需要0.5h即可完成,单片梁板节约人工成本约75元。另外,一个牵引拉线网套成本约50元,水平导向轮成本约500元,按每100片T梁计算,可节约人工成本约6950元,并提高7倍的作业效率。同时,采用钢绞线整体穿束可防止钢绞线在牵引过程中由于摩阻过大而出现损伤,防止张拉过程中出现危险。

五、结语

开展"微创新"活动不仅是广吉高速公路对《关于开展2017年公路水运工程建设领域"质量月"活动的通知》的积极响应,同时也是广吉高速公路对自身建设过程中小创造、小革新的及时总结。通过开展"质量月"、"微创新"活动,项目品质意识和质量观念得到牢固树立、技术创新氛围得到进一步浓厚、项目整体技能水平得到有效提升,"微创新"活动在广吉高速公路的开展取得了很好的成效,助推了广吉高速公路绿色公路、品质工程的建设。

参考文献

[1] 中华人民共和国交通运输部. 交办公路函〔2016〕466号. [2016-05-13]. http://www.china-jt.com/zbgg/43547.jhtml.

[2] 程虹. 以人为本:《质量发展纲要(2011-2020年)》的核心[J]. 中国质量万里行,2012(3):44-45.

[3] 唐兵. 加强市场综合监管 提升旅游服务质量——在2017年全国"质量月"活动新闻发布会上的讲话[J]. 中国品牌与防伪,2017(9):26-27.

[4] 向海龙. 微创新[EB/OL]. https://baike.baidu.com/item/%E5%BE%AE%E5%88%9B%E6%96%B0/9982874#viewPageContent.

[5] 向海龙. 微创新:5种微小改变创造伟大产品[EB/OL]. https://baike.baidu.com/item/%E5%BE%AE%E5%88%9B%E6%96%B0/13580500#viewPageContent.

广吉高速公路排水沥青路面配合比设计及性能研究

曹宇鹏[1]　梁　华[1]　李　刚[1]　杨志浩[2]　王显赫[3]

(1. 江西省高速公路投资集团有限公司　江西　南昌　330008；
2. 交通运输部公路科学研究院　北京　100088；
3. 中路高科(北京)公路技术有限公司　北京　100088)

摘　要　排水沥青路面为大孔隙结构，其具有较好的抗滑性能和降噪性能。本文依托江西省广吉高速公路排水沥青路面试验段室内试验研究，首先通过研究排水沥青混合料配合比的设计，选定了最佳级配；然后通过飞散和析漏试验确定了该级配的最佳油石比；最后进行排水沥青混合料的路用性能验证，主要包括：高温稳定性能、低温稳定性能、水稳定性能和渗水性能。通过分析可得本文所设计的排水沥青混合料可以满足江西地区的气候特点。

关键词　排水沥青路面；配合比设计；油石比；路用性能

一、引言

排水沥青路面或多孔隙沥青磨耗层(porous asphalt pavement 或 porous asphalt wearing course，下文简称PAC路面)采用大孔隙结构和渗透性的结构层，可以使路表的雨水下渗到面层结构内，沿着防水黏结层流出路面结构，可以消除地表径流，减少水膜厚度，可提高行车安全性，在我国具有广泛的应用前景。我国最早于20世纪80年代开始小规模地修筑透水性沥青路面试验路，且为面层排水结构即排水沥青路面。2005年，我国交通运输部公路科学研究院研发出了排水沥青路面专用高黏度高弹性改性沥青添加剂(HVA)，这是促进排水沥青路面在我国大面积推广应用的关键技术之一。2008年，我国在宁杭高速公路二期工程中修筑了全长约20.7km的透水沥青路面试验段，随后，排水沥青路面在江西永武旅游高速科技示范路、安徽宣宁高速公路、四川遂资高速公路、石家庄东三环以及石家庄和平西路等国内其他省份和项目也逐渐得到大范围应用。

排水沥青路面具有降噪、排水、减少刹车距离等优点。周海生通过研究材料的降噪性能和减震性能，得出大孔隙结构降噪性能优于密实型结构，后来其发现在沥青中添加橡胶可提高大孔隙沥青里面的降噪性能。刘彦林等人通过对大孔隙沥青路面的降噪机理、配合比设计及路用性能进行研究，提出了解决交通噪声的方法。同时,由于排水路面为大孔隙结构,这种结构可以减少轮胎与空气的高速抽、压,为这种压缩与抽吸提供了消散渠道。通过对试验路的检测研究,发现车速在40~80km/h时,PAC路面相比普通沥青路面可降低噪声2~3dB。PAC路面与普通路面隔水隔热不同,其内部的储水层的水分蒸发可以迅速降低路面的温度。根据研究表明,路表温度可平均降低约1.68℃,道路内部结构温度可平均降低5.98℃。由于排水沥青路面具有较多的路用性能优势,故越来越多的应用在了我国的城市道路和高速公路中,在全国公路建设中兴起了“排水沥青路面”热潮。

本文通过江西省广吉高速公路排水沥青路面试验路的铺筑为基础,研究排水沥青路面配合比设计的全过程,并进行其路用性能的研究。

二、原材料性能研究

(一)排水沥青路面专用沥青

排水沥青混合料的特点为大空隙沥青混合料,其目标空隙率在18%~25%,所以在目标配合比设计阶段一般将其设计为间断级配,且粗集料所占比例较大。通过比较同排水沥青混合料和普通沥青混合料的级配,发现排水沥青混合料比普通沥青混合料的粗集料增加了大约46%,而细集料则相对减少了71%。由于细集料的减少,导致粗集料间为点接触,若使用普通基质沥青或一般改性沥青,不能有效地将粗集料黏结在一起,在实际工程应用中会导致排水路面发生飞散、掉粒等现象,影响排水沥青路面的耐久性,故采用中路高科(北京)公路技术有限公司研发的排水沥青路面专用沥青,其性能指标检测结果见表1。

高黏度改性沥青技术指标检测结果 表1

指标	单位	检测值	技术要求	试验方法
针入度(25℃,100g,5s)	0.1mm	41	≥40	T 0604—2011
软化点(TR&B)	℃	95.0	≥90	T 0606—2011
延度(5℃,5cm/min)	cm	34	≥30	T 0605—2011
动力黏度(60℃)	Pa·s	411566	≥250000	T 0620—2011
布氏旋转黏度(170℃)	Pa·s	1.334	≤3.0	T 0625—2011
TFOT后残留物				T 0609—2011
质量变化	%	-0.119	±1.0	
针入度比(25℃)	%	76.9	≥65	T 0604—2011
延度(5℃,5cm/min)	cm	27	≥20	T 0605—2011

根据表1检测结果可以看出检测值均符合技术要求。需要重点关注的技术指标是60℃动力黏度，一方面该指标可以很好地反应沥青在夏季的耐热性能，且与混合料的车辙动稳定度和水稳定性有较好的相关性，混合料采用动力黏度大的沥青，其抵抗车辙损害和水损害的能力也强；另一方面，沥青的黏度与集料和沥青间的黏附性也有关系，沥青的动力黏度大，其表现出的黏附性也较好，在细集料含量较好的排水沥青混合料中，提高沥青的黏度是增强其耐久性的有效措施。由高黏度改性沥青检测结果可以看出，高黏度改性沥青的实测60℃动力黏度为411566Pa·s，远高于A级70号基质沥青60℃动力黏度的技术指标（不小于180Pa·s），说明高黏度改性沥青比普通沥青拥有更为优质的黏附能力。

（二）纤维

采用江苏海德新材料有限公司生产的聚酯纤维，掺量为沥青混合料质量的0.1%。

（三）填料

本项目填料采用石灰岩矿粉技术指标检测结果见表2。

矿粉技术指标检测结果

表2

项目		单位	检测值	技术要求	试验方法
表观相对密度		—	2.832	≥2.60	T 0352—2000
粒度范围	<0.60mm	%	100	100	T 0351—2000
	<0.30mm	%	100	95～100	
	<0.15mm	%	99.8	90～100	
	<0.075mm	%	94.6	80～100	
外观		—	无团粒结块	无团粒结块	—
加热安定性		—	无明显变色	实测记录	T 0355—2000

（四）细集料

本项目细集料采用粒径范围为0～3mm石灰岩机制砂，其技术指标检测试验结果见表3。

细集料技术指标检测结果 表3

检测项目	单位	检测值	技术要求	试验方法
表观相对密度	—	2.686	≥2.60	T 0328—2005
水洗法 <0.075mm 颗粒含量	%	9.4	≤3	T 0333—2005
砂当量	%	73	≥60	T 0334—2005
棱角性(流动时间法)	s	48	≥30	T 0345—2005
亚甲蓝值	g/kg	0.5	≤2.5	T 0349—2005

(五)粗集料

本项目粗集料采用粒径范围为 5 ~ 10mm、10 ~ 15mm 粗集料,其技术指标检测试验结果见表4。

粗集料技术指标检测结果 表4

检测项目	单位	检测值		技术要求	试验方法
		5 ~ 10mm	10 ~ 15mm		
表观相对密度	—	2.926	2.931	≥2.70	T 0304—2005
毛体积相对密度	—	2.892	2.904	≥2.60	T 0304—2005
吸水率	%	0.41	0.32	≤2.0	T 0307—2005
<0.075mm 颗粒含量	%	0.7	0.4	≤1	T 0310—2005
针片状	%	5.3	—	≤12	T 0312—2005
		—	4.7	≤10	
洛杉矶磨耗损失	%	6.6		≤20	T 0317—2005
石料压碎值	%	8.2		≤18	T 0316—2005
石料高温压碎值		11.3		≤20	T 0316—2005
软弱颗粒石含量	%	0.06	0.06	≤1.0	T 0320—2000
粗集料与沥青的黏附性	级	5		≥5	T 016—1993
磨光值	PSV	44		≥42	T 0321—2005

三、配合比设计及性能研究

(一)配合比设计

1. 级配

排水沥青混合料按其集料最大粒径的尺寸通常分为 PAC-05、PAC-10、PAC-

13、PAC-16、PAC-20。本项目所采用的排水沥青混合料按其集料最大粒径的尺寸为PAC-13,各档集料筛分及合成级配汇总见表5。

各档集料筛分及合成级配汇总　表5

粒径(mm)	矿粉	0~3mm	5~10mm	10~15mm	A级配	B级配	C级配	要求上限	要求下限	中值
16	100	100.0	100.0	100.0	100.0	100.0	100.0	100	100	100
13.2	100	100.0	100.0	79.5	90.3	91.0	90.6	100	90	95
9.5	100	100.0	97.8	14.3	58.8	61.3	59.6	71	40	55.5
4.75	100	100.0	18.9	0.4	20.7	20.9	18.9	30	10	20
2.36	100	94.3	1.0	0.4	13.1	12.6	10.7	20	9	14.5
1.18	100	58.5	0.7	0.4	9.7	9.2	8.1	17	7	12
0.6	100	38.5	0.7	0.4	7.9	7.4	6.7	14	6	10
0.3	100	21.9	0.7	0.4	6.4	5.9	5.5	12	5	8.5
0.15	99.8	14.3	0.7	0.4	5.7	5.2	5.0	9	4	6.5
0.075	94.6	9.4	0.7	0.4	5.1	4.6	4.4	6	3	4.5
A	4.0	9.0	40.0	47.0	—					
B	3.5	9.0	43.5	44.0						
C	3.5	7.0	43.5	46.0						

根据三种合成级配的筛分结果,结合工程经验拟定油石比为4.8%,并且外掺0.1%聚酯纤维。按照初选的三种合成级配分别成型马歇尔试件,且每组试件不少于4个,检验马歇尔稳定度和空隙率是否符合设计要求,其检测结果见表6。

沥青混合料目标配合比级配选定数据汇总　表6

测试项目	单位	A级配	B级配	C级配
最大理论相对密度	—	2.670	2.662	2.687
毛体积相对密度(真空密封法)	—	2.153	2.075	2.149
空隙率(真空密封法)	%	19.3	22.0	20.0
马歇尔稳定度	kN	4.75	5.15	5.52

由沥青混合料目标配合比级配选定数据汇总表可以看出B级配的空隙率最大,为22%。而C级配的空隙率为20%,且马歇尔稳定度在三组级配中最大,为5.52kN,故综合选定级配C作为本次目标配合比设计验证体积指标和路用性能的最佳方案。

2.最佳油石比

根据所选定的A级配曲线,以预估沥青用量上下浮动0.3%,即4.2%、4.5%、4.8%、5.1%、5.4%五组油石比分别进行沥青混合料谢伦堡析漏损失和肯塔堡飞散损失试验,实验数据见表7。将油石比和对应的沥青混合料谢伦堡析漏损失和肯塔堡飞散损失分别连成曲线,根据沥青混合料谢伦堡析漏损失曲线图中的拐点作为A级配的最大油石比,沥青混合料肯塔堡飞散损失曲线图中的拐点作为A级配的最小油石比,在最大油石比和最小油石比之间选择最佳油石比。

谢伦堡沥青析漏及肯塔堡飞散检测结果　　表7

油石比(%)	4.2	4.5	4.8	5.1	5.4
飞散损失率(%)	15.7	13.4	11.6	9.9	8.8
析漏损失率(%)	0.19	0.23	0.36	0.61	1.06

根据表7可以得出,最小油石比为4.74%,最大油石比为4.88%;参考析漏损失率和飞散损失率的绝对指标,结合广吉高速公路的地理位置、环境及PAC-13排水降噪沥青路面上面层结构特点,将本次目标配合比最佳油石比确定为4.8%。

(二)混合料路用性能研究

由C级配和选定的最佳油石比分别成型马歇尔试件和车辙板试件,并验证混合料析漏损失、飞散损失、马歇尔残留稳定度、冻融劈裂强度比、动稳定度、低温最大弯拉应变、渗水系数等性能,其结果见表8。

排水沥青混合料路用性能试验结果　　表8

试验项目	单位	C级配检测值	技术要求
马歇尔试件击实次数	次	50	双面击实50次
毛体积相对密度(真空密封法)	—	2.146	—
理论相对密度	—	2.684	—
空隙率(真空密封法)	%	20.0	20~23
马歇尔稳定度	kN	5.27	≥5.0
车辙试验动稳定度	次/mm	8815	≥6000
浸水车辙试验动稳定度	次/mm	5562	≥3500
浸水马歇尔试验残留稳定度	%	91.4	≥85
冻融劈裂试验强度比	%	90.8	≥80

续上表

试验项目	单 位	C级配检测值	技术要求
低温弯曲试验破坏应变	με	2589	≥2500
透水系数(马歇尔试件)	cm/s	0.29	≥0.20
渗水试验(车辙板)	ml/min	8421	≥5000

由表8可知排水沥青混合料的各项指标均满足技术指标。而江西省广吉高速公路地区为南方湿热多雨地区,夏季湿热多雨,冬季湿冷。这就要求这一地区铺筑的排水沥青路面具有较好的高温稳定性能、水稳定性能和渗水性能。

1. 高温稳定性能分析

评价PAC-13的高温稳定性能均采用60℃时车辙试验的动稳定度值,PAC-13的动稳定为8815次/mm,而施工技术指南中要求其不低于6000次/mm,表明PAC-13具有较好的高温稳定性能。

2. 低温性能分析

PAC-13的低温抗裂性能均采用低温弯曲破坏应变评价,从表8中的试验结果来看,PAC-13的低温弯曲破坏应变值大于技术要求,说明PAC-13的低温性能可以满足当地的低温要求。

3. 水稳定性能分析

江西为多雨地区,这就要求排水沥青路面具有较好的水稳定性。PAC-13的水稳定性通过60℃的马歇尔残留稳定评价,通过表8可以发现本项目中的排水沥青混合料具有较高的水稳定性,这是由于排水沥青混合料中所用沥青为添加HVA的高黏改性沥青,可以很好地黏结集料,使混合料保持了较高地残留稳定度。

4. 渗水性能

渗水性能是排水沥青路面的主要路用性能之一。本文采用路面渗水仪在室内成型的排水沥青混合料车辙板上进行渗水试验。由表8可知,其渗水系数为8421ml/min,远大于其性能指标,说明本项目的排水沥青混合料具有较好的渗水性能。

四、结语

(1)本文介绍了排水沥青混合料配合比设计的全过程,并通过江西省广吉高速公路排水沥青路面试验路的配合比设计为例,详细介绍了该过程。通过本文广吉高速公路排水沥青混合料目标配合比设计全过程选定了级配 C 作为最佳配合比,并通过飞散和析漏试验确定了 C 级配的最佳油石比为 4.8%。

(2)通过 PAC-13 沥青混合料目标配合比设计,确定沥青混合料相关体积参数:最大理论相对密度为 2.684,毛体积相对密度为 2.146(真空密封法),空隙率为 20.0%。

(3)本文通过试验,研究了排水沥青混合料的路用性能,其各项指标均满足技术指标;并且针对江西广吉高速公路的气候特点重点分析了排水沥青混合料的高温稳定性能、低温稳定性能、水稳定性能和渗水性能。通过分析认为本文所设计的排水沥青混合料可以满足江西地区的气候特点。

参 考 文 献

[1] 曹东伟,刘清泉,唐国奇. 排水沥青路面[M]. 北京:人民交通出版社,2009.

[2] 许斌. 排水沥青路面预防性养护技术研究[D]. 2016.

[3] 刘文松. 纤维排水沥青混合料试验评价[D]. 长安大学, 2011.

[4] 周海生,吕伟民,葛剑敏,等. 阻尼沥青路面降噪特性的研究[J]. 公路交通科技,2005,22(8):8-11.

[5] 周海生,葛剑敏,吕伟民,等. 阻尼减振式低噪声沥青路面的研究[J]. 上海公路,2003(s1):80-83.

[6] 刘彦林,牛增永,胡达平. 沥青混凝土低噪声路面技术研究[J]. 市政技术,2004,22(3):139-142.

[7] Wayson R L. RELATIONSHIP BETWEEN PAVEMENT SURFACE TEXTURE AND HIGHWAY TRAFFIC NOISE[M]. 1998.

[8] 许雪莹,曹卫东,葛剑敏,等. 骨架密实型低噪声路面降噪机理的实验研究[J]. 应用声学,2008,27(1):7-10.

[9] 成华. 城市道路排水性沥青混合料 OGFC 应用研究[D]. 长安大学,2011.

桥头台背回填泡沫轻质土体积稳定性能的研究

李立辉[1] 田 波[1] 韩根生[2] 郭乔明[2]

(1.交通运输部公路科学研究所 北京 100088;
2.江西省高速公路投资集团有限公司 江西 南昌 330000)

摘 要 通过Toni恒温水化量热仪测试了粉煤灰掺量对泡沫轻质土水化放热规律的影响,比较分析了聚丙烯纤维(PP)、粉煤灰和高吸水树脂(SAP)对泡沫轻质土收缩变形的影响,以及硅油对泡沫轻质土疏水性能影响研究。结果表明:泡沫与粉煤灰均没有改变水泥浆的水化放热规律,但掺入后,延长了诱导期和加速期,降低了水泥浆体水化速率和延迟放热峰值出现,与此同时,泡沫会降低水化热传导效率,降低散热速率;PP纤维、粉煤灰和SAP均可有效降低泡沫轻质土自收缩,PP纤维和SAP效果显著;SAP可显著降低泡沫轻质土干燥收缩,粉煤灰掺量大于40%时,不利于抑制干缩收缩;内掺和外喷涂硅油均可有效降低泡沫轻质土吸水率,但前者更显著。

关键词 道路工程;泡沫轻质土;水化热;收缩变形;体积吸水率

一、引言

国内桥头台背常规填筑造成严重桥头跳车现象以及高维修成本等问题,影响安全行驶和公路长期寿命。现浇泡沫轻质土具有轻质性、竖直性、高流动性、容重和强度可调性及施工便捷等特点,其用于台背回填,可大大缓解桥(涵)与路基间差异沉降的变化梯度,使桥基间差异沉降的变化缓慢化、均匀化,从根本上消除高速公路中的桥(涵)与路基间的跳车问题,而且该泡沫轻质土产生的侧向土压力小,不会使桥(涵)发生偏移,间接对桥(涵)起到一定程度的保护作用[1-4]。

但仍存在一些问题,泡沫轻质土凝结缓慢,水化热偏高,浇筑体的中心温度最高可达70℃,因高温消泡导致浇筑体在固化前产生较大沉降和变形[5]。有研究认为泡沫轻质土硬化收缩比普通混凝土大很多[6],与水泥用量、水灰比和掺和料的使用及养护方式等密切相关。认为通过降低胶凝材料用量,使用矿物掺和料(如粉煤灰[7])取代,同时加强养护(内养护特别适用于大体积混凝土[8])能够降低泡沫轻质土的收缩。另外,干密度在600kg/m^{3}及以下的泡沫轻质土,吸水率普遍偏高，一般大于10%甚至大于15%[9,10]，并且随着密度的降低，吸水率增大的趋势加剧，导致形成渗水通道和介质出入的媒介，在干湿循环、冻融循环及荷载作用的多因素耦合作用下，快速劣化，耐久性大幅降低。本文将通过Toni恒温水化量热仪测试粉煤灰掺量对泡沫轻质土水化放热规律的影响，比较分析聚丙烯纤维（PP）、粉煤灰和高吸水树脂（SAP）对泡沫轻质土收缩变形的影响，以及硅油对泡沫轻质土疏水性能影响开展研究。

二、试验

（一）原材料

试验用水泥为北京琉璃河P·O-42.5普通硅酸盐水泥；粉煤灰选用唐山陡河电厂II级粉煤灰；发泡剂为自制高性能水泥发泡剂；高吸水树脂由清华大学提供，粒径为100～400μm，高吸水树脂在饱和石灰水中的饱和吸水量分别为其自身质量的30倍；市售10mm耐碱聚丙烯纤维，水为自来水。

（二）试验配合比

试验配合比见表1，水泥稀浆为未掺入泡沫的净浆。

试验配合比 表1

类型	水（kg/m³）	水泥（kg/m³）	粉煤灰（kg/m³）	泡沫率（%）
1	220	450	0	0
2		450	0	65
3		360	90	
4		270	180	
5		180	270	

（三）试验方法

1.混凝土水化放热量

通过直接测量的方法来测定混凝土水化放热量，试验装置如图1所示。

热量桶中间放入试验桶及试样，试验桶与热量桶之间布置了热流计，通过测量两者之间的热流密度来计算混凝土试样的对外放热速度。

2.收缩变形

自行制作一侧预先切开的ϕ100mm×420mm的PVC管材，内侧壁均匀涂抹润滑油(润滑油可减小内壁与混凝土之间的摩擦力,减小试验误差),并将直径为100mm、厚度为20mm的平整钢板,即底座装入试模,用胶带将切口与底座黏结密封为一整体,并用保鲜膜将整个模具除顶口外,密封包裹。试件竖直,顶端固定千分表测量竖直方向的长度变化量。

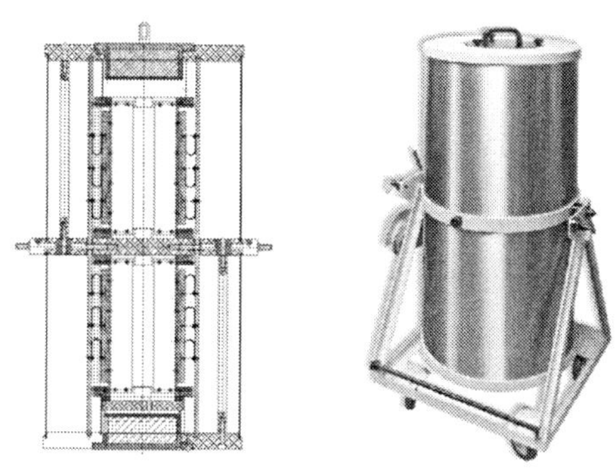

图1　德国Toni恒温水化量热仪

试件密封为自收缩测量,自收缩测试完毕后,除去试件表面的PVC管材、保鲜塑料薄膜,测量的变形量为干燥收缩。

$$\varepsilon_{\text{auto}} = \frac{|L_{a0} - L_{at}|}{400} \tag{1}$$

式中:$\varepsilon_{\text{auto}}$——测试龄期为$t$时刻的混凝土自收缩率,$t$从开始加水算起;

L_{a0}——自收缩测试试件第1次测量时,千分表读数值,精确至0.001mm;

L_{at}——自收缩测试试件t龄期时,千分表测量数值,精确至0.001mm;

400——自收缩测试试件原始长度,为400mm。

$$\varepsilon_{\text{dry}} = \frac{|L_{d0} - L_{dt}|}{D_{d0}} \tag{2}$$

式中:ε_{dry}——测试龄期为t时刻的混凝土自收缩率,t从开始加水算起;

L_{d0}——干燥收缩测试试件第1次测量时,千分表读数值(mm),精确至0.001mm;

L_{dt}——干燥收缩测试试件t龄期时,千分表测量数值(mm),精确至0.001mm;

D_{d0}——干燥收缩测试试件的初始长度(mm),精确至1mm。

3.体积吸水率

(1)内掺入:将甲基硅油(MSO)和氨基硅油(ASO)分别按水泥质量的0%、1%、3%和5%掺入泡沫轻质土中,试件在相对湿度60% ±5%,温度20℃ ±2℃下环境下养护7d后,测试不同水中浸泡(全浸泡)时间下泡沫混凝土的体积吸水率变化。

(2)外喷涂:试件脱模后放置85℃ ±5℃烘箱中干燥24h,按照150g/m² 涂刷量,将甲基硅油(MSO)和氨基硅油(ASO)分别均匀涂抹在试件表层,表层处理的试件转入湿度60% ±5%,温度20℃ ±2℃下环境下养护7d后,测试不同水中浸泡(全浸泡)时间下泡沫混凝土的体积吸水率变化。

三、结果与讨论

(一)水化热与温升

图2~图6为掺粉煤灰和泡沫水泥浆的水化放热速率和水化放热总量与时间的关系曲线。

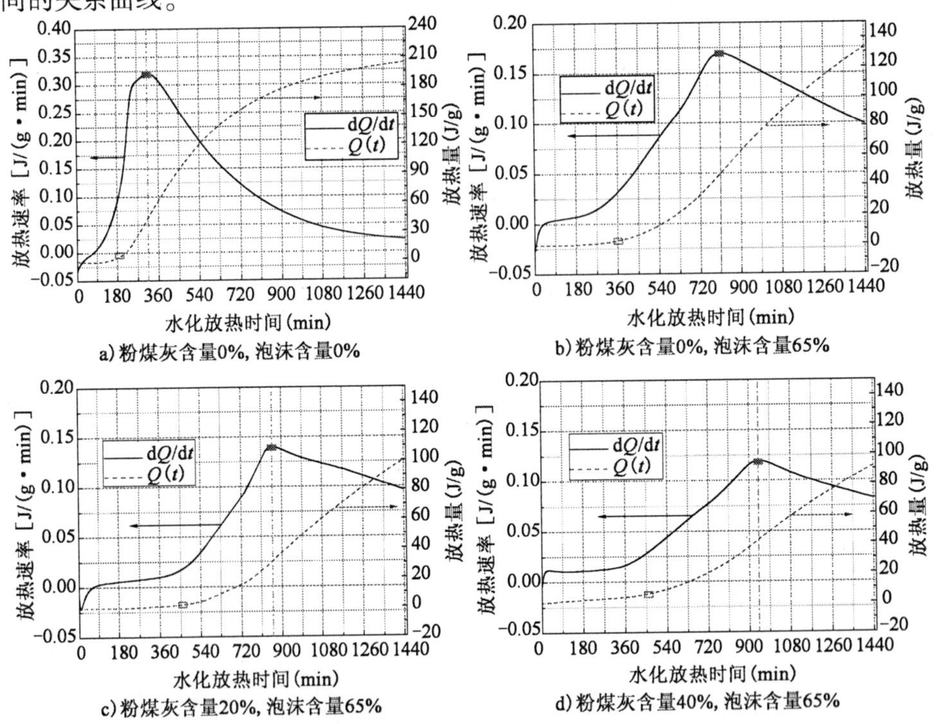

图 2

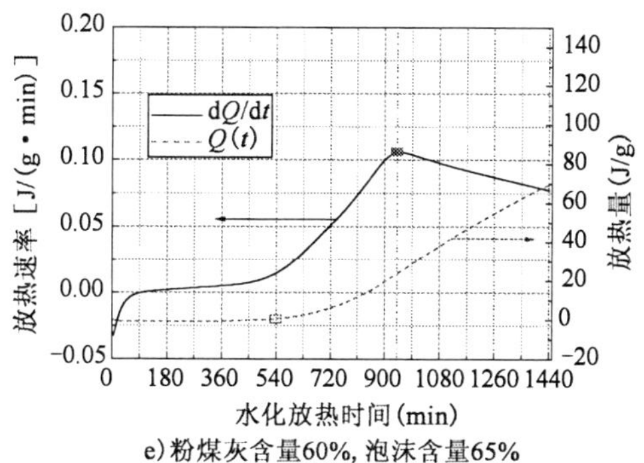

e）粉煤灰含量60%，泡沫含量65%

图2　泡沫和粉煤灰对水泥浆水化放热的影响

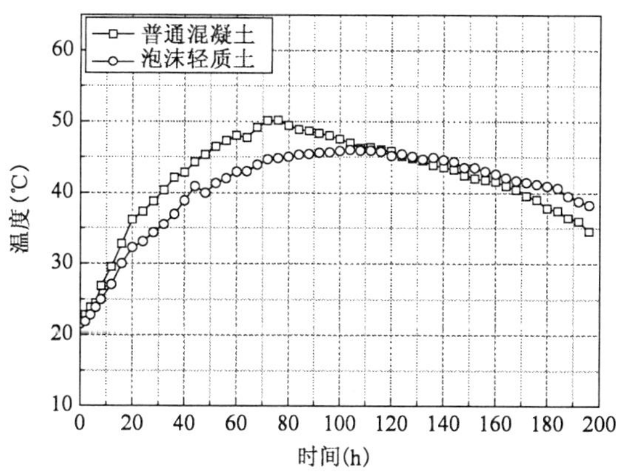

图3　普通混凝土和泡沫轻质土的水化温升

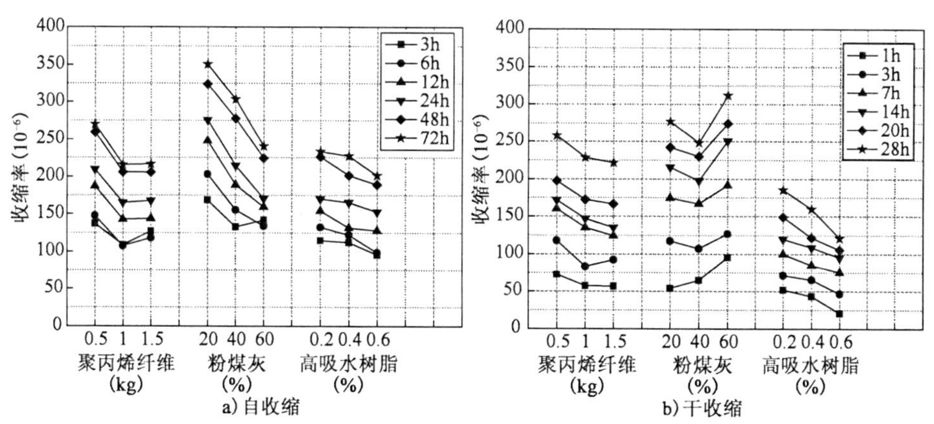

图4　不同聚丙烯纤维、粉煤灰和高吸水树脂掺量对泡沫轻质土收缩的影响

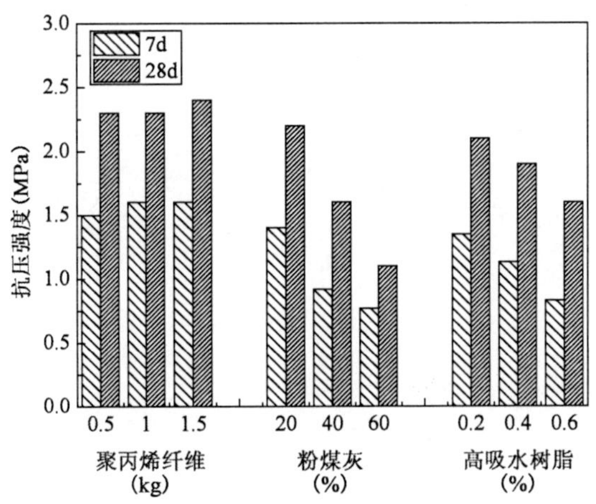

图5　不同聚丙烯纤维、粉煤灰和高吸水树脂掺量对泡沫轻质土抗压强度的影响

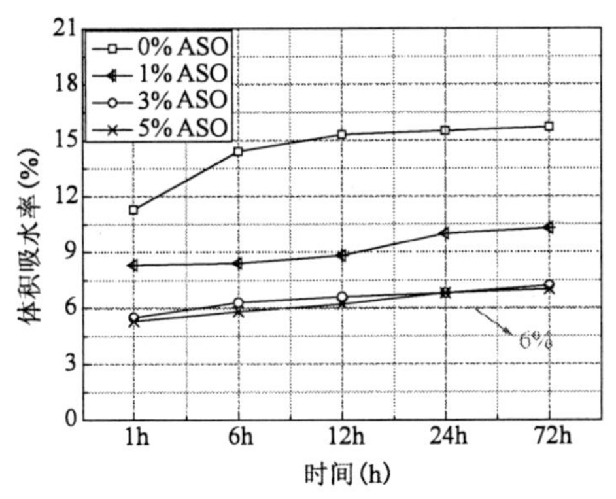

图6　内掺甲基硅油(MSO)对体积吸水率的影响

与空白水泥浆图2a)对比，粉煤灰和泡沫的掺入并没有改变水泥水化放热的规律，仍然显示5个阶段：溶解期、诱导期、加速期、减速期和缓慢反应期。泡沫的掺入延长诱导期和加速期的时间，对比图2a)、b)可知，水泥浆均匀混合65%体积泡沫后，诱导期约延长2倍，加速期相比空白持续4倍时长，但反应速率明显降低。其原因可能是气泡将水泥颗粒隔离为无数“空间孤岛”，水化初期孤岛间空气降低热传导，影响钙矾石成核与铝酸三钙反应速率。

从图2b)～e)可见，粉煤灰泡沫轻质土的水化放热峰值降低，粉煤灰掺量越大，放热峰值降低幅度越大，且诱导期和加速期逐渐延长，达到放热峰值的时间滞后，粉煤灰掺量越大，滞后程度越高。放热总量方面，粉煤灰可显著降低泡沫轻质土早期水化放热总量，掺量越高，降低幅度越大。

试验发现，早期单位体积泡沫轻质土的水化放热总量小于单位体积水泥浆的水化放热总量，是否从某种意义上讲，泡沫轻质土温度梯度造成的收缩变形相对较小？通过缩尺试验，对比 2m×2m×1.6m 试验块体中心温度，由图 3 可知，相同水泥用量下，泡沫轻质土的中心最高温度为 45℃，普通混凝土中心最高温度为 50.1℃，仅相差 5.1℃；196h 后泡沫轻质土的中心温度大于普通混凝土的中心温度，其原因是泡沫轻质土的热传导系数（$0.1W \cdot m^{-1} \cdot K^{-1}$）约为普通混凝土热传导系数（$1.2 \cdot W \cdot m^{-1} \cdot K^{-1}$）的 1/10 所致。因此，泡沫轻质土也应考虑温度梯度造成变形破坏。

（二）自收缩与干燥收缩

图 4 和图 5 分别给出了聚丙烯纤维、粉煤灰和高吸水树脂对泡沫轻质土自收缩和干燥收缩的影响。

由图 4a）可知，聚丙烯纤维（PP）、粉煤灰和高吸水树脂（SAP）均可抑制泡沫轻质土的自收缩，相比之下聚丙烯纤维和高吸水树脂的效果显著，且随着它们掺量的增大，抑制幅度越大，但纤维掺量大于 $1kg/m^3$ 抑制幅度降低。不管掺加何种抗裂剂，泡沫轻质土的自收缩量集中在前 48h，约占总量 70%。

由图 4b）可见，高吸水树脂可大幅降低泡沫轻质土的干燥收缩，这是由于高吸水树脂对水分的束缚力减缓了泡沫轻质土表面的水分挥发速率，当泡沫轻质土内部相对湿度下降的时候能缓慢向周围释水，补充内部水分消耗，使泡沫轻质土内部相对湿度能保持在较高水平，抑制干燥收缩的发生，从而有效降低泡沫轻质土的干燥收缩。掺入一定量粉煤灰可降低泡沫轻质土的干燥收缩，但粉煤灰掺量大于 40% 时，不利于抑制干收缩，这可能是由于泡沫轻质土自身强度较低（约 1～2MPa），而且表面联通孔道较多，当掺入粉煤灰过高时，泡壁早期强度不足以抵抗干缩应力。

从图 5 得出，聚丙烯纤维对泡沫轻质土抗压强度无明显影响，但粉煤灰和高吸水树脂均对泡沫轻质土的抗压强度有影响，掺量越高，降低幅度越大。

（三）体积吸水率

多孔轻质材料吸水率常有两种表示方法：质量吸水率和体积吸水率，但一般多采用体积吸水率（指材料吸水饱和时，所吸水分的体积占干燥材料体积的百分数）。吸入相同质量水，当干容重越小时，质量吸水率大于体积吸水率。

图6和图7分别给出了内掺甲基硅油(MSO)和氨基硅油(ASO)的泡沫轻质土72h体积吸水率变化规律,以及图8给出了外喷涂甲基硅油(MSO)和氨基硅油(ASO)的泡沫轻质土72h体积吸水率变化规律。

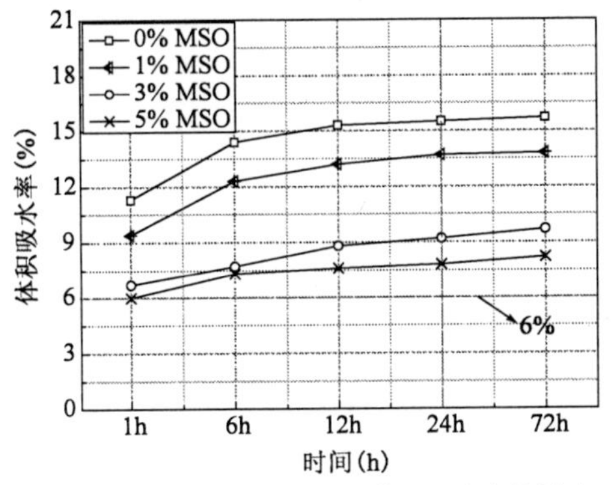

图7　内掺氨基硅油(ASO)对体积吸水率的影响

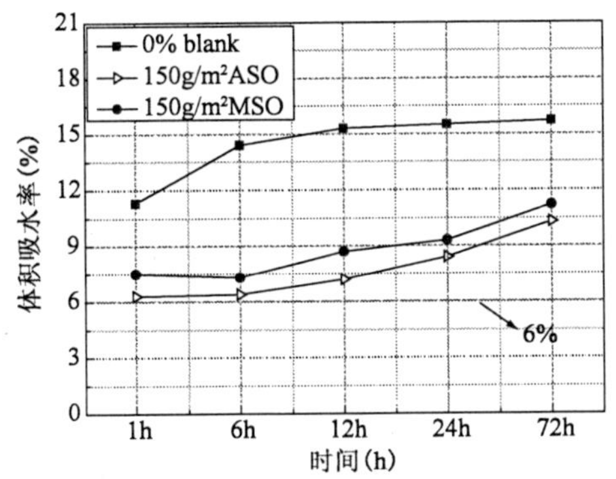

图8　外喷甲基硅油(MSO)和氨基硅油(ASO)对体积吸水率的影响

泡沫轻质土的长期性能与吸水率密切相关,研究表明硅烷类物质能有效改善无机材料防水性能[11]。由图6和图7可知,甲基硅油(MSO)和氨基硅油(ASO)可大幅降低泡沫轻质土的体积吸水率,且随着掺量增加,体积吸水率降低。并不是硅油掺量越高效果越明显,当甲基硅油(MSO)掺量大于3%后,24h体积吸水率趋于平稳,氨基硅油(ASO)也有相同特征。疏水性分子(非极性基团)在水里通常会聚成一团,而水在疏水性溶液的表面时则会形成一个很大的接触角而成水滴状,一般来说,非极性区域(或称疏水基团)越多,面积越大,则疏水作用越强,氨基硅油(ASO)是二甲基硅油中部分甲基被氨烃基取代后的产物,其非极性基团大于甲基硅油(MSO)。对比图6~图8可见,外喷涂法也可改善泡沫轻质土的体积吸水率,但是随着浸泡水溶液中浸泡时间延长,疏水效果显著降低。

四、结语

(1)泡沫和粉煤灰对水泥浆体的水化放热影响一致,在水化早期阶段,未改变水泥水化放热的规律,它们的添加会延长诱导期和加速期的时间,降低水泥浆体水化速率和延迟放热峰值出现。但泡沫会降低水化热传导效率,泡沫轻质土的散热较普通混凝土缓慢。

(2)PP纤维、SAP和粉煤灰可有效降低泡沫轻质土自收缩,PP纤维和SAP效果显著;SAP可显著降低泡沫轻质土干燥收缩,粉煤灰掺量大于40%时,不利于抑制干缩收缩。

(3)无论氨基硅油(ASO)还是甲基硅油(MSO)均可降低泡沫轻质土的体积吸水率,内掺法比外喷涂效果更突出。

参考文献

[1] 高岭.采用现浇泡沫轻质土填筑处理软土地基段桥头路基的设计研究[J].交通标准化,2011(7):80-82.

[2] 刘全生,闫利峰,陈忠平,等.采用泡沫轻质土处治桥头跳车技术研究[J].天津建设科技,2012(4):58-59.

[3] 王宇.泡沫轻质土在桥台台背填筑中的应用[J].中国水运月刊,2015,15(5):231-232.

[4] 刘元炜,梁小光,孙贵新,等.公路桥梁台背回填泡沫轻质土施工工艺[J].公路,2013(09):123-126.

[5] Jones M R, Mccarthy A. Heat of hydration in foamed concrete: Effect of mix constituents and plastic density[J]. Cement & Concrete Research, 2006, 36(6):1032-1041.

[6] Nambiar E K K, Ramamurthy K. Shrinkage Behavior of Foam Concrete[J]. Journal of Materials in Civil Engineering, 2009, 21(11):631-636.

[7] 郑念念,何真,孙海燕,等.大掺量粉煤灰泡沫混凝土的性能研究[J].武汉理工大学学报,2009(7):96-99.

[8] 魏亚,郑小波,郭为强.干燥环境下内养护混凝土收缩、强度及开裂性能[J].建筑材料学报,2016, 19(5).

[9] 任小明,赵辉,陈鹏,等.高性能泡沫混凝土影响因素研究[J].胶体与聚合物,2016(1):16-18.

[10] Ma C, Chen B. Properties of foamed concrete containing water repellents[J]. Construction & Building Materials, 2016,123:106-114.

[11] 张丽,储德森,时雪彤,等.硅烷偶联剂对阻燃处理杨木的防水阻燃性能影响[J].硅酸盐通报,2016, 35(1):19-24.